UNITED STATES OF CRYPTIDS

크립티드 로드

북미 대륙 미확인 괴물의
목격담과 흔적을 따라서

J.W. 오커 지음　　**황아름** 옮김

목

일러두기

1. 도서는 『 』, 신문과 잡지, 영화 이름은 〈 〉 기호를 사용하였고, 최초 등장 시 영문을 함께 적었습니다.

2. 모든 주석은 역주입니다. 그 외 본문 속 괄호는 영문 병기를 제외하고 모두 저자 주석입니다.

3. 영문 병기는 인명을 제외한 최초 등장하는 고유명사입니다. 해당 도서를 크립티드 테마 기행에 사용하는 독자를 고려하여 도로와 산, 강, 호수 등 지형과 상점의 이름 모두 영문 병기를 하였습니다.

4. 만, 강, 산은 붙이는 것이 원칙이나 앞에 붙은 단어가 외국어이므로 혼동되지 않도록 띄 웠습니다.

5. 크립티드의 이름은 대부분 음차를 사용하였으나, 페닌슐라 비단뱀(Peninsula Python)의 경우, 파이썬이 아닌 '비단뱀'으로 표기하였습니다.

내 안의 수많은 괴물 또한 세상 밖으로 나가도록 도와준

알렉스 슬레이터에게

Contents

3부 중서부

당신의 동네에도 괴물이 산다, 그것도 우글우글!

1960년 3월, 나는 전 세계 크립티드cryptid(미확인동물)를 조사하기 위한 탐험을 시작했다. 네스호 괴물, 히말라야 설인(예티), 거대한 바다뱀과 같은 대표적인 크립티드를 만나러 가기 위한 모험 말이다! 하지만 그 일이 현실적으로 무리라는 사실을 알고 있었다. 버지니아주 노퍽의 한 해군 가정에서 태어나 사방이 콩밭인 일리노이주 디케이터Decatur에서 자라고, 중서부를 벗어나지 않았던 나에게는 빅풋의 서식지가 있다는 태평양 연안 북서부조차 아주 멀게 느껴졌다.

나는 내가 할 수 있는 일을 먼저 실행했다. 즉 중서부 지역의 탐험부터 시작했고, 중서부에 은신하는 괴물들만으로도 조사할 일이 넘쳐난다는 사실을 알게 되었다. 학교마저 중서부의 서던일리노이대학교Southern Illinois University 카본데일Carbondale 캠퍼스로 진학했는데, 카본데일이 붉은 늪 유인원이나 오지 팬서 목격에 관한 풍부한 민담과 역사를 지닌 지역이었기 때문이다.

가족의 차를 얻어 타거나 히치하이킹을 하며 중서부의 크립티드 목격 지역을 탐험하던 나는 아무도 관심을 두지 않는 크립티드 목격담과 그 기묘한 이야기의 매력에 빠져 결국 미 전역과 전 세계를 여행하게 되었다. 그 과정을 거치며 체감한 것은 크립티드의 증거뿐만이 아니다. 그간 신비동물학[1] 분야가 발전을 거듭했고, 크립티드 상품이 기념품 가게와 축제에서 흔히 보일만큼 주류문화로 자리 잡게 되었다는 사실 역시도 몸소 느꼈다. 어쨌거나 나는 아직 나의 고향에서 시작한 중서부 탐험이 가장 기억에 남는다. 지금도 그렇지만 그때는 더 '진심'이었으니까.

---

[1] 영어로는 cryptozoology로 표기하며 신비동물, 즉 크립티드를 다루는 학문을 뜻한다.

바로 그 정신이 여러분이 손에 들고 있는 이 책에 고스란히 배어 있다. J. W. 오커는 유쾌하고 독특한 감성으로 미국이 괴물과 관련해 얼마나 광활한 배경지인지 놀랍도록 상세히 기록하고 있다. 괴물의 목격담과 이야기는 물론이고, 괴물 조각상과 괴물 박물관, 괴물을 테마로 하는 연례행사까지 알차게 소개하고 있다는 점이 이 책만이 지닌 독특한 특징이다. 이 말인즉슨, 크립티드에 관심이 있는 여러분이 이 책을 읽는다면 1960년 중서부에서 여정을 시작했던 당시 나의 지식과 경험을 단숨에 뛰어넘을 수도 있다는 뜻이다.

이제는 신비동물학을 탐구하기 위해 밀림으로 트레킹을 떠나거나 시내 광장으로 여행을 떠나는 등 다양한 방법을 통해 나만의 모험을 즐길 수 있게 되었다. 이러한 모험을 통해 이 세상은 좀 더 신비한 곳이 될 수 있고, 그렇기에 더 나아질 수 있다고 믿는다. 즐거운 탐험 되시길!

국제 신비동물학 박물관에서

로렌 콜먼

크립티드 직관 가능,
아닐 시 환불 보장!

빅풋은 정말로, 진짜로, 확실히 있다. 호수 공룡, 괴물 고양이, 제트기만 한 새, 도마뱀 인간, 물고기 인간, 늑대 인간, 나방 인간, 개구리 인간, 염소 인간 모두 마찬가지이다. 이 모두가 실제로 있는 크립티드다. 지금부터 이들의 존재를 증명해 보이겠다. 아니, 아예 이들을 눈앞에 대령해 줄 수도 있다. 그러나 먼저 해결할 일이 있다. 도대체 '크립티드'란 무엇인가?

크립티드란 과학적으로 증명되지 않은 생명체나 종을 말한다. 목격담이나 소문, 심지어 증거 영상까지 있지만, 해부할 시신이나 분석할 유골 등 검사할 수 있는 확실한 물증은 없는 존재 말이다. 과학계는 크립티드를 동물학이 아닌 공상의 영역으로 분류한다. 그러나 크립티드를 연구하고 추적하는 신비동물학자들은 크립티드를 묶어 '신비동물학'이라는 독립된 학문으로 다루고 있다.

사람들은 크립티드하면 '모스맨[2]'이나 '저지 데블[3]'같은 몬스터를 가장 먼저 떠올리겠지만, 사실 크립티드 중에는 비교적 재미없어 보이는 동물도 있다. 한때 존재했지만 지금은 과학계에서 멸종된 것으로 여겨지는 뉴잉글랜드 팬서New England panther나 아메리카 사자American lion 같은 동물이 여기에 속한다(공룡 시대에 멸종한 것으로 알려졌으나 1938년 산채로 발견된 어류인 '실러캔스'처럼 멸종된 줄 알았던 동물들이 간혹 살아서 발견되기도 한다). 또한, 맨해튼 하수구의 악어 떼나 민물 문어 등 원서식지가 아닌 곳에 번성한다고 알려진 평범한 동물도 크립티드로 분류된다.

이것이 크립티드, 그 최소한의 정의다. 다만, 신비동물학이 1950년대에 지

---

2 2부 남부의 '모스맨' 참조
3 1부 북동부의 '저지 데블' 참조

금의 형태로 자리 잡았고, 더 많은 사람에게 사랑을 받으면서 괴물까지 포함하게 되었을 뿐. 심지어는 외계 생명체, 혹은 인어나 노움[4] 같은 민담 속 존재, 하와이의 '메네후네[5]'같이, 인간은 아니지만 인지능력과 감각을 지닌 존재부터 로봇까지도 범주에 넣을 수 있다. 크립티드가 점점 더 많은 존재를 포함하게 되는 이유를 손꼽아 보자면 무엇이든 맞아주는 신비동물학 팬들의 한없이 넓은 마음 때문만은 아니다. 따지고 보면 종류가 무엇이든 '크립티드'라는 용어가 몬스터 혹은 괴물과 거의 같은 의미로 쓰이기 때문일지도 모르겠다.

우리 같은 신비동물학 팬들은 몬스터를 크립티드와 구분하기보다 똑같이 사랑한다. 몬스터를 대중문화 버전으로 말하면 '포켓몬'이니, 이해될지도 모르겠다. 우리는 모든 설화를 한데 모으려 하고, 가능한 한 최대로 다양한 종류의 몬스터를 수집하고 싶어 한다.

크립티드는 이처럼 복잡한 개념이지만, 그래서 동시에 재미있는 개념이기도 하다. 크립티드 팬인 우리는 이렇게 불분명한 크립티드의 개념에 만족하며, 신비동물학의 '학'과 관련된 부분에 관해서는 지나치게 집착하지 않는다. 즉, 우리는 울창한 숲에서 몇 주간 진을 치고 여러 나무를 돌아다니며 쿵쿵 처보거나, 빅풋의 똥을 찾아서 온 숲을 헤매지 않는다. 수중 괴물을 찾아 호수 바닥을 조사한다며 보트를 빌리고 측방 감시용 수중 음파 탐지기를 대여하지도 않는다. 신비동물학 학자들과 달리 우린 크립티드를 과학적으로 증명하려 애쓰지 않는다. 그저 크립티드라는 개념 자체를 사랑하고, 크립티드 이야기를 사랑할 뿐이다. 또한, 크립티드의 존재를 믿든 안 믿든 크립티드 이야기는 진짜다. 즉, 1988년 여름 사우스캐롤라이나의 한 늪지대에서 리자드 맨[6]이 인간의 차를 공격했다는 사실은 믿지 않을지도 모르겠지만, 그 시기에 발생한 '리자드 맨 신드롬 현상'은 반박할 수 없는 기록으로 남아있다. 다시 말해, 도마뱀 인간의 실존 여부와 관계없이, 리자드 맨의 이야기는 실존하는 것이다.

---

4 3부 중서부의 '도슨 노움' 참조
5 4부 서부의 '메네후네' 참조
6 2부 남부의 '리자드 맨' 참조

그러나 나는 이야기에서 그치지 않고, 여러분 눈앞에 크립티드를 대령해 주겠다고 약속한 바 있다. 그래서 앞으로 이 책은 실제로 크립티드를 찾아볼 수 있는 곳을 집중적으로 다룰 것이다. 즉, 크립티드의 서식지라 주장하며 크립티드를 기념하는 지역, 목격지를 신성시하는 지역, 크립티드를 지역 정체성 및 지리와 연결하는 지역, 크립티드를 경제적으로 활용하는 지역 등 말이다. 참고로 미국은 그 이유가 뭐든, 크립티드 관광이 가장 큰 규모로 가장 활발하게 이루어지고 있는 곳이기도 하다(네스호 괴물에게 매우 미안하지만 말이다). 2018년, 메인주 포틀랜드에 위치한 국제 신비동물학 박물관의 설립자인 로렌 콜먼이 추정한 수치에 따르면, 미국에서 크립티드 관광으로 창출되는 수익은 연간 1억 4,000만 달러(약 1,850억 원)나 된다. 물론 이렇게나 많은 관광객이 그저 가이드나 따라다니며 모기떼를 보고 원숭이나 구경하는 야생 투어나 하자고 이 큰 돈을 쓰진 않는다. 이들은 100년 전 닷새간 해당 지역을 공포로 몰아넣었던 기이한 익룡을 기념하는 축제를 즐기러 가고, 호수 괴물 이야기가 가장 유명한 특산물인 지역의 크립티드 테마 식당까지 직접 운전해 찾아가고, 거대 곤충을 테마로 한 괴물 박물관에 티셔츠와 봉제 인형을 사러 간다. 즉, 크립티드 지역에 가는 것이다.

하지만 이처럼 지역에서 크립티드를 신성시해 기념하는 일이 단순히 관광객을 유인하기 위한 것은 아니다. 바로, 지역주민을 위한 것이기도 하다. 지역이 괴물을 품으면 지역주민을 한 데 묶는 정체성이 생긴다. 오늘날에는 스포츠팀이 아니면 이런 지역 정체성을 느끼기 힘들다. 그러나 1970년대에 지역 연못에서 거대한 거북이가 발견됐다거나, 1950년대에 뱀파이어 고양이의 공격이 있던 곳이라면 어떨까? 이러한 크립티드는 해당 지역만의 특색이 되어 크립티드의 이름을 딴 공원을 짓고 관련 테마 사업을 하고 크립티드를 기리는 박물관이나 조각상을 세우고, 크립티드 및 서식지 보호를 위한 법안을 제안하는 이유가 될 수 있다. 이처럼 크립티드를 기념하는 곳이라면 과학보다는 '서사'가 훨씬 더 중요하다.

나는 실제로 수많은 크립티드 지역에 가봤다. 위스콘신주에 호닥[7]조각상이 있다는 말을 들으면, 마치 위스콘신에 호닥이 실존한다는 말을 들은 것처

---

7 3부 중서부의 '호닥' 참조

럼 내 두 눈으로 직접 보고 싶다. 또한, 사우스다코타주에서는 세상에서 제일 큰 '전기톱을 든 빅풋' 상과 셀카를 찍었고, 버몬트주에서는 '왐파후퍼스 트레일[8]' 코스를 찾기 위해 얼어붙은 산 정상을 올랐으며, 오하이오주에서는 언더워터 팬서[9] 모양의 고대 무덤에도 가보았다. 또한, 수많은 크립티드 박물관과 기념품 가게를 다녔고, 이를 증명하듯 내 선반에는 기념품이 한가득 있다. 나는 가끔 '크립티드 사냥'을 떠난다는 농담을 하기도 하는데, 사실 이는 '크립티드 이름을 딴 수제 맥주'를 먹고 오겠다는 뜻이다. 그러나 나는 크립티드의 영역으로 모험을 떠나기도 했다. 밤에 모스맨의 은신처라 하는 웨스트버지니아주에 시멘트로 된 오래된 벙커에 들어가기도 했고, 뉴욕에서 보트를 타고 버몬트주로 가 호수 괴물 등의 구불구불한 혹을 찾겠다고 챔플레인 호수를 돌아다니기도 했다. 또한, 스킨워커가 출몰한다고 알려진 애리조나주 협곡을 헤매기도 했다. 물론 스킨워커[10]의 이름을 딴 수제 맥주가 있다는 사실을 먼저 알아본 다음 떠나긴 했지만.

슬픈 사실은 크립티드 이야기가 있는 모든 지역이 이를 기념하고 있지는 않다는 것이다. 하지만 나는 그런 지역도 이 책에 모두 실었다. 크립티드에게는 죄가 없기 때문이다. 나는 이처럼 묻혀있는 크립티드의 이야기를 들려주고 이들이 왜 지역의 특색이 되기에 충분한 매력이 있는지 그 근거를 어필할 것이다. 그리고 만약 이 책으로 인해 이 중 한 곳에 크립티드를 기리는 안내 표지판 하나라도 세워진다면, 책의 판매 부수와 상관없이 이 책은 성공했다고 생각한다.

그렇다고 크립티드가 이야기와 기념물의 형태로만 존재한다는 것은 아니다. 수많은 사람이 크립티드를 사랑하는 이유는 그것이 감추어진 비밀이어서가 아니라, 각각의 자연이 가진 특징 그 자체를 보여주는 '상징성'을 가지고 있기 때문이다. 즉, 크립티드에는 이 세상이 다양한 발견 거리로 가득한 곳이라는 희망적 상징이 있다. 똑같은 브랜드로 상업화되지 않는 곳이 있다는 희망이며, 이 지구는 지루하지 않고 여전히 경이로움을 간직하고 있는 곳

---

8 1부 북동부의 '왐파후퍼스' 참조
9 3부 중서부의 '언더워터 팬서' 참조
10 4부 서부의 '스킨워커' 참조

이라는 희망 말이다. 이처럼 크립티드는 이야기의 모습으로, 기념비의 모습으로, 상징의 모습으로 존재한다. 심지어 그 이상일 수도 있다. 이 세 가지 모습만으로 크립티드는 동물학 교과서에서 공식적으로 인정된 동물들 못지않게 이 지구의 어엿한 일부로 자리 잡았다. 이제 크립티드 파티를 즐기러 떠나보자. 우리는 분명 그들을 찾게 될 테니 말이다. 보장한다!

여러분의 몬스터 합중국 방문을 환영합니다!

안녕하세요, 한국 독자 여러분! 지금 손에 들고 계신 이 책에는 미국의 가장 기묘한 이야기 중 일부가 담겨있습니다. 심지어 미국인들조차 모르는 이야기도 아주 많습니다.

미국은 괴물같이 큰 나라입니다. 천만 킬로미터를 가로지르는 세계에서 네 번째로 큰 영토에, 평원, 호수, 사막, 해안, 언덕, 늪지, 산, 숲이 다 담겨있습니다. 동서로는 각각 가장 큰 두 대양인 대서양과 태평양이 접해있죠. 미국은 50개의 주로 이루어진 어마어마한 땅이지만, 국경선을 맞댄 국가는 단 두 개뿐입니다. 북쪽으로는 겨울왕국이라 부르는 캐나다, 남쪽에는 태양 제국으로 유명한 멕시코가 그 주인공이지요. 여전히 크기를 가늠할 수 없나요? 대한민국이 100개 정도 들어갈 면적이라고 설명하면 어떨까요. 그런데, 이 괴물같이 큰 나라에는 정말로 괴물들이 득실대고 있습니다.

미국의 모든 주에는 괴물을 목격했던 수없이 많은 역사가 있습니다. 일부 괴물은 여러 주에서 출몰하기도 하죠. 예를 들어, 신출귀몰하는 털 많은 거인인 빅풋의 경우 미 전역에서 목격되었습니다. 하지만 목격이 힘든 예도 있습니다. 세 개의 다리와 빨간 눈이 달린 괴물 엔필드 호러[11]는 일리노이주에서만 목격되었으며, 박쥐 날개에 말의 얼굴을 한 제시 데빌은 뉴저지주 숲 지역 더 파인 배런스에 한정되어 목격되었고, 대문짝만한 거북이 괴물 버스코[12]는 인디애나주의 한 작은 마을에서만 목격되었습니다.

그러나 이들 괴물에 대해 독자 여러분이 아셔야 할 사실이 있습니다. 바

---

11 3부 중서부의 '엔필드 몬스터' 참조
12 3부 중서부의 '비스트 오브 버스코' 참조

로, 이들은 그저 미국 신화 속 존재도, 전설의 동물도, 설화 속 이야기도 아니라는 사실입니다. 해당 목격과 조우는 진짜로 발생한 일이었습니다. 물론 어느 정도 착각도 섞여 있을 수 있지만요.

1938년 네브래스카주 호수에서 알 수 없는 생명체로 인해 수면이 요동치는 것이 목격되었습니다. 이 생명체는 고대 파충류였을 수도 있고, 아니었을 수도 있습니다. 1950년대 중반에 오하이오주의 다리 밑에서 목격된 생명체도 있었죠. 이 생명체는 양서류 거인이었을 수도 있고, 아니었을 수도 있습니다. 1990년대 초 위스콘신주의 한 거리에서 사냥 중이던 괴물도 있었죠. 이 괴물은 늑대인간이었을 수도 있고, 아니었을 수도 있습니다. 그래요. 아닐 수 있지만, 그래도 무슨 일이 있었던 것만큼은 확실합니다. 사건이 일어날 때마다 지역과 미 전역, 그리고 심지어 해외 신문에까지 해당 사건이 보도되었거든요. 매일 같이 사건이 기록되었고, 목격자들은 인터뷰를 했습니다. 사냥꾼 무리가 파견되었고, 괴물을 기념하는 여러 칵테일파티가 열렸습니다. 설사 이들이 진짜 괴물이 아니었고, 그저 사람들이 잘못 본 것이거나 장난 신고를 한 것이라 해도, 해당 지역과 해당 주에는 며칠 혹은 몇 달에 걸쳐 괴물 광풍 현상이 일어나는 경우가 많았습니다. 게다가, 몇몇 지역에서는 축제를 열고 조각상과 박물관을 세워 수십 년간 해당 목격을 기념하기도 합니다.

실존하는 이들을 지칭하는 '크립티드'라는 전문 용어도 있습니다. 아직 주류과학이 증명하지 못한 숨겨진 괴물들을 뜻하는 말이죠. 이들을 연구하는 학문의 이름은 '신비동물학'입니다.

이 책을 계기로 독자 여러분께서 미 전역 곳곳을 누리며 놀라운 '크립티드 여행'을 해 보시면 좋겠습니다.

또한, 반대로 이 책 때문에 광활하고도 이렇게나 '알찬 들판[13]'인 미국을 멀리하게 되는 일은 없기를 바랍니다. 물론, 여러분이 언젠가 미국을 방문하게 되는 날이 올 수도 있겠지요. 웨스트 버지니아주의 은빛으로 반짝이는 모스맨 조각상이나, 뉴멕시코주에서 곤충의 눈을 한 생명체 전용 박물관을 관

---

13 제2의 미국국가라고도 불리는 미국 컨트리 음악 'America the Beautiful(아름다운 미국)'의 가사 중 일부이기도 하다.

람하러 가는 길에 오를지도 모릅니다. 그 시골길을 한밤중에 운전하다 보면 어둠 속에서 빛나는 붉은 눈 한 쌍을 마주하게 될 수도 있습니다. 하지만, 겁내지 않아도 된다는 걸 이제는 아시죠? 그 순간 여러분은 그저 미국의 기묘한 역사의 한 페이지에 들어와 있을 뿐이니까요.

　그래도 액셀은 꼭 밟으세요. 혹시 모르잖아요.

J.W. 오커

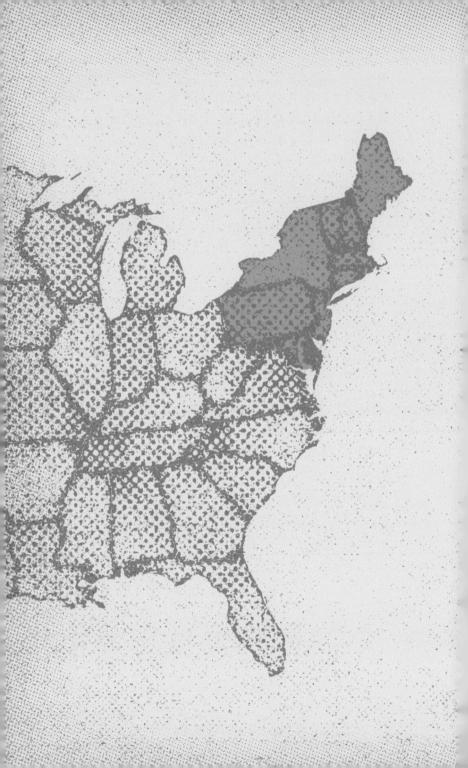

1부

북동부

북동부는 미국의 역사가 시작된 곳이다. 이곳에 식민지를 건설한 자들은 검은 복장의 청교도인들이었다. 그들에게 미국은 모든 나무에 사탄의 괴물이 숨어 사는 무시무시하고, 어둡고, 차가운 신세계New World였다. 오늘날 북동부는 더 이상 신세계가 아니다. 하지만 괴물만큼은 이곳에 여전히 살아 숨 쉬고 있다. 면적은 가장 좁지만, 그에 비해 특히나 많은 크립티드가 있는 이 북동부에는 가장 많은 목격담과 증거자료가 있는 한 수생 괴물과 주의 마스코트 악마도 살고 있다. 그리고 놀랍게도, 어떠한 이유에서인지 미국을 통틀어 가장 중요한 괴물 서식지인 곳도 바로 이 북동부다.

– 챔프 –
CHAMP
미국판 네스호 괴물[14]

유형:	최초 발견:
수생 생물	1819년
위치:	크기:
버몬트주 벌링턴Burlington, Vermont	약 4.5~15미터
뉴욕주 포트 헨리Port Henry, New York	

여기, 거대한 호수를 두고 팽팽한 줄다리기를 벌이는 두 개의 마을이 있다. 이 마을은 서로 다른 주에 속해 있으며, 당기고 있는 줄은 밧줄이 아니라 거대한 비늘 바다뱀이다. 이게 무슨 소리냐고? 바로 챔플레인 호수의 괴물인 '챔프'의 소속을 두고 싸우는 버몬트주 벌링턴과 뉴욕주 포트 헨리 주민들의 이야기다.

호수라고 무조건 괴물 하나쯤 사는 것은 아니지만, 챔플레인 호수는 확실히 괴물이 서식할 자격을 갖추고 있다. 면적이 1,127제곱킬로미터, 수심이 122미터이며, 여기에 괴물을 감싸 안아줄 26.5조 리터의 물도 보유하고 있다. 둘레는 945킬로미터에 소속 섬의 개수는 70개 이상이며, 접경 지역은 미국 버몬트주, 미국 뉴욕주, 캐나다 일부 지역에 달한다. 챔플레인 호수는 미국에서 가장 큰 호수 중 하나여서 이곳에 괴물을 숨길 수 없다면 미국 그 어느 호수에도 괴물을 숨길 수 없을 정도다. 하지만 챔플레인 호수 괴물의 경우 그저 숨어있지만은 않다.

목격은 19세기 초에 시작되었고, 그 후 호수 전역에 퍼져나갔다. 범선 선장이던 크럼도 뉴욕주 벌와가 만Bulwagga Bay에서 이 괴물을 목격했다. 그는

---

14 영어명은 Loch Ness Monster로, 스코틀랜드의 네스호에 사는 높이 10미터, 길이 25미터의 괴물이다.

"몸길이는 약 57미터에 머리는 납작하고, 이빨은 총 세 개로 아래턱에 두 개 위턱에 한 개가 있고, 몸 색깔은 검정, 이마에는 별이 하나, 목에는 붉은 띠 모양이 새겨진 모습이며, 큰 두 눈은 껍질을 벗긴 양파 색깔"이라고 묘사했다. 뉴욕주 드레스덴 해안의 철도 노동자들이 목격한 모습은 물고기 꼬리를 한 거대한 뱀이었고, 버몬트주 벌링턴 대학생들이 목격한 모습은 수면 위로 머리와 고개를 5미터가량 내밀고 물살을 가르던 생명체였다. 대부분의 목격담은 이와 비슷했다. 모두 배를 타거나 피크닉이나 휴가를 즐기다가 홀로 수면에서 노닐고 있는 '머리가 커다란 뱀'을 보았다는 식이었다. 시간이 지나자 이 호수 괴물은 너무 유명해졌고, 당시 유명 서커스 단장이었던 P. T.바넘[15]은 한 뉴욕 신문에 '챔플레인의 가죽'을 뜯어오는 자에게 5만 달러(약 6,600만 원)의 상금을 주겠다며 공고를 내기도 했다.

처음에는 혹 달린 바다뱀 괴물에 불과했던 목격담 속 챔프는 몇백 년 동안 그럴듯하게 진화해 긴 목과 둥글넓적한 몸통, 오리발을 지닌 해양 공룡(정확히는 멸종 해양 파충류)인 수장룡의 모습을 갖추게 되었다. 호수 공룡이라고 호수 바다뱀보다 더 믿기 쉬운 건 아니다. 다만, 이 점에 관해 크립티드 연구자들은 마지막 빙하기에 빙하가 녹아 챔플레인 해가 형성되며 대서양과 연결되었고, 바로 여기에 한때 잠겼던 곳이 지금의 플레인 호수 및 주변 버몬트주, 뉴욕주, 캐나다 해당 지역이라는 점을 강조한다. 실제로 이 시기에 살았던 고대 고래 골격이 버몬트주에서 여럿 발견되었는데, 벨루가 고래인 샬롯 고래 화석 또한 1849년에 발견되어 현재는 버몬트주 해양 화석으로 지정되어 있다.

그렇게 챔프의 목격담 수가 챔프의 등에 있다던 혹의 수만큼이나 등락을 반복하며 지지부진하게 몇백 건이 쌓여갈 무렵, 20세기 말의 어느 날. 드디어 크립티드 연구에 있어 성배라 할 수 있는 '흐릿한 사진 한 장'이 이 사건에 하사된다.

1977년 7월 5일, 산드라 만시라는 이름의 한 여행객이 가족과 함께 세인트 올반스St. Albans 근처의 버몬트주 쪽 챔플레인 호숫가에서 피크닉을 즐기고 있었다. 만시는 긴 목에 커다란 갈색 머리가 달린 무언가가 물 위로 떠 오

---

15 그의 실제 이야기는 영화 〈위대한 쇼맨The Greatest Showman〉으로 만들어지기도 하였다.

르는 것을 목격했고, 그 순간 자신의 저가 필름 카메라를 집어 들어 네스호 괴물의 가장 유명한 사진인 '외과 의사의 사진[16]'에 견줄만한 전설적인 사진을 찍었다(하지만 해당 사진은 수십 년 후 가짜로 판명된다). 선명한 컬러 사진이었던 만시의 이 필름 사진은 〈타임Time〉지부터 〈뉴욕타임스The New York Times〉까지 모든 매체에 소개 되었다. 그렇게 챔프는 '미국판 네스호 괴물'이란 별칭을 얻게 되었다.

챔프에 대한 목격담, 증거물, 명성이 몇백 년이나 이어지고 있기에, 호수 주변 마을 사람들이 바넘 못지않게 챔프에 대해 욕심을 내는 것은 지극히 당연해 보인다. 버몬트주 벌링턴에서는 챔프를 기리는 묘비 같은 기념비를 세웠는데, 여기에는 귀여운 챔프의 그림과 함께 '벨루아 아쿠아티카 챔플라니엔시스'라는 살짝 과학의 냄새만 나는 이름이 새겨져 있다. 버몬트주는 마이너리그 야구팀 이름도 챔프의 이름을 따서 '버몬트 레이크 몬스터스'라고 지었는데, '챔프'로 짓지 않은 이유는 경기에서 질 경우를 대비해 이름이 '챔피언[17]'인 팀이 졌다는 조롱을 피하고자였다고 한다. 호숫가에 있는 자연과학 박물관인 에코ECHO에서도 챔프에 대한 전시를 선보이고 있으며 해당 기념품 가게에는 챔프 장난감도 많이 있다. 챔프 전시 바로 옆에는 등에 돌기가 있는 살아있는 철갑상어 수조가 있는데, 이는 사람들이 챔프와 착각하는 대형 물고기 중 하나이기도 하다.

뉴욕주 포트 헨리는 아예 챔프를 마을 환영 표지판에 새겨 바로 이곳이 챔프의 안전한 피난처라는 사실을 선언하고 나섰다. 포트 헨리의 상공회의소 표지판에도 수장룡의 등에 마을을 그린 그림이 있다. 또한, 포트 헨리에서는 매년 챔프의 날Champ Day을 기념하며 챔프를 기리는 퍼레이드도 펼쳐진다. 마을 한쪽에는 1989년 8월까지 목격된 모든 사례를 적어놓은 게시판도 있다. 최초 목격자는 탐험가 사뮈엘 드 샹플랭으로, 그는 1609년에 이 호수를 목격한 최초의 유럽인이었으며 챔플레인 호수의 이름도, 챔프라는 괴물의 이름도 모두 그의 이름을 따라 지어졌다[18]. 하지만 안타깝게도 이 이야기는 1970년

---

16 로버트 윌슨이라는 산부인과 의사가 찍었던 네스호 괴물 사진. 윌슨이 사진에 자신의 이름이 들어가길 원치 않아 붙은 이름이다.

17 영어에서 챔피언champion을 줄여 챔프champ라고 표기하기도 한다.

18 표기는 모두 Champlain으로 프랑스식 발음이 샹플랭, 미국식 발음이 챔플레인이다.

〈버몬트 라이프Vermont Life〉라는 이름의 한 잡지에 실렸던 잘못된 기사에서 비롯된 것으로, 실제 샹플랭의 일지에는 해당 목격과 관련된 내용이 없다.

벌링턴이나 포트 헨리 주변을 돌아다니다 보면 챔프의 모습을 많이 목격할 수 있다. 챔프의 조각상과 챔프를 표현한 예술품이 도처에 있고 다양한 상점들 또한 챔프를 상업적으로 이용하고 있어 마치 두 지역이 챔프의 똬리 안에 있는 형국이다. 하지만 이 두 지역은 경쟁보다 화합을 생각할 필요가 있다. 챔플레인 호수는 규모가 커 인접한 마을이 많다. 예컨대, 포트 헨리에서 북쪽으로 한 시간 거리에 있는 뉴욕주 플래츠버그도 뉴욕주의 지역 전설 개발 프로그램의 지원을 받아 챔피Champy라는 별칭으로 챔프의 역사를 기념하는 표지판을 호숫가에 세워놓았다.

개인적으로는 가장 많은 관심과 애정으로 챔프를 기리는 마을이 '챔플레인 호수 줄다리기'의 우승자가 되었으면 하지만, 벌링턴과 포트 헨리 두 지역 모두 막상막하로 챔프의 유산을 훌륭하게 지키고 있는 것이 사실이다. 그러니 챔플레인 호수를 공유하고 있다는 건, 챔피도 공유할 수 있다는 뜻 아닐까?

− 왐파후퍼스 −
WAMPAHOOFUS
짝다리 산짐승

유형:	**최초 발견:**
포유류	19세기
위치:	**주요 특징:**
버몬트주 언더힐Underhill, Vermont	한쪽 앞다리와 뒷다리가 반대쪽보다 짧음

크립티드의 흔적을 훨씬 손쉽게 추적할 방법이 있다. 바로 크립티드의 하이킹 코스를 이용하는 것이다. 그런 게 어딨느냐고? 자, '버몬트주 맨스필드산Mount Mansfield 왐파후퍼스 트레일'을 소개한다.

왐파후퍼스는 사슴이나 염소, 심지어 멧돼지와 유사하다고 알려져 있으나 외모에 대한 명확한 묘사가 거의 없는 거대 포유류다. 기록으로 남은 실제 목격담이 거의 없다시피 해, 이렇게나 모호한 설명만 남게 되었다. 하지만 왐파후퍼스만의 뚜렷한 특징이 있는데 그것은 바로 다리다. 한쪽 앞다리와 뒷다리가 반대편 다리보다 짧다. 이런 좌우비대칭인 다리 때문에 왐파후퍼스는 평지에선 받침대 없는 자전거처럼 똑바로 서 있을 수 없다. 그러나 이런 삐딱한 모양의 다리는 자연의 가파른 언덕이나 산지에서 그 진가를 발한다. 왐파후퍼스의 다른 이름으로는 사이드힐 구거side-hill gouger, 자이어스큐터스gyascutus가 있고, 거기에 미국 벌목꾼들의 구전 민담을 모아놓은 헨리 타이론Henry Tyron의 루머버잭 전설 모음집 『무시무시한 동물Fearsome critters』에는 고다프로godaphro, 사이드힐와우저side-hill wowser, 프록prock, 사이드힐오소리side-hill badger라는 이름들도 나오지만, 내 생각에는 왐파후퍼스만큼 통통 튀는 이름은 없는 것 같다.

다양한 이름이 보여주듯 왐파후퍼스와 비슷한 동물이 있다고 주장하는 주는 다른 곳도 많지만, 원조는 버몬트주인 것 같다. 타이론은 메인주 노스헤이븐에 사는 빌 에릭슨이란 자의 말을 빌려 이 기우뚱한 동물이 어떻게 평지를 지나쳐 주를 넘어 산으로 갈 수 있었는지에 대해 한 가지 이론을 펼친다. 에릭슨은 다음과 같이 주장했다. 왐파후퍼스 두 마리가 '긴 다리는 서로 바깥쪽으로 내밀고 짧은 다리가 있는 몸통 쪽을 서로 맞대어 걷는 방법'을 썼는데, 이때 서로의 짧은 다리 쪽을 '마치 귀가하는 한 쌍의 취객마냥' 서로에게 기댄 채 걸었기 때문에 넘어지지 않았다는 것이다. 역시, 대자연은 방법을 찾기 마련이다.

그러나 왐파후퍼스가 산이나 뛰어놀며 마냥 유유자적한 삶을 산 것은 아닌데, 바로 기우뚱한 독특한 다리 구조 때문에 산의 한 방향으로만 돌 수밖에 없기 때문이다. 방향을 바꾸려 했다가는 균형을 잃고 산 아래로 떨어져 죽게 되는 운명이었다. 짧은 쪽 다리가 암수마다 다르다는 의견도 있다. 암컷은 왼쪽, 수컷은 오른쪽이 더 짧다는 것이다. 그렇게 되면, 수컷을 오로지 시계 방향으로 돌 수 있고 암컷은 반시계 방향으로만 돌 수 있어 서로 짝짓기를 할 수 있게 된다. 하지만 다른 의견도 있다. 짧은 다리가 왼쪽인지 오른쪽인지는 무작위적인 특성일 뿐 성별은 관계없다는 것이다. 그렇게 되면, 동성끼리도 만날 수 있게 되는데 그럼 반대 방향으로 돌아갈 수 없는 왐파후퍼스의 특성상 한쪽이 죽을 때까지 싸울 수밖에 없게 된다. 이처럼 희귀 생명체인 왐파후퍼스가 신비동물학의 대상으로 분류되는 것은 당연하다. 하지만 좌우비대칭의 다리라는 낯선 개념이 과학적 이론으로 전례가 없던 것은 아니다. 17세기, 일부 자연주의자들은 신비동물학의 대상이 아닌 오소리가 어떻게 그렇게 빨리 언덕을 오르내릴 수 있는지 궁금했다. 이에 오소리의 다리가 좌우비대칭이어서 그렇다는 가설이 세워진 적도 있었다.

왐파후퍼스 하이킹 코스가 있는 맨스필드 산으로 다시 이야기를 옮겨보자면, 이 산은 버몬트주에서 가장 높은 산(해발 약 1,200미터)으로, 이마나 턱, 코 같은 얼굴 이목구비의 이름을 딴 봉우리들이 한데 모여있어 전체적으로 희미하게 사람 얼굴 형태를 띠고 있는 곳이다. 롱 트레일Long Trail이라는 이름의 코스의 경우, 산 전체를 따라 나 있는데 왐파후퍼스 트레일이 이 코스를 가로지르고 있다(파란색 표식으로 표시되어 있다). 왐파후퍼스 트레일까지 가려면 약간의 하이킹을 해야 하는데, 이게 마냥 쉬운 일은 아니다. 원래도 아찔하지만, 특히 겨울철에 눈비로 인해 미끄러운 바위를 기어오르고, 평평한 곳은 손에 꼽는 데다가, 당혹스러운 헤맴이 계속되며 땀범벅이 되다 보면 굳이 내가 이 깜찍한 동물 하나 책에 넣자고 이 고생을 해야 하나 싶은 생각까지 든다. 물론 우리의 한쪽 다리가 다른 쪽 다리보다 짧으면 이 하이킹이 좀 더 수월할 수도 있다.

왐파후퍼스 트레일에 갔다고 반드시 왐파후퍼스를 볼 수 있는 것은 아니다. 소문에 따르면 이들은 짧은 쪽 다리가 서로 다른 개체끼리 근친 교배를 하기도 한다고 하는데, 이 후손들의 다리는 쓸모없을 정도로 짧다고 한다. 또한, 어떤 때에는 짧은 다리게 한쪽으로 몰리지 않고 좌우로 섞여 태어나기도 하는데 이로 인해 몸을 지탱할 수 없게 되어 멸종했다고 전해져 온다. 그러니 결국 다리가 없어 죽음의 다리를 건너게 된 셈이다.

- 화이트홀 빅풋 -
WHITEHALL BIGFOOT
화이트홀 경찰 VS 사스콰치[19]

유형:	**최초 발견:**
휴머노이드	1976년
위치:	**크기:**
뉴욕주 화이트홀Whitehall, New York	약 2~2.5미터

　어떤 마을에는 사람보다 빅풋이 더 많아지는 날이 있다. 바로 뉴욕주 화이트홀의 이야기이다. 이날은 주류 판매점이고, 골프장이고, 동네 공원이고 어딜 가든 빅풋으로 북적북적 댄다. 이 현상을 설명하기 위해서는 반세기의 역사를 거슬러 올라가야 한다. 화이트홀은 알바니Albany에서 북쪽으로 약 128킬로미터 떨어져 있는 곳으로, 버몬트주 경계선 바로 너머에 있는 애디론댁Adirondacks 산기슭에 있는 마을이다. 마을을 가로지르는 챔플레인 운하는 수장룡이 출몰하는 챔플레인 호수(24쪽 참조)와 연결되어 있으며, 주변 숲은 괴물이 숨기에 완벽한 장소다.

　1976년 8월 24일 밤, 10대였던 폴 고셀린과 마틴 패독은 낚시를 하기 위해 차를 타고 마을 외곽 농지 사이로 난 한적한 길을 따라 동네를 벗어나던 중, 아베어 로드Abair Road에서 괴물 하나와 마주치게 된다. 처음에는 소리만 들렸는데, 마치 그 소리가 돼지 멱따는 소리 혹은 곤경에 처한 여자가 지르는 비명 같았다. 이들은 산탄총을 장전한 뒤 괴물의 정체를 확인하기 위해 타고 있던 트럭을 돌렸다. 그렇게 이들은 인간의 형상에, 근육질이고, 약 2~2.5미터의 키에, 검은 털과 붉은 눈을 한 괴물을 마주하게 된다. 여러분도

---

19 빅풋의 또 다른 이름 중 하나다.

예상했다시피 빅풋이었다. 그렇게 빅풋이 이들을 덮쳤고 이들은 그곳을 허겁지겁 빠져나왔다.

타이어가 검게 그을린 흔적이 남을 정도로 급히 도망치던 이들은 브라이언 고셀린과 마주치게 된다. 스물네 살이었던 그는 폴의 형이자 화이트홀 경찰서 소속 경찰관으로, 당시 과속방지턱을 설치하던 중이었다. 브라이언은 경찰관으로서 의무를 다하기 위해 이들이 괴물을 목격한 내용을 신고했다. 우선 화이트홀 경찰서 경사인 아버지에게 먼저 전화를 건 뒤, 주 경찰과 보안관에게 신고한 것이다. 하지만 브라이언은 근무 중이라 마을에 머물러야 했기 때문에 직접 현장을 확인할 수 없었다. 그 사이 폴과 마틴은 친구 바트 키니를 태우고 아베어 로드로 다시 돌아가던 중 해당 괴물과 다시 마주치고야 말았다. 결국, 열두 명 정도가 모여 아베어 로드 수색대를 결성했고 이들은 무작정 수색하기 시작했다. 경찰을 포함한 수색대원 중 일부가 초원 너머에 있는 괴물의 모습을 목격하고 뒤쫓아갔으나 괴물은 이미 사라지고 없었다.

다음 날 브라이언 고셀린은 주 경찰관과 함께 현장을 다시 방문했다. 그리고 훨씬 가까운 거리에서 괴물을 마주쳤다. 불과 9미터밖에 떨어지지 않은 곳에 괴물이 있었다. 손전등으로 괴물을 비추자 괴물은 비명을 지르며 자기 얼굴 앞으로 주먹을 휘두르더니 숲속으로 사라졌다. 후에 고셀린은 그의 저서 『아베어 로드: 실화Abair Road: The True Story』를 통해 이때 자신이 느꼈던 기분에 대해 밝혀 놓았다. "내가 어떤 기분이었는지는 말로 다 표현할 수 없다. 내가 느꼈던 것은 충격이었고 그래, 공포였다. 나는 존재해서는 안 될 무언가를 마주하고 있었다. 그것도 바로 코앞에서 말이다."

그 후 일주일간 아베어 로드 주변 숲과 들에서 서성이는 커다란 검은 괴물을 목격했다는 사람들이 나왔다. 어떤 이들은 도망쳤고 어떤 이들은 총을 쐈다. 도로에서 그리 멀지 않은 곳에 있던 이끼 낀 통나무 위에서 커다란 발자국이 발견되기도 했다. 또한 하늘에서는 UFO도 목격되었다. 화이트홀 지역에 있어 손에 꼽을 만한 특별한 사건이었다. 하지만 그 시간 이후, 주민들은 대부분 이 여러 이상한 사건에 관해 이야기하지 않았다. 경찰의 개입으로 사안이 중대해졌지만, 이런 불미스러운 일이 일어났다는 것에 대해 주민들과 경찰 모두 창피함을 느끼기도 했기 때문이다. 그러나 시간이 흘러 미 전역에서 크립티드 현상을 대중문화 일부로 받아들이자는 분위기가 만들어졌다. 그 결과 빅풋으로 인한 관광 수요 역시 증가했고, 이에 주민들은 이 사건에 대해 창피함이 아닌 자부심을 느끼게 되었다. 빅풋은 지난 수년간 화이트홀 곳곳에서 듬성듬성 목격되었다. 가장 최근의 일은 2018년 8월인데, 늦은 밤 4번 국도에서 한 운전자가 가드레일 위로 올라가는 검은 형체를 목격했다고 전해진다.

아베어 로드 주변은 여전히 농지와 숲뿐이지만, 진짜 빅풋이 보고 싶다면 숲이 아니라 시내로 가야 한다. 화이트홀에는 네 개의 대형 빅풋 조각상이 있으며 이는 모두 인터넷 사이트에서 구입할 수 있는 조립식 빅풋이 아닌 각자 모두 직접 만든 유일무이한 대형 빅풋 상이다. 리버사이드 파크Riverside Park에는 약 3미터 높이의 전기톱 빅풋 조각상이 있으며, 빅풋 기념품 가게이자 석재 매장인 버몬트 마블 그래니트 슬레이트 앤드 소프스톤 컴퍼니Vermont Marble Granite, Slate & Soapstone Co. 외부 주차장에는 빅풋 아기를 등에 업은 거대한 빅풋 금속상이 서 있다. 세 번째 상은 주류회사 빅풋 리쿼스Bigfoot Liquors의 마스코트 역할을 하고 있다. 네 번째 상은 골프장인 스킨 밸리 컨트리 클럽Skene Valley Country Club 첫 번째 홀에 있다. 이 빅풋 또한 금속상으로, 한 손에는 깃발을 들고 다른 한 손에는 골프채를 들고 있다. 이 골프장은 아베어 로드에서 처음으로 빅풋이 목격되기 약 1년 전, 골프장 소유주 클리프 스파크스가 빅풋을 먼저 목격한 장소이기도 하다. 스파크스가 목격한 빅풋은 눈에서 붉은 레이저 광선이 나왔다고 한다.

하지만 빅풋을 위해 화이트홀은 조각상을 세우는 것 이상의 일을 했다. 빅풋을 보호하기 위한 법안을 통과시키고, 빅풋을 마을의 공식 마스코트로 지정했으며, 5킬로미터 단축마라톤 대회와 골프 대회 이름에 빅풋이란 이름을 넣기도 했다. 심지어 참가자가 최고의 빅풋 소리를 내 빅풋을 불러내는 대회인 사스콰치 울음 페스티벌Sasquatch Calling Festival이 활성화되도록 많은 힘을 쏟기도 했다. 앞서 언급되었던 브라이언 고셀린이 과거 이 대회의 심사위원을 맡은 바 있다.

이렇게 주민들이 빅풋에게서 멀어지던 발걸음을 돌려 적극적으로 다가가기 전의 화이트홀은 아무 특색 없는 곳이었다. 마을이 내세운 가장 큰 특징이라고 해 봤자 미국 해군의 탄생지라는 것이었는데, 똑같이 주장하는 지역이 족히 여섯 군데는 더 있었으므로 미심쩍은 주장이었다. 이처럼 화이트홀은 크립티드 마을이 된 이후 훨씬 더 매력적인 마을로 탈바꿈했다. 그리고 이를 통해 다음과 같은 사실을 알 수 있다. 아무리 오랫동안 거부당한 크립티드라도 언제든 다시 끌어안아 마을의 정체성으로 만들 수 있다는 것을 말이다. 거기에 크립티드를 목격한 증인이 경찰이다. 더 말해 무엇하겠는가.

– 실버 호수 서펀트[20] –
SILVER LAKE SERPENT
사기극의 사기극

유형: 수생 생물	**최초 발견:** 1855년
위치: 뉴욕주 페리Perry, New York	**크기:** 약 18미터

이제 뉴욕주 페리의 실버 호수Silver Lake에 괴물이 산다고 믿는 사람은 아무도 없다. 아니, 적어도 1857년 이후부터는 아무도 없다. 1855년의 목격담이 명백한 허구였다는 사실이 밝혀졌기 때문이다. 그러나 페리는 이 부분을 전혀 문제 삼지 않고 있으며 한 세기 반이 지난 지금도 이 가짜 괴물로 여전히 큰 이슈몰이를 하고 있다.

페리는 로체스터Rochester에서 남쪽으로 약 72킬로미터 떨어진 곳에 있다. 페리에서 가장 유명한 것은 페리의 서쪽 경계선에 위치한 길고 좁은 호수인 실버 호수이다. 이 호수는 평균 수심 5미터에, 면적은 약 3.4제곱킬로미터로 규모가 크지는 않다. 하지만 이 정도면 괴물 하나 살기에 좁지 않은, 아니 정확히 말하면 괴물 이야기를 하나 만들어 내기에는 부족함이 없는 규모였다.

1855년 7월 13일 밤, 다섯 명의 성인 남성과 두 명의 소년이 실버 호수에서 물고기를 잡기 위해 나룻배를 타게 된다. 하지만 결국 물고기를 잡긴커녕 살기 위해 도망친 쪽은 이들이었다. 처음에는 그저 물에 떠 있는 통나무인 줄 알았던 것이 갑자기 배를 향해 헤엄쳐 왔던 것이다. 배와 가까워지자 괴물은 몸을 일으켰는데, 그것의 정체는 어마어마한 굵기와 크기의 비늘 뱀

---

20 서펀트란 주로 신화, 전설 또는 고대 이야기에서 등장하는 뱀 형태의 커다란 동물을 뜻한다.

이었다. 멀리 있는 작은 돌출물을 괴물로 착각한 것이라 하기에는 너무 가까운 거리였고, 철갑상어를 괴물로 오해했다고 보기에는 그것은 절대 철갑상어가 아니었다. 이들은 공포에 질려 즉시 육지를 향해 노를 저었고, 고래뱃속에서 갓 살아나온 일곱 요나[21]가 되어 뭍에 닿자마자 목격담을 풀었다. 이들 중 몇 명은 구두 증언에 그치지 않고 증언을 선서하는 진술서에 서명까지 했다.

며칠 후, 괴물이 다시 나타났는데 이번 목격자는 호수에 배를 띄우고 즐거운 시간을 보내고 있던 한 가족이었다. 그 뒤로도 괴물은 다시, 또다시 나타났다. 하지만 정작 떠들썩한 곳은 호수가 아닌 육지였다. 관광객과 괴물 사냥꾼이 호수 주변으로 모여들며 지역 호텔을 가득 채운 것이다. 이들은 망루를 세우고 이 작은 마을의 수많은 아합[22]이 되어 작살을 들고 이리저리 다녔다. 또한, 여러 신문사에서 이 비늘 뱀 포획에 포상금(30센티미터당 1달러로, 최소 180센티미터를 요구)을 걸기도 했다. 심지어 일간지〈버팔로 데일리 리퍼블릭The Buffalo Daily Republic〉은 페리 지역 신문사들이 더 자주 신문을 발행하거나 전신선을 설치해야 한다고 제안했다. 독자들이 이 괴물의 출현에 대한 보도를 더 자주 접할 수 있도록 해야 한다는 이유에서였다.

그러던 중 1857년, 워커 호텔에서 화재가 발생했다. 이 호수 괴물을 보러 온 사람들 덕분에 상대적으로 호황을 누리고 있던 지역 호텔 중 하나였다. 그리고 그 잿더미 속에서(항간에 따르면 다락방 구석에서) 소방관들이 발견한 것은

---

21 성경의 요나서(요나 1:17, 2:10)에 나오는 이야기로, 여기에는 기원전 793~753년경 요나라는 사람이 고래뱃속에서 3일 동안 살아남았다는 이야기가 담겨있다.

22 허먼 멜빌의 소설『모비 딕Moby-Dick』에 나오는 선장의 이름으로, 백경 '모비 딕'에게 자신의 한쪽 다리를 잃어 해당 고래를 잡아 복수하기 위해 선원을 모집해 전 세계 바다를 항해하는 인물이다.

괴물 모형의 재료, 즉 까맣게 눌어붙은 커다란 서펀트 모양 캔버스와 철사였다. 호텔 소유주인 아르테미스 워커는 자신과 몇몇 직원들이 1855년에 사업을 활성화하기 위해 해당 비늘 뱀을 만들었다고 인정했다. 초록색과 노란색 반점에 새빨간 눈이 달린, 180센티미터 길이의 몸통을 가진 괴물이 불에 그을린 채 잔해로만 남아있었다. 몸통은 방수 캔버스로 만들어졌는데, 이를 얕은 호수 바닥에 가라앉히기 위해 철사 감은 추를 매달아 둔 모습이었다. 또한 캔버스는 호스를 이용해 호숫가 판잣집에 숨겨놓은 거대한 대장간 풀무에 연결되어 있었다. 이들은 풀무와 호스로 캔버스에 공기를 주입했고, 이를 통해 괴물을 풍선처럼 부풀려 호수를 찾은 사람들을 놀라게 했던 것이다. 괴물을 조종하는 데에는 호숫가에 연결해 놓은 여러 개의 밧줄을 이용했다. 풀무질을 멈추면 공기가 빠진 캔버스가 어두운 물속으로 가라앉고, 추에 의해 바닥으로 끌려가는 구조였다.

이렇게 증거가 드러나고 사기극에 대한 자백이 나왔지만, 그래도 페리는 지금도 이 '불에 탄 캔버스와 철사 더미'의 크립티드를 기념하고 있다. 페리 시내는 아예 실버 호수 서펀트가 보이지 않는 곳이 없다. 환영 표지, 페리 인장, 자전거 보관대, 여러 상점 등 어디든 실버 호수 서펀트가 장식하고 있다. 또한, 페리는 세 가지 다른 조각상을 자랑스럽게 전시하고 있다. 하나는 만화 캐릭터 모양의 구조물로 스플래시 패드에서 입으로 물을 뿜어내고 있다. 이보다는 좀 더 무섭게 생긴 다른 하나는 골프장 한쪽에 설치되어 땅으로 들어갔다 나오기를 반복하며, 나머지 하나는 시내에 금속 예술 작품으로 설치되어 있다. 페리의 파이오니어 캐빈 박물관Pioneer Cabin and Museum에는 자작극에 쓰인 유물도 소장되어 있는데, 여기에는 서펀트 크립티드에 생명을 불어넣어 준 것으로 추정되는 풀무와 사냥을 위해 쓰였던 작살 중 하나도 있다.

1960년대에 페리는 실버 호수 서펀트를 기념하는 신나는 축제를 열기 시작했다. 여왕 서펀트를 세우고 여기에 실버 호수 서펀트 모양의 큰 인형 여러 개와 장식용 인형으로 퍼레이드를 꾸민 것이다. 그런데 1962년 퍼레이드를 위해 만든 괴물을 보관하던 건물이 불타고 만다. 그때 이 모형 또한 잿더미로 변해버렸다. 정확히 1857년과 같은 상황이었다. 그런데 1978년 퍼레이드 때 만든 괴물 또한 불이 붙어 타버리더니, 1980년 퍼레이드 때 만든 괴물도 불에 타버렸다. 결국 페리는 몇십 년 뒤 축제를 중단했지만, 2020년에 실버 호수 서펀트 모형을 다시 만들어 축제를 열었다. 결론적으로 이 역시 불타버렸지만, 이번에는 일부러 태운 것이었다.

이 이야기의 흥미로운 마침표를 찍은 사람은 조 니켈이었다. 니켈은 초자연적 현상에 대해 전문적으로 조사해 진상을 밝히는 과학적 회의론자로, 평생 초자연적 현상의 실체를 폭로해 온 사람이었다. 유령이든 크립티드든 그에게 걸렸다하면 예외 없이 진실이 밝혀졌고 흥은 깨져버렸다. 그런데 이 사건의 경우 흥미로운 반전이 있었다. 바로 니켈이 의심을 품고 조사 대상으로 정한 것은 서펀트가 아니라 사기극이었단 사실이다. 그렇다. 무려 초자연적 현상 전문 과학적 회의론자인 조 니켈이 실버 호수 서펀트가 가짜라고 생각하지 않았던 것이다. 아니, 적어도 대부분의 사람이 생각하는 그런 사기는 아니었다는 것이다. 니켈은 〈스켑티컬 인콰이어러Skeptical Inquirer〉 1999년 3월/4월호를 통해 워커 호텔 화재와 이후 밝혀진 사기는 모두 가짜였다고 주장했다. 니켈은 사건을 추적하다 1915년, 즉 사건 발생 후 거의 60년이 지난 시점에서 프랭크 D. 로버츠라는 지역 역사가에 의해 처음 밝혀지는 이야기를 듣게 된다. 해당 사기극이 성립할 수 없는 데는 세 가지 사실이 있었다. 화재가 발생한 것으로 추정되는 시점과 첫 번째 보고 사이의 시간 차이, 캔버스로 만든 뱀과 호수에서 목격된 뱀에 대한 묘사 간의 차이, 가짜 뱀을 작동시키는 믿을 수 없을 정도로 복잡한 메커니즘이 그것이었다. 그렇다면 실버 호수 서펀트가 실제로 존재한다는 걸까? 그럴 수도 있다. 아니면 실버 호수 서펀트도, 호텔 사기극도 모두 사기였을 수 있다.

이것으로 뉴욕주 페리는 듣도 보도 못한 처지에 놓이게 되었다. 있지도 않은 호수 괴물을 기념하는 마을이 될 것이냐, 벌이지도 않은 사기를 기념하는 마을이 될 것이냐. 굉장히 특이하고 재밌는 고민이지만 어느 쪽이든 마을의 별칭으로 간결하게 담아내기에는 만만치 않을 것 같다.

– 저지 데블 –
JERSEY DEVIL

소나무 숲의 소름 돋는 괴물

유형:
비행 생물

최초 발견:
1735년

위치:
뉴저지주 파인 배런Pine Barrens, New Jersey

주요 특징:
이족보행, 말 얼굴, 박쥐 날개

나는 무려 앤서니 부르댕[23]이 앉았던 자리에 앉아 있었다. 뉴저지의 한 작
디작은 식당, 부르댕은 바에 앉아 음식 이야기만 하지 않았다. 그 유명한 앤
서니 부르댕도 저지 데블에 관해 이야기했다니. 이렇게 저지 데블처럼 고향
의 슈퍼스타인 크립티드는 참 드물다. 만약 단어 연상 게임에서 '뉴저지'라
는 한 단어의 문제를 낸다면, '저지 데블'이라 답할 정도로 저지 데블은 뉴저
지의 대명사 그 자체이다.

저지 데블의 이야기에는 식민지 시대 민담과 고전 괴담, 초자연적인 부기
맨[24] 이야기가 모두 섞여 있어 기묘하다. 저지 데블 이야기는 1735년 폭풍우
가 몰아치던 어느 날 밤, 훗날 뉴저지 남부 해안의 리즈 포인트Leeds Point라 불
리게 되는 마을에서 시작된다(저지 데블의 또 다른 이름이 리즈 데블인 이유이다). 리즈라는
이름의 여성은 열세 번째 아이를 임신 중이었는데, 그녀는 이 아기를 원치
않았다. 그래서 리즈는 뱃속의 아기에게 저주를 퍼부었고 결국 괴물을 낳게
되었다. 아기는 말의 얼굴, 긴 목, 뿔이 달린 머리, 박쥐를 닮은 날개, 여러 갈

---

23 미국의 요리사이자 CNN의 간판 맛 칼럼니스트로, 세계 여행 텔레비전 쇼 '쿡스 투어A Cook's Tour' 진행자로
유명했다. 2018년에 세상을 떠났다.

24 여러 문화와 전통에서 나타나는 미신적 존재로, 주로 아이들이 장난감을 잘 정리하거나 자러 가도록 겁을 주
는 요소로 쓰인다.

래의 꼬리, 두 다리에는 발굽이 달린 모습의 괴물이었다. 거기에 성질 또한 흉포했는데, 이 괴물은 방에 있던 모든 사람을 공격한 다음 산타클로스를 뒤로 감기 한 모양새로 굴뚝을 타고 나갔고, 날개를 퍼덕이며 폭풍 속으로 날아올라 파인 배런에 깃들게 되었다.

파인 배런은 약 4천 제곱킬로미터에 달하는 땅을 소나무가 뒤덮은 '해안 소나무 보호 지역'이다. 그러나 엄청난 양의 소나무 못지않게 섬뜩한 역사 역시도 넘쳐난다. 과거 이곳은 자원이 풍부한 탓에 조선, 철광석 가공, 유리 제조와 같은 주요 산업이 발달해 있었다. 지형적 고립성을 이용해 금주령 기간에 활발히 밀주 생산을 하는 자들로 미어터졌던 곳이었다. 심지어 마피아가 시체를 처리했던 장소이기도 하다. 지금의 파인 배런은 현재 극도로 발전한 미 동부 해안가 중 유일하게 고립된 지역으로, 저지 데블의 유령 마을을 품어주는 푸른 오아시스 같은 곳으로 남아있다. 바꿔 말하면, 현재의 파인 배런은 괴물이 숨기에 완벽한 장소라는 뜻이다.

하지만 이 이야기로 끝이었다면 저지 데블은 초자연적인 민담의 주인공에 불과할 뿐 정통 크립티드는 될 수 없었을 것이다. 하지만 일각에서는 저지 데블이 민담에서 유래한 것도 아니라고 주장한다. 이들의 가설에 따르면 저지 데블 이야기는 리즈 포인트에 살았던 실제 리즈 가문에 관한 가십이나 조롱에서 비롯된 것이라고 한다. 독립전쟁이 이어진 몇 년간 영국 편에 섰던 리즈 가문을 조롱하기 위해 '리즈 데블'이라고 이름 붙였을 수 있다는 것이다. 어찌 되었든, 저지 데블이 안개같이 무성한 소문을 벗어나 사람이 사는 마을과 가정에 등장하기 시작한 건 20세기 초였다.

1909년 1월 일주일간, 뉴저지 남부 전역과 펜실베니아주 경계 지역에서 눈 위에 갈라진 발굽 모양의 발자국을 남기고 다니는 이상한 비행 괴물을 목격하는 사건이 여러 차례 발생했다. 뉴저지주 트렌튼Trenton의 시의원 E. P. 위든은 한밤중에 무언가가 문을 두드리는 소리와 공중에서 퍼덕이는 날갯짓 소리 때문에 잠에서 깼다. 위든은 위층으로 올라가 창밖을 내다보았고 지붕에 쌓인 눈에 줄지어 나 있는 이족보행의 발굽 발자국을 보게 되었다. 트렌튼에 사는 다른 주민들도 밤에 이상하고 날카로운 비명 소리를 들었고, 눈에 난 수많은 발굽 자국을 보았으며, 심지어는 밤하늘에서 날개를 퍼덕이는

무언가를 직접 목격하기도 했다.

한편 펜실베이니아 주 브리스톨Bristol의 델라웨어 강Delaware River 바로 맞은편에서는 경찰관 제임스 색빌이 사정거리에 들 만큼 해당 괴물에 가까이 접근한 적도 있었다. 괴물을 목격한 우체국장인 E. W. 미니스터는 괴물이 학처럼 생겼으며 긴 날개에 뿔이 달린 숫양의 머리를 하고 있다고 설명했다. 미니스터는 심지어 이상한 빛이 괴물을 감싸고 있었다고까지 주장했다. 주류판매점을 운영하는 존 맥오웬은 창문 너머 독수리처럼 생긴 무언가가 땅바닥에서 폴짝폴짝 뛰어다니는 것을 목격했다. 그 소리가 마치 축음기 레코드판 스크래치 소리에 공장 호루라기 소리가 합쳐진 것 같았다고 묘사했다.

그 뒤 얼마 되지 않아 모든 이가 이러한 목격담에 '데블'이라는 오랜 민담을 떠올렸고 이 사실에 크게 소동이 일기 시작했다. 파인 배런의 모든 학교와 가게가 문을 닫았고, 사냥 크루가 결성되었다. 두려움에 떨던 사람들은 스스로 무장했다. 하지만 이 기회를 제대로 활용한 사람도 있었다. 바로 노먼 제스프리가 그 주인공이다. 그는 파인 배런과 약 65킬로미터 떨어진 필라델피아 소재의 나인스 앤 아치 스트리트 박물관the Ninth and Arch Street Museum에서 일하던 홍보 담당자였다. 제프리스는 살아있는 캥거루 한 마리를 구해 녹색 줄무늬를 칠하고 등에 골판지 날개를 붙인 후 박물관에 '저지 데블'이라는 이름으로 전시했다.

사람들이 본 것이 '데블'이었든, 데블 캥거루였든, 결국 그 주에만 거의 열두 개 마을과 도시에서 약 100명의 목격자가 수상한 것을 목격했다. 그리고 저지 데블 열풍은 오늘날까지 이어지고 있다. 목격자들의 증언은 전형적인 모습의 날개 달린 숫양 머리부터 거의 빅풋과 유사한 모습까지 다양했지만, 이는 아마 뉴저지에서 벌어지는 모든 괴물 목격의 뒤편에는 데블이 있다고 여겨졌기 때문일지도 모른다. 데블의 영향력은 이렇게나 강력하다.

차를 타고 직접 파인 배런을 돌아다녀 봤지만 낙서 가득한 오래된 폐허와 십자가가 늘어선 비포장도로로, 끝도 없이 펼쳐지는 소나무만 보았을 뿐 데블은 보이지 않았다. 정말 이상하게도 파인 배런 내 어떤 곳도, 심지어 리즈 포인트 지역조차도 데블의 소유권을 주장하려는 노력을 하지 않고 있다. 데블의 역사를 담은 명판 한 장이나 주민들이 만들어 놓은 예술 작품 하나조차 찾아볼 수 없었다. 데블 전용 박물관도 없는 실정이다. 가장 가까운 것은 잭슨 타운십Jackson Township에 있는 놀이동산 식스 플래그 그레이트 어드벤처Six Flags Great Adventure의 롤러코스터인 '저지 데블 코스터'와 '뉴저지 데블스'라는 NHL[25] 팀뿐이다. 뉴저지주는 그저 주 자체로 저지 데블에 대한 기념이 충분하다고 여기는 듯하다.

하지만 파인 배런 동쪽 가장자리에 있는 바네갓Barnegat의 루실스 컨트리 쿠킹Lucille's Country Cooking처럼 저지 데블을 자신의 브랜드에 엮어버린 소규모 가게들도 있다. 이 조그만 식당 밖에는 갈색 털북숭이 모양의 저지 데블 나무 상이 세워져 있다. 뿔이 솟은 해골 모양의 머리에 검붉은 날개와 붉은 가시가 돋친 꼬리를 가진 형상으로 말이다. 긴 발톱으로는 지팡이를 움켜쥐고 있다. 나는 이 저지 데블과 셀카를 찍은 뒤 식당 안으로 들어갔다. 카운터로 조용히 걸어가 독일식 오믈렛과 토스터를 주문했다(저지 데블 버거 메뉴를 탐닉하기엔 너무 이른 시간이었다). 벽에 걸린 사진들을 보고 이곳에 앤서니 부르댕이 다녀갔다는 것을 눈치챘고, 나중에 이 식당이 소개된 프로그램 '파츠 언노운Parts Unknown'의 2015년 에피소드를 찾아보고 저지 데블의 분량이 상당하다는 사실에 반가웠다. 부르댕은 바에 앉아 현지인이 저지 데블에 대해 설명하는 것을 들으며 이렇게 말했다. "마이리틀포니My Little Pony[26]에 갈라진 꼬리가 달면 딱 저지 데블의 모습일 것 같네요. 귀여운데요?"

---

25 National Hockey League의 약어로 전미 하키 리그를 뜻한다.

26 1980년대 초반 해즈브로Hasbro라는 미국의 완구회사가 만든 캐릭터로, 작고 귀여우며 알록달록한 말의 모습을 하고 있다.

- 국제 신비동물학 박물관 -
INTERNATIONAL CRYPTOZOOLOGY MUSEUM
낭만의 동물학자

설립자: 로렌 콜먼	설립 연도: 2003년
위치: 메인주 포틀랜드Portland, Maine	전시 내용: 신비동물학 유물, 실물 크기 크립티드 모형 오락 활동, 대중문화 소품

　미국(혹은 전 세계)을 대표하는 신비동물학의 중심지가 다름 아닌 바로 메인주에 있다면 믿어지는가? 태평양 연안 북서부의 빅풋스빌Bigfootsville도 아니고, 의심스러울 정도로 다양한 종류와 범위의 크립티드를 뽐내는 오하이오주나 웨스트버지니아주, 혹은 위스콘신주도 모두 아니다. 주인공은 바로 메인주, 노란 슬리커[27]와 빨간 랍스터[28]의 고장 메인주가 맞다. 크립티드도 별로 없고 유명한 크립티드는 더 없는(있어봤자 유령 같은 무스[29]? 혹은 아나콘다 웨시[30]?) 그 메인주 말이다. 하지만 메인주에는 유명 크립티드보다 더 흥미롭다는 유명 '신비동물학자'가 있다. 게다가 이 신비동물학자는 훌륭한 박물관도 가지고 있다. 그리고 이 '국제 신비동물학 박물관'은 다른 어느 곳도 아닌 메인주 포틀랜드에 있다. 이유는 단 한 가지다. 바로 로렌 콜먼이 사는 곳이기 때문이다.

27　메인주는 대서양에 인접해 있어 비 올 확률이 높고 기온 변동이 커 메인주 사람들은 노란색 슬리커, 즉 길고 품이 큰 우비를 자주 착용하는 경향이 있다.

28　랍스터는 메인주의 특산품이다.

29　북미의 전설적인 동물인 북미산 엘크를 가리킨다. 평범한 무스보다 훨씬 크고, 흰색이나 은색인 털이 유령처럼 보인다고 해서 붙여진 이름이다.

30　영어 표기는 'Wessie the anaconda'로 메인주에 있다고 알려진 야생 아나콘다이다.

현재 70대 중반인 콜먼이 처음 크립티드에 관심을 두게 된 것은 10대 시절이었다. 1958년 작인 일본의 설인 영화 〈반인간Half-Human〉을 보고 깊이 매료되어 바로 동네 도서관으로 가서 신비동물학의 창시자들에 속하는 이반 T. 샌더슨, 윌리 레이, 버나드 휴벨만스의 저서를 찾아 접한 것이 시작이었다. 이제는 '로렌 콜먼'이라고 하면 신비동물학 관련 자료와 책, 다큐멘터리에서 어디든 빠지지 않는 인물이라 여길 정도로 저명해졌다. 그것이 크립티드를 부정하는 자료든, 광적으로 신봉하는 자료든 말이다. 콜먼은 비주류 지식과 사실, 신중과 모험, 엄격과 반항 사이에 존재하는 어떤 안락한 틈새를 찾아냈다. 그는 신비동물학을 유사 과학이나 초자연적인 것이 아닌, 동물학의 하위 분야로 본다. 또한, 그런 기이한 현상에 쏟을 시간 따위는 없다고 생각한다. 일례로 콜먼은 나에게 이렇게 말했다. "제가 절대적으로 혐오하는 것이 바로 프레스노 나이트크롤러[31]입니다."

국제 신비동물학 박물관에는 이러한 그의 성격과 관심사가 반영되어 있다. 개인 소장품으로 시작하다 2003년에 대중에 공개되었으니 당연한 일이다. 박물관에는 실물 크기의 괴물 모형, 빅풋 발자국 본, 그리고 크립티드를 테마로 한 맥주 캔과 액션 피겨 같은 대중문화 소품 등이 전시되어 있다. "개관 초반에 들은 비판은 장난감이 너무 많다는 것이었습니다. 하지만 장난감도 우리 문화의 일부죠."라고 그는 말했다.

개인적으로 가장 흥미로운 전시물은 신비동물학 자체가 아니라 신비동물학의 역사와 관련된 것이다. 콜먼 소장품 중에는 에드먼드 힐러리 경(에베레스트산을 최초로 등정한 사람)이 1950년대 히말라야에서 설인을 찾기 위해 탐험을 하던 중 발견한 모발 샘플이 있다. 또한, 지미 스튜어트가 콜먼에게 직접 쓴 편지도 소장하고 있는데, 편지는 스튜어트 자신이 네팔에서 설인의 것으로 추정되는 손가락을 밀반출했다는 사실을 인정한다는 내용을 담고 있다. 그는 해당 손가락뼈를 아내의 속옷 가방에 숨겨 인도에서 영국으로 가져왔다고 한다. 콜먼은 또한 크립티드계의 거장 톰 슬릭, 이반 샌더슨, 존 킬의 유물도 소장하고 있다. "저는 책에서 이 신비동물학의 거장분들 이름을 찾자마자 바로 서신을 보냈습니다. 책에 이름이 쓰여있으면 무조건 편지를 보냈죠."

---

31 4부 서부의 '프레스노 나이트크롤러' 참조

콜먼은 나와 우리 가족에게 박물관을 안내해 주었고, 관람 중 우리 아이들은 1977년 봄 매사추세츠에서 잠시 목격된 외계 생명체 도버 데몬에 관한 전시물을 보고 열광하기 시작했다(65쪽 참조). 며칠 전에 우리가 도버 데몬에 관한 다큐멘터리를 함께 본 적이 있기 때문이다. 콜먼이 아무 말 하지 않아서 내가 나섰다. "콜먼 아저씨가 이 사건을 최초로 조사한 사람이야. 도버 데몬[32]이란 이름도 아저씨가 지었어." 나는 콜먼에게 도버 데몬이 켄터키주의 패스커굴라 엘리펀트맨이나 메릴랜드주의 스날리 요우(각각 139쪽과 50쪽 참조)처럼 크립티드의 설명을 담은 현판이 생길 수 있는지 물었다. 특히나 이들 크립티드는 첫 목격 장소가 도로와 들판을 구분 짓는 돌담인데, 이는 기념하는 현판을 설치하기 쉬운 장소이기 때문이다. "되면 너무 좋죠. 문제는 제가 도버 데몬이란 이름으로 일부 영향력 있는 주민의 미움을 샀다는 겁니다. 하지만 이제 그 이름은 전 세계적으로 아주 유명해요." 콜먼은 전시대 위 도버 데몬 피겨를 하나 가리키며 말했다. "이건 일본에서 온 거예요."

"그렇다면 60년 동안 신비동물학에서 가장 많이 바뀐 것은 무엇인가요?" 나는 물었다. "1965년에 이반 샌더슨은 '미국에는 신비동물학자가 몇 없다'고 했어요. 다섯 명에서 열 명 정도라는 뜻이었죠. 제가 이 분야에 뛰어들었을 때는 관련 서적이 거의 없었어요. 매우 답답했죠. 당시에는 신비동물학을 환상동물학이라고 불렀거든요. 하지만 이제는 신비동물학자도 더 많아졌고 책도 훨씬 많아졌죠. 이것이 첫 번째 변화입니다." 콜먼은 아마 내가 이 어려움에 대해 잘 이해하지 못할 것으로 생각했을지도 모른다. 당연히 그럴 만했다. 나는 신비동물학에 대해 알고 싶은 내용이 있으면 박물관에 가거나 인터넷에서 책을 주문하면 되었지만, 콜먼은 먼 지역의 주유소를 돌며 해당 지역에 기이한 일이 있었는지 물어봐야 했으니 말이다. "지역 관광 안내소는 정말 아는 것이 하나도 없었죠. 하지만 주유소는 훌륭했습니다."

"게다가 요즘 대부분의 사람들은 빅풋에 관심을 가지고 있죠." 콜먼은 말을 이었다. 나는 그 말에 귀가 번쩍 뜨였다. 빅풋은 이 프로젝트를 진행하는 내내 목구멍의 가시였다. 어딜 가나 모든 주에는 빅풋을 기념하는 마을이 있는데, 해당 마을에 빅풋보다 더 흥미로운 크립티드가 있는데도 빅풋을 기념

---

32 1부 북동부 '도버 데몬' 참조

하거나 빅풋도 같이 기념하는 경우가 많았기 때문이다. 이는 책에 다양한 크립티드를 다루고 싶은 나에게는 안타까운 일이었다. 예를 들어 웨스트버지니아주 브랙스턴 카운티는 플랫우즈 몬스터(101쪽 참조)라는 유명하고 개성있는 크립티드의 본거지이다. 물론 플랫우즈 몬스터 전용 박물관도 있다. 그런데 플랫우즈 몬스터 박물관 바로 한 블록 옆에 빅풋 박물관도 있다. 말하자면 빅풋은 침입종이다. 침투하지 않은 곳이 없다. 콜먼은 빅풋에 대해 다음과 같이 말했다. "예전에는 설인이나 네스호 괴물에 관심이 많았는데, 갑자기 털북숭이 크립티드가 캘리포니아에 산다는 이야기가 큰 인기를 얻게 되었어요. 사람들이 이제 저 먼 곳이 아니라 자기 주변에서 찾아볼 수 있는 크립티드 이야기에 관심을 가지기 시작한 거죠."

나는 콜먼에게 빅풋이 이렇게 폭넓은 사랑을 받는 이유가 뭔지 물으며, 아마도 사람들은 리자드맨이나 호닥같은 크립티드보다는 빅풋이 더 있을법하다고 생각하기 때문이지 않겠느냐는 쪽으로 대화를 끌고 갔다. 하지만 콜먼이 내놓은 대답은 훨씬 더 놀라웠다. "나르시시즘 때문이죠. 사람들은 자신과 가장 닮은 것에 관심을 보입니다. 그리고 빅풋은 기본적으론 인간이죠. 야생의 생명체이긴 하지만요. 사람들이 모스맨을 좋아하는 이유는 무섭기 때문이에요. 공포 영화를 좋아하는 이유와 같죠. 하지만 사람들은 모스맨보다는 빅풋에 대해 이야기하고 싶어 해요. 이곳 방문객들에게 가장 좋아하는 크립티드가 뭐냐고 물으면 백이면 백 모두 "빅풋이요!"라고 답합니다."

우리는 박물관을 돌아다니며 타첼부름[33]과 카드보로사우루스Cadborosaurus[34] 같은 실물 크기의 크립티드 모형을 살펴보았다. 홈디포[35]의 대형 늑대인간 할로윈 소품도 있었다. 동물 배설물 전시와 영화 〈검은 늪지대의 생명체〉와 관련된 장난감 컬렉션도 보았다. 이 영화 속 괴물은 수백만 년 동안 멸종된 것으로 여겨졌던 대형 물고기 실러캔스가 1938년 산채로 발견된 사건에서 영감을 얻어 만들어졌다. 해당 발견은 신비동물학자들이 크립티드가 실존한다고 내미는 단골 증거이다. 국제 신비동물학 박물관의 로고 또한 이 실러캔

---

33 tatzelwurm라고 표기하며, 알프스 산맥에 산다고 알려진 지렁이 모양의 크립티드다.

34 브리티시콜롬비아 카드보로 해안에서 처음 목격되었다고 알려진 크립티드로, 거대한 뱀처럼 생긴 수생 생물이다.

35 미국의 대형 하드웨어 및 건축 용품 판매점이다.

스이다.

이 박물관의 수집품은 독특하다는 점, 그리고 단 한 사람의 감성에 맞게 모였다는 점에서 특별하다. 콜먼에 따르면 이 박물관은 2021년에 2만 명의 방문객을 맞이했다고 한다. 미국에서 빅풋 박물관은 발에 차이지만 국제 신비동물학 박물관은 유일무이하다. 콜먼을 인터뷰한 후, 그는 나에게 메인주 뱅고어로 이사한다는 소식을 전했다. 국제 신비동물학 박물관은 포틀랜드에 그대로 유지하고 뱅고어에는 박물관의 부속 아카이브를 연다고 한다. 참고로 공포 작가 스티븐 킹의 집에서 그리 멀지 않은 곳이다.

나의 마지막 질문은 1983년에 처음 출간되어 2000년대 초에 개정하여 재발간된 콜먼의 저서 『신비한 미국Mysterious America』속 한 문장에 관한 것이었다. 그 문장은 '신비동물학자는 그 무엇도 믿지 말되 모든 것에 열려 있어야 한다'였다. "저는 여전히 그렇게 믿고 있습니다."라고 그는 말했다. "신비동물학자는 모든 사람의 이야기를 들어야 하는 사람입니다. 보라색 식인 괴물을 목격했다는 사람이 있으면 나는 그 이야기를 듣고 싶어요. 그렇지만 꼭 사건 파일을 늘리기 위한 것은 아니에요. 그저 탐험하는 거죠. 제가 애용하는 책 서명 문구도 이것이에요. '즐거운 탐험 되시길.'"

지미 스튜어트,
크립티드 밀반출 대작전 요원

전설적인 영화배우 지미 스튜어트는 프랭크 카프라 감독의 〈멋진 인생 It's a Wonderful Life〉과 알프레드 히치콕 감독의 〈로프 Rope〉 주인공으로 유명하다. 그러나 이렇게 빛나고도 장대한 그의 필모그래피에도 없는 것이 있으니, 바로 괴물 영화다. 그리고 그는 이러한 공백을 배우로서가 아니라 한 인간으로서 메웠다. 바로 그가 설인의 손가락 하나를 국경 너머로 밀반출하면서 크립티드 역사에 한 줄로 남게 되었기 때문이다.

1959년 스튜어트와 그의 아내 글로리아는 인도 방문 중, 석유 사업을 하고 있던 커크 존슨이란 이름의 한 친구로부터 이상한 부탁을 받게 되었다. 존슨은 캘커타 Calcutta에 있는 그랜드 호텔 Grand Hotel에서 스튜어트 부부와 피터 번이라는 사람의 만남을 주선했는데, 번은 네팔 팡보체 Pangboche의 한 수도원에서 설인의 것으로 추정되는 미라 손가락을 밀반출하는 데 성공한 상황이었다.

훔친 건지 산 건지 모를 그 손가락을 손에 넣은 번은 그것을 배낭에 넣어 국경을 넘고 인도까지 가져가는 데는 성공했다. 하지만 그의 최종 목적은 영장류학자 윌리엄 찰스 오스만 힐에게 손가락을 검사받는 것이었고, 그러기 위해서는 런던으로 가야 하는 마지막 단계가 남아 있었다. 다시 말해, '인도와 런던의 세관 통과'라는, 어쩌면 손가락 확보보다 더 어려운 미션이 주어진 것이었다.

지금이 바로 밀반출 요원 역의 지미 스튜어트가 등장할 순서였다. 당시 지미 스튜어트의 명성은 하늘을 찔렀고, 그는 사인을 요청하는 팬들 말고는 별다른 방해 없이 국경을 넘을 수 있었다. 스튜어트 부부는 번의 요청에 동의했고 글로리아의 속옷 가방에 손가락을 숨겼다.

미션은 성공했다. 하지만 정작 손가락을 전달받은 힐은 이 손가락이 사람 손가락인지 설인 손가락인지 결론을 내지 못했다. 그 뒤 2008년, 잊혔던 해당 손가락은 힐의 유품 상자에서 발견되었고 이에 대해 DNA 검사가 이루어졌다. 그렇게 여러 사람을 거치며 산전수전 다 겪은 손가락이었지만, 결국 손가락은 평범한 사람 손가락으로 밝혀졌다.

– 스날리 요우 –
SNARLY YOW
무서운 이름, 무난한 성격

유형:	최초 발견:
갯과	18세기
위치:	**주요 특징:**
메릴랜드주 분스버로Boonsboro, Maryland	물체가 몸을 뚫고 통과함

    '스날리 요우'. 이제야 좀 괴물다운 이름을 본다. 모스맨과 빅풋처럼 애들 만화 같은 이름에 비해 이 얼마나 무시무시하면서도 신비로운 이름인가. 하지만 이름만 1등일 뿐, 전투력은 꼴찌다. 스날리 요우는 귀신같은 개다. 아니, 같은 게 아니라, 말 그대로 귀신 개다. 블랙독Black Dog이라고도 불리는 스날리 요우는 웨스트버지니아 인근 지역에서 목격되기도 하지만, 주로 메릴랜드 서부 블루릿지Blue Ridge산맥의 일부인 사우스 산South Mountain을 가로지르는 간선 도로에서 수호자로 활동하고 있다. 이곳에 살았던 작가 마들렌 빈튼 달그렌은 1882년 자신의 저서 『사우스 마운틴 매직South-Mountain Magic』을 통해 다음과 같은 찬사를 보내기도 했다. '테르모필레[36]를 지키는 불굴의 케르베로스[37].'

    이 '케르베로스'의 정체가 정확히 뭔진 몰라도 그냥 떠돌이 개가 아닌 것만은 분명하다. 목격자 증언에 따르면 스날리 요우는 검은색의 커다란 갯과 짐승으로 주둥이가 새빨간 색이며 그 안에 날카로운 이빨이 가득 나 있다고 한다. 지난 수백 년간 목격되었으며, 목격자는 개척자, 설교자, 사냥꾼, 농

---

36 기원전 480년 스파르타군이 페르시아군에게 대패한 그리스 산길의 이름이다.
37 그리스 로마신화에 나오는 머리가 3개 달린 개로, 지옥문을 지킨다고 알려져 있다.

부 등 그 종류도 다양하다. 최근 목격자는 주말에 얼터네이트 루트 40 Alternate Route 40를 타고 드라이브하던 관광객들이었다.

스날리 요우와 관련된 이야기는 스티븐 D. 브라운의 저서 『하퍼스 페리의 유령의 집 Haunted Houses of Harpers Ferry』에 실려 있다. 1975년, 서른 살 남성인 윌리엄이 산책 도중 도로로 들어서는 아주 커다란 검은 개를 목격했다는 이야기다. 윌리엄은 개를 쫓아내려 돌과 막대기를 던졌지만, 그저 모두 안개를 뚫듯 개의 몸을 통과해 버렸다. 다른 이야기도 있다. 1989년 〈워싱턴 포스트 The Washington Post〉에 실린 기사로, 1976년 해당 지역에 살던 한 부부의 목격담이다. 부부는 차를 타고 가던 중, 눈이 번쩍이던 청흑색의 커다란 개를 들이받았고, 즉시 차를 멈추고 나와 살펴봤으나 도로에는 아무것도 없었다는 것이다. 심지어는 피 한 방울, 털 한 올도 남아있지 않았다.

스날리 요우는 변화무쌍하다. 갑자기 사라지거나, 몸집을 키우거나, 털색을 바꾸는 등이다(검은 털에 흰 반점이 있었다는 목격담도 있다). 주먹이나 총알, 자동차도 소용없다. 모든 게 그저 그의 몸을 통과할 뿐이다. 스날리 요우가 목격되는 상황 또한 다양하다. 어느 날은 길을 건너 개울을 향했다고 하고, 또 어느 날은 도로 한가운데에 불길한 기운을 풍기며 자리하고 있었다 한다. 그러나 이 중 사람을 해치는 행동은 없다. 무섭게는 생겼지만 불가사의한 분위기, 그게 다다. 실제로, 수백 년 동안 쌓인 스날리 요우의 목격담에는 '공격성'에 관한 문장은 단 한 줄도 찾아볼 수 없다. 관련된 유일한 부상은 한 남성이 겁먹은 말에 억지로 올라타 스날리 요우를 추격하다 말에서 떨어져 쇄골이 부러졌던 일이다.

사우스 산을 배회하는 이 거대한 개의 정체는 오늘날까지도 알려진 바 없다. 귀신인지 크립티드인지, 아니면 합쳐서 크립티드 귀신인지 말이다. 그러나 이 귀신같은 스날리 요우가 사우스 산 지역에 출몰하고 있다는 점만은 확실하다. 아니, 출몰이란 말은 가당치 않다. 스날리 요우는 사실 개로서 그저 자기 영역을 지키는 것일지도 모른다.

오랜 기간, 이 미국판 '바스커빌의 개[38]'는 분스버로 주민들의 뇌리 깊은

---

38 아서 코난 도일의 셜록 홈즈 시리즈 중 세 번째 장편소설로, 바스커빌에서 공포의 원인이 되는 신비로운 큰 검은 개와 관련된 미스터리를 셜록 홈즈가 해결하는 이야기이다.

곳까지 발톱 자국을 남겼다고 볼 수 있다. 그러나 사실 그 전에 이곳은 식민지 시대를 거쳐 독립전쟁과 남북전쟁에 이르기까지, 수많은 전쟁이란 폭력적 역사가 먼저 할퀴고 간 곳이다. 오늘날에도 분스버로엔 표지판과 함께 여러 전장이 보존되어 있다. 예를 들어, 올드 사우스 마운틴 인Old South Mountain Inn (1732년에 지어짐) 건너편에 있는 작은 들판에는 여섯 개의 표지판이 한데 모여있기도 하다. 표지판에 적혀 있는 이야기 또한 다양하다. 산 이야기, 그곳을 탐험한 사람들의 이야기, 그리고 대포탄이 발사되어 셀 수 없이 파여나간 구멍들이 그대로 무덤 구멍이 되어버린 격렬한 전투에 관한 이야기 등 말이다.

그리고 사우스 산을 가로지르는 국도인 얼터네이트 루트 40과 스날리 요우의 역사도 바로 여기에 적혀 있다. 최초로 미국연방의 지원을 받아 건설된 이 도로는 메릴랜드주의 발티모어Baltimore와 일리노이주의 반달리아Vandalia를 연결하고 있다. 이 도로를 건설한 이들은 훗날 이곳이 괴물 출몰 지역이 될 거란 걸 짐작이나 했을까? 표지판 오른쪽 맨 끝에는 스날리 요우를 조심하라는 제목 위로 달을 향해 울부짖는, 털이 삐죽삐죽한 개의 형상이 그려져 있다. 내용은 겨우 한 단락뿐인데, 한 사냥꾼이 스날리 요우를 염탐하며 총으로 여러 번 쐈다는 이야기다. 물론, 마치 그림자에 총질하는 듯 총알은 아무런 충격도 없이 스날리 요우를 통과했다고 한다. 그리고 이야기는 시적인 문장으로 끝난다. '사냥꾼은 끝내, 두려움의 포로가 되어 도망쳤다.'

소소한 크립티드를 기념하는 소소한 기념물이다. 하지만 대다수의 크립티드가 아직 이런 소소한 대접도 받지 못하고 있다. '스날리 요우 축제'까진 과할 수도 있다. 하지만, 그것도 만들어 봐야 과한지 아닌지 알 수 있지 않을까?

- 스낼리개스터 -
SNALLYGASTER
술독에 빠져 죽은 드래곤 악마

유형:	최초 발견:
비행 생물	1909년
위치:	**주요 특징:**
웨스턴 메릴랜드Western Maryland	부리 밖으로 삐져나온 수많은 촉수

스낼리개스터는 문어를 삼키다 만 드래곤에 닭을 섞어놓은 것처럼 생겼다. 날개와 발톱이 있고, 날카로운 부리 밖으론 수많은 촉수가 꿈틀댄다. 눈은 한 개 혹은 세 개이며, 꼬리가 길고, 식인을 즐긴다. 그리고 오래전 밀주통에서 녹아 죽었다.

여전히 머릿속에 스낼리개스터의 모습이 그려지지 않을 것이다. 하지만 볼티모어의 인근 외각에 있는 메릴랜드주의 사이크스빌Sykesville에 가면 상상할 수고를 덜 수 있다. 2018년, 이곳 골목과 메인스트리트 건물에 작은 벽화가 열 개가 그려졌고 이것이 하나의 스캐빈저 헌트[39]가 되었기 때문이다. 모든 벽화는 각각 다른 예술가가 그렸다. 벽화에 따라 스낼리개스터는 아직 어린 파충류로 요정 날개를 파닥이며 두 소녀와 함께 있는 모습이기도 하고, 촉수가 덥수룩하게 자란 성체의 모습으로 홍수가 난 마을을 향해 급활강하고 있기도 하다. 심지어, 하와이언 셔츠 차림에 엘비스 프레슬리의 머리를 한 스낼리개스터도 있다. 해당 벽화는 실제 모습이 아닌 모두 사이크스빌에 위치한 한 박물관의 큐레이터인 잭 화이트의 저서, 『스낼리개스터의 저주The Curse of the Snallygaster』라는 픽션 속 모습에서 따온 것이다.

---

[39] 보물찾기 놀이와 유사한 게임으로, 물건의 목록을 먼저 작성한 뒤 찾는 게임이다.

그렇다면 실제 스낼리개스터의 모습은 어떨까? 이야기는 수 세기 전으로 거슬러 올라가, 메릴랜드주 내에서도 사이크스빌보다 서쪽에 위치한 프레데릭 Frederick과 워싱턴 카운티에서 시작된다. 이곳은 독일 이민자들이 이주한 곳으로, 이들과 함께 슈넬러 가이스트 Schneller Geist ('재빠른 유령'이란 뜻)라는 파충류 새의 전설도 자리 잡게 되었다. 이때 정착민들이 슈넬러 가이스트와 여타 사악한 괴물을 물리칠 액막이로 헛간에 걸어뒀던 헥스 hex 사인[40]은 오늘날까지 남아있다. 스낼리개스터 전설은 다음과 같다. 수백 년간, 이곳에는 '끼익'거리는 스낼리 개스터의 기차 경적 같은 울음소리가 산과 계곡 곳곳에서 메아리 치고 있었다. 하지만 이렇게 울음소리만 듣는다면 차라리 행운아였다. 불운아의 운명은 스낼리개스터의 날카로운 부리와 이빨, 수많은 촉수에 피를 쪽 빨리거나 끔찍한 모습으로 토막 살인 당해 잡아먹히는 것이었으니 말이다.

하지만 스낼리개스터가 메릴랜드의 전설로 확고하게 자리 잡은 것은 1909년의 일이었다. 1909년이면 여기에서 북쪽으로 더 멀리 떨어진 지역에서 저지 데블이 목격되었던 때의 언저리였다(39쪽 참조). 일각에서는 같은 괴물을 목격한 것으로 추측했다. 사우스 산(스낼리 요우가 출몰하는 산. 50쪽 참조) 이곳저곳에서 날개 달린 짐승이 사람들을 공격하는 것을 보았다는 신고가 쏟아졌다. 어떤 이는 스낼리개스터가 한 성인 남성을 낚아채 언덕 꼭대기로 데려가 뾰족한 부리로 경정맥을 찔러버리는 것을 보았다 했고, 또 어떤 이는 자기 머리 위를 지나가던 스낼리개스터를 한 사냥꾼이 총으로 쐈다고도 했다. 하지만 총알은 그저 가죽을 맞고 튕겨 나왔고, 이것이 스낼리개스터의 화만 돋우는 바람에 사냥꾼은 겨우 마구간으로 도망쳐 화를 면했다는 것이다. 심지어 스낼리개스터가 버키츠빌 Burkittesville과 갭랜드 Gapland에 있는 여러 마을을 돌며 알을 낳았다는 이야기까지 있었다. 하지만 결국 그 뒤, 사람들의 소동도, 스낼리개스터의 난동도 모두 잦아들었다.

그러나 1932년, 스낼리개스터는 상공을 가로지르며 다시 등장했다. 사람들은 다시금 머리 위에 도사리고 된 죽음과 토막 살인에 대한 공포로 떨었다. 하지만 불과 몇 주 만에, 지역 신문 〈미들타운 밸리 레지스터 Middletown Valley

---

40 펜실베이니아주로 이주한 독일 정착민들이 만든 장식으로 여러 모양과 색깔로 장식한 액을 막아준다는 장식이다.

Register)는 스낼리개스터의 죽음을 발표했다. 해당 기사에 따르면 사건 당일, 스낼리개스터는 통에 담긴 만 리터의 밀주 향에 홀려 워싱턴 카운티의 프로그 할로우Frog Hollow까지 왔다고 쫓아왔다고 한다. 하지만 독하디독한 술 향 때문에 순간 날개에 힘이 빠진 스낼리개스터는 매시[41]통으로 곤두박질치고 말았다. 그렇게 부글부글 끓으며 발효되던 수산화나트륨 웅덩이에 빠졌고, 그대로 녹아 뼈만 남게 된 것이다. 밀주업자들은 해당 사건이 당국의 관심을 끌까 도망쳤고, 실제로 곧이어 해당 사건에 대한 당국의 조사가 이루어졌다. 현장을 맡은 이들은 금주법 단속관 조지 T. 댄포스와 찰스 E. 쿠시와가였다. 댄포스는 신문 인터뷰에서 다음과 같이 말했다. "스낼리개스터가 술통에 빠져있는 이 말도 안 되는 상황을 우리만 보는 게 너무 아까웠죠." 하지만 괴물 한 마리 보존하자고 밀주를 소탕할 당국의 의무를 저버릴 수는 없었다. 그렇게 이들은 현장 구석구석에 다이너마이트 250킬로그램을 설치해 모든 진실을 허공에 날려버렸다.

오늘날 메릴랜드주 프레더릭에는 스낼리개스터를 부활시키려는 자가 있다. 사라 쿠퍼가 그 주인공으로, 나는 프레더렉 시내에 있는 한 피자집에서 그녀를 만났다. 텍사스 출신의 쿠퍼는 십 년 넘게 메릴랜드주에 살며 응급실 간호사로 일하고 있었다. 그러다 어느 순간 스낼리개스터의 이야기에 매료되었고, 아예 스스로 스낼리개스터의 홍보대사가 되었다고 한다. 우리가 만나자마자 쿠퍼는 나에게 스낼리개스터 티셔츠, 예술품, 신문 스크랩 기사, 관련 장난감, 책 등 관련 자료를 수도 없이 쏟아냈다. "흔한 반응은 이거예요. '이름은 들어봤는데 그게 뭔지는 몰랐어.' 프레더릭에서 스낼리개스터를 지역 명물로 지정하면 너무 좋을 것 같아요."

현재, 프레더릭에서 찾아볼 수 있는 스낼리개스터의 흔적은 프레더릭 역사 사회 박물관의 어린이 도서관인 스낼리개스터 엑스플로라토리움Snallygaster's Exploratorium과 시내 아이스크림 가게에서 판매하는 스낼리개스터 맛 아이스크림, 그리고 지역 양조업체에서 판매하는 한정판 위스키인 '스낼리개스터 위스키'가 유일하다. 쿠퍼는 직접 '아메리칸 스낼리개스터 박물관'을 설립해 이 허전한 프레더릭의 스낼리개스터 관광 지도에 보탬이 될 생각이다. 내

---

41 위스키 만드는 데 쓰는 곡물 혼합액이다.

가 쿠퍼와 대화를 나눈 2021년 8월 당시, 그녀는 프레데릭 근처 리버티타운 Libertytown에 있는 자신의 소유지에 작은 헛간을 하나 세워 8개월 이내에, 그곳에 스낼리개스터 예술품, 기념품, 신문 기사 스크랩을 채워 넣는 것이 목표라고 했다. 그 헛간 위에 헥스 사인도 꼭 하나 걸어주면 좋을 것 같았다.

"포토존 계획은 어떻게 되나요?" 내가 물었다. 메인주의 국제 신비동물학 박물관에는 거대한 털북숭이 크룩스턴 빅풋이 있고, 웨스트버지니아 플랫우즈 크립티드 박물관에는 실물 크기의 플랫우즈 몬스터가 있듯이, 모든 크립티드 박물관에는 시그니처 포토존이 필요하기 때문이다. 쿠퍼는 "박제된 듯한 모습의 거대한 스낼리개스터를 세울 거예요."라고 답했다. 그녀는 괴물과 미스터리를 다룬 디즈니 애니메이션 시리즈를 언급하며 "박물관은 '괴짜가족 괴담일기 Gravity Falls [42]에 나온 '미스터리 오두막' 같은 분위기를 띠는 장소가 될 것"이라 말했다. 스낼리개스터 박물관만으로도 대단하지만, 쿠퍼는 이 이상의 비전을 가지고 있다. 바로 스낼리개스터 박물관을 스낼리 요우(메릴랜드주 사람들은 확실히 괴물 이름을 지을 줄 아는 사람들이다)를 포함해 메릴랜드주의 모든 크립티드를 위한 박물관으로 성장시키는 것이다. "메릴랜드주를 마법같이 신비한 곳으로 만들고 싶어요. 메릴랜드주는 그럴 소재가 충분한 곳이지만, 누구도 이에 대해 언급하지 않죠."

쿠퍼는 이어 스낼리개스터의 어두운 면에 관한 이야기를 꺼냈다. 여러 크립티드가 이 불순한 목적에 이용당했는데, 쿠퍼는 자기 박물관에서 이 이야기를 꼭 다루고 싶다고 했다. "때로 스낼리개스터는 유색인종을 겁주는 데 이용당했어요. 노예인 유색인종을 도망가지 못하게 하기 위해서였고, 자유인인 유색인종이 투표하지 못하게 하기 위해서였죠." 그녀는 유색인종이 위험하다는 표제를 단 1909년 미들타운 밸리 레지스터에 실린 기사의 사본을 보여주었다. 부제는 이것이었다. 스낼리개스터, 유색인종만 공격.

스낼리개스터는 대중들에겐 비교적 생소한 크립티드이기 때문에, 쿠퍼의 박물관으로 스낼리개스터의 인지도도 올라갈 것이다. 물론, 동시에 해당 부정적 내용도 같이 알려질 테지만 말이다. 그래도 나는 어쩐지 쿠퍼가 이 작

---

42 2012년~2016년 방송된 디즈니 XD의 텔레비전 애니메이션으로 여름방학을 맞은 쌍둥이 남매가 여름방학 동안 그래비티 폴즈라는 수수께끼 마을에 있는 할아버지의 집에 머물며 벌어지는 사건을 다룬다.

은 박물관 하나로 끝낼 것 같진 않다. "왜 다른 사람들은 스낼리개스터에 열광하지 않는지 모르겠어요. 스낼리개스터 축제 같은 걸 열어야죠. 프레데릭에 축제를 열만 한 멋진 장소가 얼마나 많은데요." 쿠퍼의 말에 전적으로 동의하는 바이다.

– 글로스터 바다 서펀트 –
GLOUCESTER SEA SERPENT

완벽한 웜[43] 그 자체

유형 :	최초 발견 :
수생 생물	1817년
위치 :	**크기 :**
매사추세츠주 글로스터 Gloucester, Massachusetts	길이 18~30미터 두께 1미터

글로스터 바다 서펀트는 역사상 관련 증거자료가 가장 많은 크립티드다. 순식간에 모습을 감추어 흐릿한 사진으로만 남은 다른 크립티드와는 다르다. 글로스터 바다 서펀트는 2년 내내 매사추세츠주 케이프 앤Cape Ann의 해안에서 과감하게 자기 모습을 드러냈다. 이 시기에 케이프 앤과 바다에서 이 서펀트를 목격한 사람만 수천 명에 달한다. 과학자들은 연구했고, 뱃사람들은 공격했다. 몇 시간 동안 파도에서 뛰노는 글로스터 바다 서펀트를 관찰한 사람도 수백 명에 달한다. 그렇게 이 서펀트의 명성은 대서양을 건넜고, 유럽인들은 이 서펀트에게 '그레이트 아메리칸 바다 서펀트'라는 이름을 붙였다. 작가이자 팟캐스트 진행자인 롭 모피는 웹사이트 크립토피아Cryptopia에 다음과 같이 묘사하기도 했다. '신비동물학 연대기 사상 가장 과학적으로 신빙성 있는 목격이며… 풀리지 않는 바다의 커다란 미스터리 중 하나이다.'

그러나 이러한 명성에도 불구하고 글로스터 바다 서펀트를 네시, 체시, 베시, 타호호 테시(글로스터 바다 서펀트의 사촌 격인 크립티드들)처럼 애칭으로 부르는 사람은 없다. 이들처럼 '글로스티'라고 불러봤자 무슨 의약품 부작용을 일컫는

---

43 wyrm으로 표기하며, 거대하고 괴물 같은 뱀 형태의 생명체를 뜻한다.

용어같이 어감이 끔찍하기 때문이다[44]. 그래도 글로스터 바다 서펀트는 이들 가운데 당당히 크립티드의 일원으로 자리 잡았다. 이 마법 같은 일은 1817년 8월, 케이프 앤을 헤엄치던 길고 혹 달린 생명체가 발견되면서부터 시작되었다. 머리는 뱀같이 납작했지만 크기가 말처럼 컸고, 몸길이는 18~30미터에, 두께는 1미터에 달했다. 피부색은 짙었으며, 혀도 1미터 이상이었다. 한마디로 전형적인 바다 서펀트였다.

1817년부터 1819년까지 이 서펀트는 핫한 사냥감이었다. 뱃사람들은 서펀트 머리를 향해 근거리에서 총을 두 번 쐈지만, 이 구식 장총의 총알은 하릴없이 튕겨 나가 버렸다. 작살도 무용지물이었다. 그러자 육지 사람들은 서펀트의 알을 찾아 해안가를 뒤지기 시작했다. 온몸이 소금에 절여져 있는 것이 일상일 정도로 능숙한 어부들이 사는 곳이 바로 이곳 글로스터였다. 자신들 고장에 너무 자주 출몰하는 이 서펀트를 꼭 잡고 싶었던 이들은 보스턴의 파뉴일 홀Faneuil Hall 근처에 괴물 사체 보관 창고까지 미리 지어놓은 상태였다. 작가인 벤 셰틱은 〈살롱Salon〉지 기사를 통해 '이 거대한 서펀트는 마을 항구에 나타나 사람들의 코앞까지 들이닥치기도 했다. 마치 빅풋이 제 발로 사냥 박람회의 주차장에 나타나 성큼성큼 가로질러 오는 격이었다'라고 설명하기도 했다.

원형과학을 연구하는 학회인 뉴잉글랜드 린네 학회Linnaean Society of New England는 목격자들을 인터뷰해 '우리 글로스티'에 관한 삽화가 실린 논문을 발표했다. 그러던 어느 날 학회 앞으로 육지에서 발견되었다며 몸길이가 1미터가 넘는 혹 달린 뱀이 도착했다. 학회원들은 이를 글로스터 바다 서펀트의 새끼로 간주하고 해당 종에 스콜리오피스 아틀란티쿠스Scoliophis atlanticus라는 학명을 붙였다. 그러나 추가로 분석한 결과, 이 뱀은 그저 기형 뱀이었다. 그래도 글로스터 바다 서펀트에 대한 관심은 계속되었다. 그 두 해 동안, 아무도 서펀트를 잡을 수 없었지만, 그 존재를 반박할 수도 없었다. 결국 뒷마당에 와 먹이를 먹고 가던 길고양이가 어느 날 갑자기 나타나지 않는 것처럼, 글로스티 또한 영원히 바다 밑으로 가라앉아 버렸다.

---

44 '-tie'나 '-stie'라는 어미는 실제로 '-염'을 뜻하는 일부 의학 용어에서 자주 볼 수 있다. 예로는, gastroenteritis(위장염), tonsillitis(편도선염), arthritis(관절염)등이 있다.

이렇게 보면 글로스터가 글로스터 바다 서펀트에 잡혀 산 것 같지만, 글로스터가 서펀트 때문에 공포에 떨었다는 유일한 증거는 한 세기가 넘도록 크레시 비치의 커다란 바위에 그려진 녹색 파충류 벽화가 전부였다. 이것은 1955년에 그려진 것으로, 그린 이는 당시 열아홉 살이던 지역 예술가 로버트 스티븐슨이었다. 하지만 해당 그림은 수생 생물이라기보다는 중세풍의 그림처럼 보인다. 지인인 한 주민의 말에 따르면(스티븐슨은 2015년에 사망), 스티븐슨이 그린 것은 우리 글로스티가 아닌 메소아메리카 신화 속 용신인 케찰코아틀이라한다. 그러나 여전히 주민 대부분은 이 벽화가 글로스터 바다 서펀트를 그린 것이라 믿고 있다.

그러던 글로스터 바다 서펀트가 최근 제대로 된 대접을 받게 되었다. 크레시 비치Cressy Beach에서 불과 2.5킬로미터 떨어진 글로스터 케이프 앤 박물관 앞뜰에 마침내 서펀트의 조각상이 생긴 것이다. 박물관은 1817년 글로스터 바다 서펀트의 최초 목격 200주년을 맞아 2017년에 바위를 감고 똬리를 튼 모습을 한 글로스터 바다 서펀트의 장대한 청동 조각상을 공개했다. 예술가 크리스 윌리엄스가 만든 이 조각상은 실물 추정치보단 더 작고 가늘지만(그래도 여전히 3미터가량 똬리를 틀고 올라가긴 하지만), 무서운 모습으로 아담한 크기를 보완하고 있다. 이빨 가득한 아가리와 영혼 없는 눈을 보는 순간 여러분은 차갑고 어두운 글로스터 항구 밑바닥으로 처박히게 될 것이다.

시내 중심부에 크게 크립티드 상을 세우면 마을의 명성은 한층 올라간다. 글로스터에는 어부를 위한 기념비Fisherman's Memorial라는 유명한 비가 있다. 이제 이 비에 글로스티가 똬리만 틀면 완벽하다. 그렇게 되면 글로스터는 '글로스티'에 네스호 괴물만큼의 자부심을 갖게 될 것이다(단, '글로스티'의 자부심 증상이 여섯 시간 이상 지속된다면, 의사와 상담하세요).

≪ ┄┄┄ ◆ ┄┄┄ ≫

- 퍼쿠지 -
PUCKWUDGIE
브리지워터 삼각지대의 호저족

유형 :
휴머노이드 크립티드

위치 :
매사추세츠주 브리지워터 삼각지대
Bridgewater Triangle, Massachusetts

최초 발견 :
선사시대

크기 :
60~120센티미터

매사추세츠주만의 버뮤다 삼각지대가 있다. 위치는 (감히 이곳에 가겠다면) 매사추세츠주의 남동쪽이자 케이프 코드Cape Code의 서쪽이다. 이곳의 이름은 브리지워터 삼각지대이다. 1970년대에 이 삼각지대의 경계를 정하고 이름을 붙인 신비동물학 학자 로렌 콜먼에 따르면 각 꼭짓점은 애빙턴Abington, 레호보스Rehoboth, 프리타운Freetown이다. 해당 삼각지대는 프리타운 국유림Freetown State Forest과 톤턴Taunton 뿐 아니라 뉴잉글랜드주의 가장 큰 늪지대 중 하나인 호크모크 늪지대Hockomock Swamp도 아우르고 있다. 브리지워터 삼각지대는 기묘함과 공포로 가득한 야생 지역으로 널리 알려져 있다. 도로와 습지, 숲마다 유령이 출몰하고, 하늘에는 UFO 불빛이 번쩍인다. 브리지워터 삼각지대를 집으로 삼은 크립티드도 있는데, 여기에는 빅풋이 있으며 당연히 썬더버드[45]도 빼놓을 수 없다.

퍼쿠지는 이 기괴한 아수라장에 딱 어울리는 크립티드다. 퍼쿠지(철자는 puckwudgie말고도 pukwudgies나 pukwudgees로 쓰기도 한다)는 60~120센티미터의 키에 사람의 얼굴이지만 보통 사람보다 얼굴이 크며, 등과 머리에 무성하게 돋아나 있는 고슴도치 가시 혹은 강모가 특징이다. 뒷모습은 두 다리로 서 있는 호

---

[45] 3부 중서부의 '썬더버드' 참조

저 같다. 퍼쿠지는 헐벗은 옷차림에, 끝에 독화살이 박힌 작은 활을 들고 있는 모습으로 묘사된다. 일부 버전에서는 마법 능력이 있기도 한데, 퍼쿠지는 그 능력으로 투명 인간이 되거나 변신하고, 불을 다스리거나, 인간의 머릿속에 브레인포그[46]를 일으킨다고 한다. 퍼쿠지는 아메리칸 인디언 말로 '숲의 사람', '숲의 작은 야생인', '소인', '사라지는 소인' 등 다양하게 번역될 수 있다.

이러한 크립티드는 하와이의 메네후네(256쪽 참조)와 미네소타주의 노움(213쪽 참조), 그리고 이 책에 등장하는 다채로운 외계인들처럼 휴머노이드이며 지적인 존재다. 퍼쿠지에 관한 이야기는 5대호와 뉴잉글랜드주 전역에서 찾아볼 수 있다. 그중 매사추세츠주 퍼쿠지는 왐파노아그족Wampanoag의 민담에서 유래한다. 민담 속 퍼쿠지는 대부분 별것 아닌 성가신 존재로 묘사되고 있다. 이에 인간들은 케이프 코드를 창조한 거인인 머숍Maushop에게 도움을 청해 이들을 쫓아내거나 몰살시키려 하였다. 하지만 시도는 실패로 돌아갔고 퍼쿠지는 분노와 악의를 품게 되었다. 매사추세츠주에 살았던 헨리 워즈워스 롱펠로우가 1855년에 지은 대서사시 '히아와타의 노래The Song of Hiawatha'에는 히아와타의 친구 중 한 명인 콰신드Kwasind를 죽이려고 하는 퍼쿠지의 이야기가 실려 있다.

오늘날 사람들은 퍼쿠지를 기본적으로 그렘린이라 생각한다. 사소한 장난부터 살인까지 다양하게 저지르는 그렘린 말이다. 가장 악명 높은 수법 중 하나는 인간에게 브레인포그를 일으켜 절벽으로 유인해 떨어져 죽게 만드는 것이다. 프리타운의 아소넷 절벽 바위Assonet Ledge는 퍼쿠지가 가장 좋아하는 살인 장소로 지목되고 있지만, 이곳의 모든 죽음은 자살이나 사고로 분류될 뿐이다. 부검서 사망 원인이 나열된 항목에 퍼쿠지는 없으니 말이다.

2017년, 프리타운의 지역 경찰은 슬래브 브리지 로드Slab Bridge Road에 있는 프리타운 국유림 입구 근처에 퍼쿠지 통행로 표지판을 설치했다. 해당 도로에서 동물을 치는 사고가 늘어나자 운전자들의 감속을 위한 조치였다. 경찰관들은 이미 천지사방에 있는 사슴 통행로 표지판으로는 운전자의 감속을

---

46 뇌 안개brain fog라는 뜻으로, 머리에 안개가 낀 것처럼 멍한 느낌이 들어 사고와 표현에 어려움을 겪는 상태를 말한다.

유도할 수 없다는 걸 잘 알고 있었다. 그러나 등에 뾰족한 가시가 난, 악마처럼 생긴 생명체는 달랐다. 퍼쿠지가 그려진 마름모꼴의 표지판을 본다면 잠시 멍하다가도 뒤늦게 아차 싶어 속도를 줄일 것이라 생각했다. 이것은 만우절에 맞춰 일회성으로 설치한 것이기는 하다. 그러나 만약 퍼쿠지 표지판을 계속 유지하고 프리타운 전역에 설치한다면 교통안전 측면은 물론이고, 지역 관광에 아기자기한 도움까지 줄 수 있을 것이다.

게다가 퍼쿠지 표지판은 운전자가 아닌 사람들에게도 경고 표지판의 역할을 해줄 것이다. 혹여나 브리지워터 삼각지대에 가게 된다면 외계인의 납치와 유령들의 히치하이킹을 피하자. 특히, 걸어 다니는 호저를 보게 된다면 각별히 조심하기를 권한다. 그리고 절벽에는 얼씬도 말기를!

- 도버 데몬 -
DOVER DEMON

청소년 공포 소설

유형:	최초 발견:
외계인	1977년
위치:	크기:
매사추세츠주 도버Dover, Massachusetts	키 90~120센티미터

도버 데몬이 출현한 시간은 이틀 밤에 불과했지만, 끝내주는 이틀이었다. 대마초를 피우는 10대 청소년에, 초자연적 현상 연구가로 이루어진 미 FBI 특수기동대 팀에, 외계인과 짐승 그 사이 어딘가에 속하는 충분히 특이한 생명체가 얽혀 크립티드의 지경을 넓혔다. 여기에 실제 목격자가 그린 무시무시한 그림까지 더해져 도버 데몬은 크립티드 2군의 상위권까지 쭉 치고 올라오게 된다. 언젠가 빅풋이나 모스맨에 대한 우리의 관심이 식으면 도버 데몬은 언제든 1군으로 올라올 준비가 되어있다.

1977년 4월 21일 밤, 세 명의 10대가 차를 타고 보스턴 교외 지역인 도버의 팜스트리트Farm Street를 달리던 중이었다. 어둑한 길 한 편에는 주택이 있고, 맞은 편에는 빈 들판과 길을 가르는 낮은 돌담이 있었다. 그때, 운전대를 잡고 있던 윌리엄 바틀렛은 돌담 위에 네발로 앉아 돌담을 긁어대는 생명체를 발견했다. 처음 보는 형태의 생명체였다. 책 『신비한 미국Mysterious America』에 실린 내용에 따르면, 바틀렛은 경찰관과 사립 탐정 모두에게 이 괴물에 대해 진술했는데, 키는 90~120센티미터이나 수박 모양의 머리통이 키의 절반을 차지하고 있었다고 말했다. 그래서 마치 '아기 몸에 팔다리가 길쭉하게 붙어있는 모양'이며 몸 색깔은 애니메이션 〈고인돌 가족 플린스톤The

Flinstones〉의 프레드 플린스톤처럼 옅은 복숭앗빛에, 질감은 마치 젖은 사포같이 보였다고도 말했다. 입이나 코, 귀는 뚜렷하게 구별이 잘되지 않았지만, 눈만큼은 오렌지색으로 빛나고 있었고, 손가락과 발가락 모두 길쭉해 돌담의 돌을 감쌀 정도였다. 바틀렛은 나중에 그날 밤 자신이 마리화나를 몇 모금 했다고 인정했지만, 괴상한 괴물을 환각으로 볼 만큼의 양은 아니었다고 했다. 같이 차를 탔던 다른 친구들은 보지 못했다고 했다. 바틀렛은 집에 도착해 자신이 본 것의 대략적인 특징을 뽑아 스케치했고, 훗날 이는 신비동물학계의 가장 유명한 스케치 중 하나로 남게 된다.

사건이 일어난 지 두 시간 후(당시 4월 22일)에 최초 목격 지점으로부터 약 2킬로미터 떨어진 지점에서 또 다른 10대 한 명이 집에 가는 길이었다. 이곳은 밀러 힐 로드Miller Hill Road로, 팜 스트리트와 교차하는 길이었다. 이 10대의 이름은 존 박스터였다. 그는 자신을 향해 다가오는 작은 형체를 보았다. 박스터는 자신이 알고 지내던 꼬마인 줄 알고 크게 이름을 불렀다. 하지만 꼬마는 반응이 없었다. 형체와의 거리가 500미터로 좁혀왔을 때, 박스터는 그것이 사람이 아님을 깨달았다. 괴생명체는 두 발로 달려 도망쳤고 박스터는 몇 발짝 쫓다 다시 생각했다. 괴물은 바위 위에서 잠시 멈췄는데, 그때 박스터가 본 괴물의 모습은 '긴 발가락으로 바위를 감싸고 앞다리로는 나무를 감싸고 있는 모습'이었다. 그때 괴물의 눈이 번쩍였다. 박스터는 도망쳤고 아무 차나 잡아탄 다음 집으로 돌아와 곧장 바틀렛의 스케치와 거의 유사한, 영원히 타투로 남겨도 될 것 같은 명화를 그려냈다.

다음 날 밤(여전히 4월 22일) 두 명의 10대 목격자가 더해졌다. 애비 브라밤과 윌 테인터는 차를 타고 도버를 돌아다니던 중 스프링데일 애비뉴pringdale Avenue에 인접한 한 들판에서 괴물 한 마리를 목격했다. 참고로, 해당 애비뉴도 팜 스트리트와 이어진 길이었다. 브라밤과 테인터 중 오로지 브라밤만 해당 괴생명체를 자세히 볼 수 있었다. 그는 긴 타원형의 머리통을 가진 털 없는 구릿빛 원숭이로 그 괴물의 형태를 묘사했다. 괴물의 눈은 초록색으로 빛났다고 말했다.

이 모든 목격은 도버 내 반경 3킬로미터 안에서 24시간 조금 넘는 시간 동안 발생했다. 그리고 이후, 그 누구도 다시는 도버 데몬을 보지 못했다. 이 이야기는 도버 고등학교의 전 복도를 휩쓸며 퍼져나갔다. 하지만 한 달 뒤 스타워즈 영화가 최초로 개봉하며 이 이야기는 그대로 묻혀버렸다. 그러나 변수가 하나 있었으니, 바로 로렌 콜먼이 빵과 우유를 사러 슈퍼마켓에 가야 했다는 사실이다.

크립티드 전문가 로렌 콜먼은 도버의 옆 마을에 살고 있었다. 사건 발생 일주일 후, 우연히 콜먼은 도버 잡화점Dover County Store에 들렀다가 누군가 가게 안에 붙여놓은 괴생명체의 스케치를 보게 되었다. 콜먼은 이에 대해 문의한 뒤, 즉시 사건 조사를 시작했다. 콜먼은 모든 목격자를 인터뷰한 뒤, 인근 마을에 거주하던 여러 UFO 단체의 회원인 조셉 나이먼, 에드 포그, 그리고 월터 웹을 데려왔다. 웹은 보스턴 과학 박물관Boston Science Museum의 헤이든 천문관Hayden Planetarium 부관장이기도 했다. 콜먼은 이 생명체가 외계에서 왔다고 의심할 만한 이유는 없었지만, 웹의 과학적인 사고방식이 쓸모 있을 것이라 판단했다.

이 네 명의 폭스 멀더[47]들은 목격자들을 다시 인터뷰했고, 그들이 보고한 시간대 날씨를 확인했다. 이후 담당 경찰관과 대화를 나누고, 부모와 교사 및 기타 주변인들을 만나 목격자에 대한 평가나 참조자료를 수집했다. 현장 방문, 목격 장면 재현, 해당 그림 배포 등을 통해 다른 그 어떤 크립티드 사건보다도 이 사건에 더 많은 관심을 기울였다. 그리고 콜먼은 해당 괴생명체를 '도버 데몬'이라고 명명했다.

이 네 명은 그해 9월, 무려 스타워즈 영화의 최초 개봉에도 굴하지 않고, 보고서를 완성했다. 보고서의 작성자는 웹이었고, 결론은 다음과 같았다.

도버 데몬은 충격적이고, 기괴한 사건이다. 여기에는 답답하고, 다루기 까다로운 측면이 많다. (중략) 확실한 전례 없는 사건이다. 그러나 이 이야기가 제기하는 의심과 의문에도 불구하고, 이 사건이 장난 제보일 가능성은 낮다고 생각하며, **증거 불충분의 미확인 생명체**로 분류하는 것이 맞다고 생각한다.

거의 반세기가 지난 오늘날의 도버는 변함없는 모습이다. 커다란 집, 낮은

---

47 초자연적 사건을 다루는 미국 TV 드라마 '엑스 파일'의 두 주인공 중 한 명이다.

돌담, 넓은 들판, 숲, 모두 그대로다. 하지만, 작은 변화 하나는 있었다고 말할 수 있을 것 같다. 도버 데몬의 최초 목격 지역인 팜로드 양쪽을 따라 있는 고전적인 뉴잉글랜드 스타일의 돌담 위로 도버 데몬 헌정 명판이 설치되었다는 점이다.

'UFO학'과 '신비동물학': 괴짜들의 결집

여러분은 지금 숲에서 빅풋을 찾아 헤매고 있다. 최대한 빅풋의 울음소리를 흉내 내내면서, 초코바를 이용해 단 것을 좋아하는 빅풋을 유인하는 중이다. 그런데 이 거대한 털북숭이 짐승 대신, 비행접시가 눈앞에 나타났다. 그렇다면 여러분은 실망하게 될까? 물론 아니다. 왜냐하면 신비동물학과 UFO학은 초코바와 캐러멜 같은 관계이기 때문이다. 즉, 떼려야 뗄 수 없는 사이이다.

신비동물학자와 UFO학자의 공통점은 '사람들이 알고 있는 현실과 실제 현실에는 차이가 있다'라고 생각한다는 점이다. 물론 정도의 차이는 있겠지만 말이다. 어쨌든 두 집단 모두 외계인이나 크립티드가 인간과 이미 만난 적이 있다고 믿는다. 하지만 두 집단 모두 유사 과학이라는 비판이 있다. 그래서 이들은 좌절할 정도로 미미한 물질적 증거이지만 그것들을 분류하며 외부와 자신들의 회의주의에 맞서 믿음을 확고하게 지켜야 한다.

UFO학과 신비동물학은 모두 괴물과 미스터리 현상을 다룬다. 그리고 미스터리 현상을 다룰 때, 두 학문의 경계는 모호해진다. 외계인은 크립티드일 수도 있다. 과학적으로 검증되지 않았지만 목격된 생물체이기 때문이다. 하지만 크립티드도 외계인일 수 있다. 러브랜드 프로그맨이나 도버 데몬처럼 크립티드도 알고 보면 지구에 잠깐 방문한 외계인일 수 있는 것처럼 말이다.

크립티드 목격이 쇄도하는 시점에 똑같이 UFO 목격도 쇄도하는 경우가 많다. 화이트홀 빅풋 목격이 이루어진 뒤 일주일 동안 땅에서는 거대한 털북숭이 괴물의 목격이, 하늘에서는 반짝이는 거대한 물체의 목격이 수도 없이 일어났다. 모스맨이 포인트 플레전트를 공포에 떨게 한 해도 마찬가지였다.

크립티드 팬들과 외계인 팬들은 같이 하늘을 관찰하고 목격이 일어난 숲에서 캠핑으로 긴긴밤을 보낸 뒤, 그 지역 바에서 많은 이야기와 그보다 더 많은 공감과 위로를 나눈다. 이들은 또한 유령을 찾아 버려진 저택에서 며칠이고 혼자 긴긴밤을 보내는 초자연현상의 팬들과도 함께 이야기와 공감, 위로를 나눈다. 이들은 지금 어느 바에 모여있을까? 나도 함께 어울리고 싶은 마음이다.

- 알바트위치 -
ALBATWITCH

하루 사과 한 알이면 알바트위치와 멀어진다[48]

유형:	**최초 발견:**
휴머노이드	19세기
위치:	**크기:**
펜실베니아주 콜롬비아	키 1.2미터
Columbia, Pennsylvania	

펜실베이니아주 랭커스터 카운티의 치키스 록Chickies Rock은 위험한 곳이다. 30미터가량 아래로 뻗어있는 아찔한 이 절벽에서 추락해 죽은 사람만 최소 열두 명에 달한다. 그러나 절벽 이외에도 이곳에서 조심해야 할 것이 있는데 그것은 바로 알바트위치이다. 특히나 수중에 사과가 있다면 더욱 주의해야 한다.

신비동물학자들이 붙인 알바트위치 이름의 딱딱한 버전은 '다모多毛 휴머노이드'이고, 귀여운 버전은 '꼬마 빅풋'이다. 알바트위치는 120센티미터의 키에 마른 체형이고, 털이 많은 유인원과 유사한 생명체이다. 거대한 사스콰치의 꼬마 사촌뻘로, 빅풋 농구팀에서 슈팅가드를 맡고 있다고 보면 된다. '알바트위치'라는 이름은 이들이 사과 훔치기를 너무 좋아해 붙여진 이름인 '애플스니치[49]'가 독일계 펜실베니아주 인들의 방언을 거쳐 변형된 발음이라고 알려져 있다.

알바트위치 전설의 출처가 서스퀘해녹Susquehannock족 원주민 전설인지, 독일계 펜실베니아주 이민자들인지, 아니면 그보다 훨씬 더 최근에 진화한 전

---

48 '하루에 사과 한 알이면 의사를 멀리한다'는 미국 속담의 패러디이다.

49 apple snitch로 표기하며 snitch는 '낚아채 훔친다'는 뜻의 영어 단어이다.

설인지는 확실하지 않다. 다만, 하나 확실한 사실은 이미 1920년대에 알바트위치가 콜롬비아 이외의 지역에서 '도요새 사냥'이라 알려진 특정 장난과 연관되어 있었다는 점이다. 이것은 집단이 한 명의 희생자를 정해 숲으로 불러낸 다음 가방을 주고, 있지도 않은 알바트위치를 쫓기 위해 나무를 두드리는 척하면서 가방을 멘 사람 쪽으로 알바트위치를 몰아줘서 잡게 하는 사냥이었다. 물론, 알바트위치를 잡는 일은 없었다. 나무를 두드리는 척했던 사람들은 희생자를 덩그러니 혼자 숲에 내버려 두고 모두 집으로 돌아가거나 술집으로 모여 홀로 남은 알바트위치 사냥꾼이 자신들에게 속았다는 것을 깨달을 때까지 기다렸다. 세상에 있지도 않은 사냥감을 잡게 했다는 사실을 말이다.

그러나 도요새 사냥에서의 알바트위치와는 달리, '랭커스터 카운티의 알바트위치'는 실제로 여러 차례 목격된 적이 있다. 유인원을 닮은 이 생명체는 뛰어서 도로나 숲을 건넜고, 나무 위를 따라 팔로 그네를 타며 이동하는 모습을 보여주었다. 또한, 알바트위치가 나들이 나온 사람들의 사과를 훔쳐 먹고 사과 심을 도로 사람들에게 던졌다는 목격담도 있다. 연작 다큐멘터리 '랭커스터의 전설Legends of Lancaster'에서 콜롬비아 역사보전협회Columbia Historic Preservation Society장인 크리스 베라는 어린 시절 친구의 이야기를 들려준다. 숲에서 숨바꼭질을 하던 중 그의 친구는 알바트위치와 마주쳤고, 알바트위치가 자신의 팔로 그를 나무 위로 눌러 꼼짝 못 하게 했다. 그리고 친구의 비명에 알바트위치는 도망가 버렸다는 것이다. 베라가 기억하는 또 다른 사건으로는 지역 공동묘지인 로렐 힐 메모리얼 가든Laurel Hill Memorial Gardens 내부에 검은 털의 휴머노이드가 서성이는 것이 발견되어 경찰이 이 공동묘지를 폐쇄했던 일이 있다.

알바트위치의 주요 서식지는 치키스 록 카운티 공원의 치키스 록 주변 지역이다. 치키스 록(유래는 델라웨어어인 Chiquesalunga, '가재가 사는 곳'이란 뜻)은 치키스 릿지Chickies Ridge의 서쪽 끝에 있는 규암 노두이다. 치키스 록은 서스케하나 강Susquehanna River으로부터 30미터 위 지점에 있으며, 1.5킬로미터 정도 가볍게 하이킹을 하면 치키스 록의 정상까지 갈 수 있다. 정상에서 보면 바로 아래로는 자전거 도로와 철로가 뻗어있고, 강 건너편으로는 마리에타Marietta 마을 뿐 아니라, 이웃하는 카운티인 요크York도 보인다. 그런데 정상까지 오르는 동안 알바트위치를 언급하는 표지판은 단 한 개도 보이지 않았다. 알바트위치 경고 표지판이나 사과 반입 금지 표지판 등 말이다. 우리보고 그냥 사과 심이나 맞으라는 거다.

그러나 알바트위치도 기념해 주는 지역이 있다. 적어도 일 년에 하루 동안은 말이다. 바로 콜롬비아가 2014년부터 매년 알바트위치의 날Albatwitch Day을 개최하고 있다. 축제는 음악과 초자연적 현상에 대한 여러 강연, 치키스 록으로 떠나는 전차 투어(숲으로 사과를 던져 알바트위치 먹이를 준다)로 이루어지며, 물론 수많은 알바트위치 상품도 판매한다. 또한, 사과를 테마로 한 다양한 요리와 디저트도 만나 볼 수 있다. 알바트위치는 특정 음식과 관련된 몇 안 되는, 어쩌면 유일한 크립티드다. 어떤 음식에 사과만 더해도 알바트위치 테마 음식이 될 수 있는 것이다.

그러나 나는 알바트위치는 이 이상의 대접을 받을 수 있는 크립티드라고 생각한다. 털북숭이 휴머노이드들이 크립티드 계를 주름잡고 있는 이 상황에서, 빅풋보다 훨씬 더 멋진 이름을 지닌 알바트위치가 일 년에 딱 하루 주목받고 끝날 정도의 크립티드는 아니라고 생각하기 때문이다. 개인적 의견이지만, 나는 치키스 록에 '알바트위치에게 사과 먹이 금지' 표지판이 꼭 있으면 좋겠다.

- 글라와커스 -
GLAWACKUS

글래스턴베리의 괴상한 반견반묘

유형:	**최초 발견:**
포유류	1939년
위치:	**크기:**
코네티컷주 글래스턴베리	키 1.2미터
Glastonbury, Connecticut	

　개야! 아냐, 고양이야! 아니, 둘 다 틀렸다. 이것은 코네티컷주 글래스톤베리의 '글라와커스'다. 글라와커스는 개와 고양이를 합친 모습일 수도 있고, 곰의 모습일 수도 있다. 정말이지 헷갈리는 생김새가 아닐 수 없다.

　글라와커스 목격담은 여타 크립티드 목격담과는 다르다. 바로 글래스턴베리 주민들 모두 글라와커스 목격을 무서워하는 게 아니라 재미있어했다는 점이다. 크립티드 목격담은 대개 공포 이야기처럼 시작하기 마련이다. 밤중에 목격한 번쩍이는 눈, 이어지는 끔찍한 비명, 공포에 질린 목소리로 걸려 온 경찰 신고 전화, 신고자의 음주나 마약 여부를 의심하는 경찰이 바로 그것이다. 그리고 그러한 소동이 벌어진 이후에는 이 세상에 있어선 안 될 생명체로 인해 공포에 떤 마을, 즉 '오명을 쓴 마을'이 되어버렸다는 창피함이 몰려온다. 그러나 몇십 년 뒤 크립티드를 수용하고 상업화해 마을의 자부심으로 만드는 행복한 결말로 이야기가 끝난다(다른 버전의 경우, 경제적 어려움을 겪게 되는 마을, 이어지는 크립티드의 상업화, 크립티드에 대한 자부심이 있다). 하지만 글라와커스는 출연 즉시 글래스턴 베리를 단결시켰다.

　1939년 1월, 한적한 마을인 글래스턴베리에서 검은색의 괴물같이 생긴 무언가가 가축과 반려동물들을 공격하기 시작했다. 이에 대한 목격담이 쏟아졌지만, 모두 장님 코끼리 만지는 듯한 진술이었다. 진술은 제각각 팬서 같기도, 곰 같기도, 살쾡이 같기도, 사자 같기도, 큰 개 같기도 했다. 누군가는 엄니가 있다고 했고, 누군가는 상체는 고양이고 하체는 개의 모습이라고도 했다. 또, 누군가는 상체는 개, 하체는 고양이의 모습이라고도 했다. 물론 농담이었겠지만, 심지어 누군가는 눈에서 파란 눈물이 흐르는 푸른색의 울버린이라고도 했다. 현재 글라와커스에 대한 구글 이미지를 검색하면 예술가들이 해석해 그린 다양한 형태의 이미지들이 많이 나오지만, 그렇다고 이것들이 글라와커스의 정확한 모습을 이해하는 데 도움을 주진 않는다.

글라와커스의 실제 생김새를 아는 이는 없지만, 적어도 글래스턴베리 주민들은 클라와커스의 존재로 인해 아주 즐거운 시간을 보냈다. 사냥을 위한 파티원이 모집되는 건 예삿일이었다(진짜 파티를 위한 파티원이었다). 글라와커스 사냥꾼들은 눈 덮인 숲을 힘차게 누비며 신문에 실릴 사진을 찍기 위해 총을 들고 포즈를 취했다. 마을 사람들은 글라와커스를 기념하는 '글라와커스 댄스 파티'를 벌였다(글라와커스를 '잡아 오는' 자는 입장료가 공짜였다). 일간지 〈하트포드 쿠란트Hartford Courant〉는 그 어느 때보다도 화려한 시절을 보냈다. 두음이 신들린 듯한 헤드라인을 써냈고('글래스턴베리 글라와커스, 그늘진 건맨들에게 거대한 기쁨을 건네다'), 글라와커스와 관련한 풍자적인 글을 싣고, 글라와커스를 테마로 한 여러 광고를 판매했다. 어떨 때는 예술가가 상상으로 그린 머리에 유니콘 뿔이 난 사자의 이미지를 중심으로 한 전면 광고가 실리기도 했다. 글래스턴베리의 한 모피회사는 '글라와커스의 가죽을 가져오면 추가 요금 없이 코트나 스카프로 만들어 주겠다'는 약속을 했고, 어떤 미용실은 '거울 앞에 섰을 때 글라와커스가 한 마리 보인다면 우리 미용실을 찾아오라'며 진지하게 경고했다. 한 식품점의 경우, '본사는 글라와커스 스테이크를 제공하지 않는다'는 엄포를 놓기도 했다. 한 주유소는 '글라와커스로부터 빨리 도주하기 위해서 미리미리 주유를 해놓으라'고 경고하기도 했다. 글라와 커스라는 유쾌한 이름도 〈하트포드 쿠란트〉의 업적이다. 에디터 중 한 명이었던 프랭크 킹은 글래스턴베리라는 이름에 괴상하다는 뜻의 영단어 '와키wacky'를 합친 후 엄숙미를 위해 라틴어스러운 접미어 ' - 어스us'를 붙여 이름을 완성했다. 이러한 공로는 그의 부고란에서 한 줄을 장식했다.

 몇 달간 이어졌던 전국을 장식한 헤드라인과 빈손으로 돌아왔던 수백 명의 사냥꾼을 뒤로하고, 글라와커스 열병은 사라지고 말았다. 이후 1950년대와 1960년대에 몇 차례 목격되긴 하지만, 1939년 1월의 그 얼얼한 추위처럼 강력했던 전성기는 다시 오지 않았다. 온 마을을 괴물 한 마리가 주름잡던 그 시절에 향수를 느낀다는 것이 이상하게 들리는데, 글래스턴베리의 글라와커스의 이야기를 듣고 나면 충분히 이해가 갈 것이다.

 현재 글라와커스를 따로 기념하는 행사는 없다. 그러나 우리는 글라와커스를 기념해야 한다. 축제용 티셔츠에 글라와커스 모습을 어떻게 그려야 할지 헷갈릴지라도 기념해야 한다.

− 프라임 훅 스웜프 크리에이처 −
PRIME HOOK SWAMP CREATURE

21세기 크립티드

유형:
포유류

최초 발견:
2007년

위치:
델라웨어주 밀턴Milton, Delaware

크기:
키 75~120센티미터

대부분의 크립티드 이야기는 몇십 년 혹은 몇백 년 전으로 거슬러 올라간다. 이 때문에 최초의 목격담이 시간에 묻혀 잊히거나, 목격담의 중요한 세부 사항이 부족한 경우가 생긴다. 그러나 델라웨어주에는 시작부터 함께 할 수 있는 새로운 크립티드가 있다. 이 크립티드의 이름은 '프라임 훅 스웜프 크리에이처'로, 재카로프[50] 다음으로 가장 사랑스러운 크립티드일 것이다. 또한, 내가 이 크립티드를 조사해야겠다고 생각한 이유가 있다. 메릴랜드주 옆에 조그맣게 더부살이하는 정도의 크기에 불과한, 미국에서 두 번째로 작은 주인 델라웨어에는 그 크기상 기록이 있는 크립티드 목격담이 거의 없기 때문이다. 물론 빅풋에 관한 기록은 있다(빅풋 목격담은 없는 주가 없다). 하지만 빅풋이 이 책을 전세 낸 것도 아니지 않은가?

프라임 훅은 루이스Lewes의 북쪽, 델라웨어 베이Delaware Bay에 있는 국립 야생동물 보호구역이다. 40제곱킬로미터에 달하는 이 델라웨어 습지에는 철새와 투구게, 대머리독수리, 여우 다람쥐 등 잘 알려진 수백 개의 종이 살고 있다. 하지만, 아직 알려지지 않은 한 개의 종도 이곳에 살고 있을지 모른다. 2010년경, 지금은 사라진 위키피디아의 전신 어바웃닷컴About.com의 '초자연

---

50 4부 서부의 '재카로프' 참조.

적 현상' 섹션에 세 문단으로 이루어진 짧은 글이 올라왔다. 편집자는 '헬렌 J.'라는 자였다. 헬렌은 2007년 7월 어느 날, 딸(딸의 나이는 기록되어 있지 않다)과 함께 차를 타고 프라임 훅 변두리에 있는 브로드킬 로드Broadkill Road를 달리던 중 도로가에 있는 괴생명체를 보게 되었다고 한다. 헬렌은 '키는 75~90센티미터 정도, 다리가 길고, 구릿빛 몸에 얼굴은 거의 퍼그처럼 납작했으며, 꼬리가 길고, 작은 귀에 몸무게는 0.5킬로그램 정도 되어보였다'라고 묘사했다. 헬렌은 이 괴물이 이족보행인지 사족보행인지는 명확하게 쓰지 않았다. 또한, 그녀의 설명에 따르면 헬렌의 가족은 이전에도 이 생명체를 마주친 적이 있다고 한다. 1년여 전쯤, 헬렌의 다른 딸과 딸의 친구도 밤에 차를 타고 같은 곳을 지나가다 이와 비슷한 생명체를 봤다고 한다. 퍼그와 여우의 모습을 닮은 무언가가 이들의 차 앞으로 뛰어들더니 도로를 건넜다는 것이다.

헬렌은 이 생명체가 무엇인지 궁금한 나머지 현지인을 찾아 물어보기로 했다. 그녀는 자기 글에 '프라임 훅 보호구역 박물관'이라고 표현한 곳(정확히는 아마 밀턴에 위치한 '프라임 훅 국립 야생동물 보호구역 방문자 연락 사무소'를 말하는 듯하다)에 전화를 걸었지만, 직원들은 아무 도움이 되지 않았다. 헬렌은 결국 브로드킬 비치Broadkill Beach라는 가게의 주인인 한 여성과 만나 이야기를 나누게 되었는데, 이 가게도 아마 정확히는 브로드킬 스토어Broadkill Store라는 이름의 가게로, 브로드킬 비치에서 백 년 넘게 운영해 오고 있는 기념일 선물 가게 겸 음식점일 것이다. 가게의 주인도 몇 년 전 아버지와 오토바이를 타고 가다가 헬렌의 묘사에 딱 들어맞는 생명체를 본 적이 있다고 했다. 헬렌의 글은 이렇게 끝난다. '우리 말고도 목격자가 있는지, 그리고 이것의 정체가 대체 무엇인지 지금도 궁금하다.'

이게 끝이다. 이게 이야기의 전부다. 너무나 무해한 목격담에, 너무나 재미없는 괴물이라 전적으로 믿기 어려울 정도다. 그러나 디지털 시대에는 이렇게 쉽게 크립티드 이야기가 시작되고 전파된다. 결국, 모든 크립티드는 하나의 목격담으로 시작되기 때문이다. 헬렌의 이야기도 인 어바웃닷컴 프로젝트를 통해 모집된 것이었다. 개인의 괴물 목격담을 모집한 비교적 큰 규모의 프로젝트였다. 하지만 이 프로젝트를 통해 모인 괴물 이야기 중, 10년 이상 가장 큰(크다고 해봤자 여전히 미미한 수준이지만) 영향력을 갖는 크립티드는 '프라임 훅 스웜프 크리에이처'다. 여러 예술가가 크립티드 이미지를 그렸고, 목격담은 다른 사이트로 옮겨갔으며, 몇몇 크립티드 연구자들이 블로그 포스팅과 팟캐스트 방송 소재를 위해 연구하기 시작했으니 말이다(물론 본인의 책을 위해 조사를 시작한 나 같은 사람도 있고). 사람들은 '프라임 훅 스웜프 크리에이처'의 원래 포스팅에는 없던 이야기를 덧붙이기 시작했다. 어떤 이는 갈기까지 더했다. 나는 이 '프라임 훅 스웜프 크리에이처'라는 눈덩이가 계속 불어나길 바란다. 그래서 집게발도 나고, 나무에 매달릴 수 있는 꼬리도 생기고, 할 수 있는 건 다 다 늘어나다가 그렇게 결국 전용 축제까지 꾀차는 것이다!

눈덩이 방법이 시원찮으면, 다른 방법도 있다. 바로 귀여움을 강조하는 것이다. '프라임 훅 스웜프 크리에이처'의 초점을 '목격담'이 아니라 '생김새'에 맞추는 것이다. 퍼그 같은 생김새의 귀엽고 무해한 생명체라지 않는가? 물론, 신비동물학은 귀여운 크립티드를 잘 쳐주지 않는다. 번쩍이는 두 눈으로 온 마을 사람들을 벌벌 떨게 할 정도는 돼야 크립티드로 봐주기 때문이다. 그러나 동물계에서도 귀여운 동물이 한가득하다. 그러므로, 신비동물학도 이에 질 수 없다고 생각한다. 게다가, 귀여운 크립티드는 아주 요긴하게 써먹을 수 있다. 소소한 아이디어를 하나 내자면, 위 '브로드킬 스토어'의 경우, 크립티드 마스코트를 프린팅한 티셔츠를 팔 수 있다!

- 글로스터 구울[51] -
GLOCESTER GHOUL

드래곤 크립티드(와 해적) 서식지

유형: 파충류	최초 발견: 1839년
위치: 로드아일랜드주 글로스터 Glocester, Rhode Island	주요 특징: 불을 뿜음

미국에서 드래곤을 닮은 크립티드는 그다지 많지 않다. 파충류 크립티드는 많지만 불을 뿜고, 몸에 비늘과 날개가 달린 짐승은 손에 꼽는다. 전 세계적으로 많은 신화와 문화권에서 드래곤을 찾아볼 수 있다는 점을 생각하면 이상한 일이 아닐 수 없다. 그러나 이때 해결사로 나서는 주가 있으니, 바로 로드아일랜드주이다. 드래곤 크립티드 보유주가 미국에서 가장 작은 주라니. 그리고 이 공로는 한 해적에게 있다.

앨버트 힉스는 단순한 해적 그 이상이었다. 힉스는 뉴욕갱스터의 시초가 된 인물이며, 바다 위에서 수많은 살인과 약탈을 저지른 피도 눈물도 없는 범죄자였다. 힉스가 마지막으로 저지른 범죄는 뉴욕항에서 한배를 타고 있던 세 명의 선원을 잔인하게 살해한 것이었는데, 힉스의 최후도 여타의 해적들과 별반 다르지 않게 형장의 밧줄에 목이 매달려 죽었다. 실제로, 그는 미국에서 해적질로 처형된 사람 중 하나인데, 1860년 7월 13일 맨해튼 남쪽 끝에 있는 베들로 섬Bedloe Island에서 교수형에 처해졌다. 오늘날 이 섬의 이름은 리버티 섬Liberty Island으로, 횃불을 들고 있는 커다란 민트색 조각상 하나가

---

51 중동의 신화와 전설에서 유래한 초자연적인 생물체로, 묘지나 황량한 장소에 살며 사람의 시체를 먹고 산다고 한다.

있는 것이 특징이다. 그러나 힉스의 해적담이 막을 내린 곳은 뉴욕이지만, 그 시작은 로드아일랜드였다. 그리고 이 이야기에는 드래곤뿐만 아니라 해적의 보물도 함께 한다.

힉스는 로드아일랜드주 포스터Foster에서 태어났다. 자신이 쓴 옥중 자서전에서 밝히길, 그는 어릴 적 해적 이야기 듣는 것을 아주 좋아했다고 한다. 해적 보물을 찾는 환상에 사로잡히기도 했는데, 이 중 일부는 포스터 지역 들판에 묻혀있다는 소문이 돌기도 했다. 일간지 〈보스톤 글로브Boston Globe〉는 힉스가 죽은 뒤 36년 후, 그의 보물 탐험에 대해 보도했는데, 구체적으로 그 보물은 런던에서 처형당한 악명높은 스코틀랜드 해적 '키드 선장'의 것으로, 북아메리카 대서양 연안에 묻혀있다는 전설의 보물이었다. (또한 이는 로버트 루이스 스티븐슨의 『보물섬Treasure Island』에 영감을 주었던 보물이기도 하다) 힉스는 인근 글로스터의 한 농장에서 키드 선장의 스페인 금화가 발견됐다는 소식을 듣고, 친구 세 명(존 젭, 벤 콤, 벤 손더스)과 함께 랜턴과 삽을 들고 농장에 몰래 숨어들었다.

그러나 이들이 발견한 것은 보물이 아니라 훗날 '글로스터 구울'이란 이름으로 불리게 될 괴물이었다. 보스톤 글로브의 기사에는 힉스가 제공한 것으로 보이는 괴물에 대한 자세한 묘사가 실려있다. 그러나 출처는 힉스가 아닐 수도 있다. 이 내용은 그의 자서전에도 등장하지 않기 때문이다.

거대한 몸집의 이 짐승은 백랍 그릇과도 같이 커다란 두 눈으로 앞을 응시하고 있었다. 눈알이 불처럼 이글댔다. 걸을 때, 날숨마다 코와 입에서 불꽃이 뿜어져 나와 길가의 덤불을 다 태워버렸다. 소만 한 몸집의 양 옆구리에는 박쥐 같은 날개가 솟아있었다. 숫양처럼 나선형의 뿔도 나 있었는데, 그 둘레가 연통만큼 굵었다. 발은 오리발처럼 생겼고 너비는 50센티미터 정도였다. 온몸은 조개만 한 비늘로 뒤덮여 있어, 움직일 때마다 쨍그랑 소리가 났다. 비늘이 위아래로 펄럭댔다. 또한, 옆구리에서는 빛도 뿜어져 나왔다. 마치, 철제 랜턴의 구멍 사이로 나오는 빛 같았다.

나는 어린 시절 '스쿠비 두[52]Scooby-Doo'를 보고 자란 어린이다. 그래서 보물이 있는 곳에는 사람들이 보물에 접근하지 못하도록 괴물처럼 분장한 사람이 있다는 사실을 알고 있다. 그리고 바로 쩽그랑거리는 소리, 펄럭거리는 비늘, 랜턴 불빛 같았다는 묘사를 보면, 글로스터 구울이 딱 이런 변장이 아니었을까 하는 생각이 든다. 힉스와 친구들은 미처 그 가면을 벗길 시간이 없었겠지만 말이다. 또한, 해당 글에 따르면 괴물은 "느닷없이 나타나 느닷없이 사라졌다"고 한다. 그렇게 힉스 무리는 어떠한 보물도 찾지 못한 채 도망쳤다.

하지만 57년 후, 글로스터 구울이 돌아오게 된다. 1896년 1월의 어느 날 밤, 글로스터에 살고 있던 닐 홉킨스는 집에 가는 길에 혹한의 추위에도 굴하지 않는 한 괴물에게 쫓기게 되었다. 보스턴 글로브의 기사에 따르면 홉킨스의 묘사는 다음과 같았다. "온몸이 불타고 있는 듯했는데, 입에서 불을 뿜고 있었다. 쇠끼리 부딪치며 쩽그랑대는 금속의 소리가 났다." 또한 홉킨스는 이 괴물이 몸집은 코끼리 크기에 꼬리는 없었다고 했다. 그렇게 잠시 홉킨스를 쫓던 괴물은 금방 숲으로 자취를 감췄다.

마지막 의문점은 왜 이 크립티드의 이름이 글로스터 드래곤이 아니라 글로스터 구울이냐는 점인데, 뭐, 자신들이 사는 곳이 섬도 아닌데 이름을 로드아일랜드라고 지은 사람들이니 충분히 그럴 수 있겠다 싶다. 여하튼, 글로스터 구울은 미국에서 가장 작은 주에게는 과분한, 로드아일랜드가 아무리 애지중지하며 야단법석을 피워도 모자란 큰 괴물이다.

---

52 1969년 시작한 미국 TV 애니메이션으로, 말하는 강아지 스쿠비 두와 주인공들이 초자연적 현상을 찾아 모험하는 내용이다.

- 데리 페어리 -
DERRY FAIRY
크리스마스 크립티드

유형 :	최초 발견 :
외계인	1967년
위치 :	크기 :
뉴햄프셔주 데리	키 60센티미터
Derry, New Hampshire	

 뉴햄프셔는 크립티드로만 따지자면 좀 썰렁한 곳이다. 작은 주긴 하지만, 숲으로 덮인 지역이 전체의 81%나 되니 숨바꼭질하기에는 딱 좋을 것 같은데 말이다. 그러나 '크립티드 인사이클로피디아'와 온라인 기사를 보면 뉴햄프셔 크립티드에 관해선 구색만 갖추고 있을 뿐, 상세 내용은 굉장히 빈약하다. 뉴햄프셔주에 산다고 알려진 크립티드로는 '우드 데블스'(빅풋의 말라깽이 버전임), '데블 몽키스'(아무튼 원숭이임), '더블린 호수 괴물'(형체조차 모를 정도로 정보 없음)이 있다. 이렇게 보니 뉴햄프셔가 왜 관광 투자 대상으로 크립티드가 아니라 외계인을 선택했는지 너무나 잘 알 것 같다. 실제로, 뉴햄프셔는 20세기 이후로 최초이자 가장 영향력 있는 외계인 납치 사건(베티와 바니 힐 사건[53])이 발생한 곳이다. 또한, 이보다 증거자료가 더 많은 UFO 저공비행 사건, '엑세터 사건[54]'이 일어난 곳이기도 하다. 뉴햄프셔는 사건의 내용을 담은 현판, 전시회, 축제를 통해 이러한 기묘한 사건을 기념하고 있다. 그러니 만약 뉴햄프셔에 기념할 만한 크립티드가 있었다면, 분명 벌써 기념하고도 남았을 것이다.

---

53 힐 부부가 1961년 9월 19일 밤 미국 뉴햄프셔주에서 차를 몰던 중 외계인에게 납치되었다고 주장한 사건이다.

54 1967년 12월 9일에 영국의 엑세터Exeter에서 발생한 UFO 관련 사건으로, 여러 사람이 하늘에서 이상한 빛을 목격했다고 주장한 사건이다.

그런데 뉴햄프셔에는 이미 기념할 만한 크립티드가 있는지도 모른다. 내가 미는 후보는 바로, '데리 페어리'이다. 이름의 각운도 좋고, 요정[55]으로 유명한 다른 주도 없기 때문이다. 무엇보다 데리 페어리는 크리스마스 크립티드다. 미국은 크리스마스 크립티드에 굶주려 있는 나라이지 않은가? 실제로 미국의 크리스마스 괴물이라곤 유럽의 알프스 지역에서 들어온 크람푸스[56]가 유일한데, 그러다 보니 크리스마스 시즌에 크람푸스가 너무 혹사당하고 있다. 자 그럼, 이제 본격적인 이야기를 시작해 보자.

1956년 12월, 70대 중반의 알프레드 혼은 크리스마스트리를 자르기 위해 데리의 베리 로드Berry Road에 접해있는 자신의 소유지인 숲으로 나섰다. 하지만 그곳에서 마주친 것은 완벽한 트리 감인 초록 나무가 아니라 초록색의 처음 보는 조그만 생물이었다. 키는 60센티미터 정도에, 머리는 돔형이었고, 눈은 흐리멍덩했으며, 귀는 축 늘어져 있었고, 손가락과 발가락이 없는 뭉툭한 팔다리는 통통했다. 또한, 코끼리 같은 피부에, 살은 처져 있었다. 이쯤 되면 팅커벨 같은 요정을 생각했던 독자들은 당황스럽겠지만, 요정, 즉 페어리란 고블린, 노움, 트롤 등의 생물도 포괄하는 용어이다. 더군다나, 데리라는 이름과 완벽한 각운을 이루는 이 단어를 거부하기란 힘들지 않은가.

혼과 데리 페어리는 서로를 보자마자 얼어붙었다. 그렇게 몇 분이 지났고, 혼은 자신이 선택의 갈림길에 서 있다는 것을 깨달았다. 만약 지금 이 길로 도망쳐 이 목격담을 이야기한다면 미쳤다는 소리를 들을 것이 뻔했다. 하지만, 정말로 저걸 잡을 수만 있다면? 돈과 명성이 뒤따를 것이 분명했다. 그래서 혼은 잡기를 선택했다. 혼이 조그만 데리 페어리를 손에 쥐자, 베리 로드 근처에 있던 데리 페어리는 날카로운 울음소리를 내뱉어 혼의 혼을 쏙 빼놨고, 혼이 그 소리에 데리 페어리를 놓치자 바로 숲으로 도망가 버렸다. 혼 또한 집으로 줄행랑을 쳤다. 결국, 데리 페어리도, 크리스마스트리도 없는 빈손이었다.

혼은 이러한 만남에 대해 아무에게도, 혹은 적어도 이를 떠벌릴 사람에게

---

[55] 페어리fairy는 요정이란 뜻의 영어 단어이다.

[56] 표기는 Krampus이다. 중부 유럽 신화 속 생명체로 반은 염소, 반은 악마의 모습이다. 크리스마스 때에 평소 나쁜 행동을 한 어린이를 찾아 벌을 내린다고 한다.

는 말하지 않은 듯하다. 이 이야기가 지역 신문에 실린 적이 없기 때문이다. 그러나 그로부터 6년 후인 1962년에 혼은 이 사건에 대한 설명을 담은 두 통의 편지 중 첫 번째 편지를 보스턴 과학 박물관Boston Science Museum의 헤이든, 그리고 천문관 직원이자 다양한 UFO 단체의 회원이었던 월터 웹에게 보내게 된다. 1977년에 도버 데몬 사건에 참여하게 되는 그 월터 웹 말이다. 혼은 어느 날 웹이 라디오에 나와 UFO에 관해 이야기하는 것을 듣게 되고, 웹이 조그만 초록 괴물 데리 페어리에 대해서 어떻게 생각할지 궁금했다.

그러나 웹은 혼의 주장에 대해 조사를 착수하지 않았고, 이야기는 거기에서 끝이 난다. 하지만 이 이야기에는 한 가지 반전의 피날레가 있다. 바로 이 마을의 이름이다. 실제로 '데리'는 스코틀랜드계 아일랜드인들이 정착해 일군 마을인데, 이들은 요정 나라로 유명한 한 아일랜드 도시의 이름을 따서 이곳의 이름을 지었다. 그러니 혹시 아는가? 그 시절 스코틀랜드계 아일랜드인들이 미 대륙으로 가져온 것 중에 정부를 향한 맹렬한 불신(자유가 아니면 죽음을![57])과 위스키 말고 뭐가 더 딸려 왔을지도. 여하튼, 독자 여러분, 메리 크립티드!

━━ ◆ ━━

───────────

57 Live free or die!는 뉴햄프셔주의 모토로, 50개의 주 모토 중 가장 유명하다. 독립전쟁 당시 뉴햄프셔주의 장군이었던 존 스타크가 한 말이라고 한다.

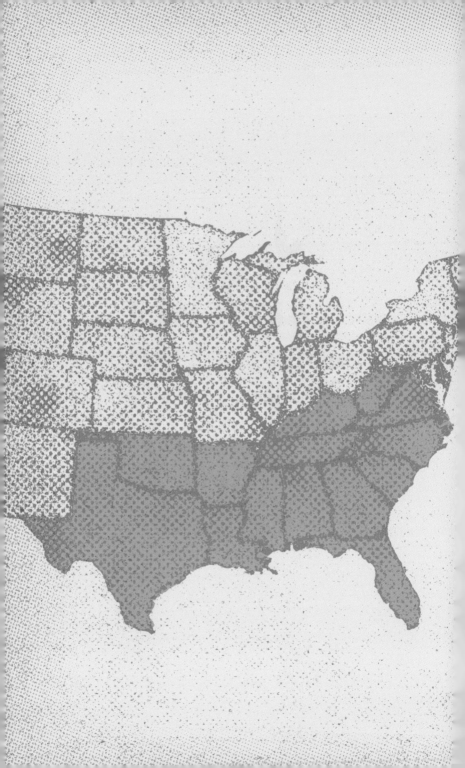

2부

남부

————————●————————

따뜻한 기후 탓인지, 다양한 지형 탓인지 모르겠다. 어쨌든 미국을 '하나의 집'이라 한다면, 남부는 '지하실'이라 할 수 있다. 다른 지역에 비할 수 없을 정도로 다양한 종류의 크립티드가 득실대는 비밀스러운 지하실 말이다. 남부 크립티드답게 이들은 정말 다재다능하다. 늪과 바이우[58]를 거침없이 누비고, 만과 바닷속에선 수영 실력을 뽐내며, 산을 넘나들며 동에 번쩍 서에 번쩍 하고, 또 숲속에선 숨바꼭질 능력도 대단하다. 남부는 빅풋을 둘러싼 전쟁도 아주 치열한데, '가장 유명한 빅풋 지역'이란 타이틀을 걸고 여러 주가 경쟁 중이다. 하지만 지상에서 경쟁하는 이들의 머리 위로 지구에서 가장 유명한 크립티드 중 하나인 '모스맨'이 아주 화려하게 날아오르며 이 모두를 평정하는 곳 또한 바로 이곳, 남부이다. 곤충, 파충류, 갯과, 고양잇과, 휴머노이드, 어류 등 없는 크립티드가 없는 남부의 다양한 크립티드들은 남부의 억양과 느릿느릿한 사투리, 텍사스의 비음이 섞인 포효와 비명을 선보인다. 남부에서 이들을 마주쳐도 크립티드들이 '남부식 환대[59]'를 해주진 않겠지만, 크립티드 마을 주민들은 분명 여러분을 환대할 것이다. 남부인은 크립티드 기념에 아주 진심이기 때문이다.

———————

[58] 넓은 저지대 늪이나 유속이 매우 느린 강을 일컫는 용어로 흔히 미국 남부에서 찾아볼 수 있는 지형이다. 지역 수생태계에 중요한 역할을 하며 생물 다양성 또한 높다.

[59] 모르는 사람이 마을에 오거나 집에 올 때 환대해 주는 남부식 문화를 말한다. 종교적 성향이 강한 남부인들이 모르는 사람을 돕는 기독교 정신을 실천하려 하기 때문이라는 추측이 있다.

- 푸크 몬스터 -
FOUKE MONSTER
2천5백만 달러짜리 빅풋

유형 :	최초 발견 :
휴머노이드	1971년
위치 :	**크기 :**
아칸소주 푸크Fouke, Arkansas	1.8~2.4미터

1971년 5월 1일 토요일 저녁이었다. 엘리자베스 포드는 이사 간 집의 소파 위에 누워 있었다. 바로 일주일 전에 남편 밥 포드와 함께 들어온 집이었다. 위치는 아칸소주의 푸크의 변두리 지역. 숲으로 둘러싸인 외딴곳이었다. 그때, 소파 근처의 창문에 있던 커튼이 흔들리더니, 길고 두터운 털북숭이 팔이 창문을 통과해 엘리자베스를 향해 뻗어왔다. 엘리자베스는 AP통신과의 인터뷰에서 "그것의 두 눈을 봤어요. 불붙은 석탄처럼… 새빨간 색이었어요." 엘리자베스를 붙잡을 틈도 없이, 남편 포드와 그의 남동생 돈 포드는 팔의 주인을 쫓아 산탄총을 발사하며 숲으로 달렸다. 그들이 만난 것은 악취를 풍기는 빅풋 유형의 짐승으로, 성인 남성 크기 혹은 그보다 좀 더 큰 몸집에, 머리카락이 검고, 붉은빛의 눈을 지닌, 훗날 '푸크 몬스터'란 이름이 붙는 크립티드였다.

그날, 이들은 이 빅풋을 다시 마주하게 된다. 푸크 몬스터가 자정 무렵 다시 이 집을 찾아와 문을 쾅쾅 두드린 것이다. 밥은 괴물의 공격을 막으려 했지만, 집 밖을 나섰을 때 괴물에게 잡히고 말았다. 하지만 밥은 괴물의 손아귀에서 빠져나와 다시 집으로 달렸고, 죽게 될까 너무 무서운 나머지 닫혀있던 집 현관문을 향해 전속력으로 몸을 던져 문을 열었다. 밥과 엘리자베스는 바로 다음 날 이사를 떠났다. 밥은 경찰에 신고했으나 이 사건의 유일한 물리적 증거는 그의 몸에 난 상처뿐이었다. 그러나 이러한 폭력성과 침입성은 푸크 몬스터가 다른 빅풋과 구별되는 특이한 점 중 일부에 불과하다.

하지만 푸크의 다른 주민들은 그 누구도 이사하지 않았다. 모두 빅풋에 열광하느라 너무 바쁜 나머지 그럴 틈이 없었다. 그러다가 어느 날부터 신고가 쏟아졌다. 푸크의 농장과 도로에 출몰하며 가축을 훔쳐 가는 커다랗고 검은 털북숭이 괴물을 목격했다는 내용이었다. 일부 제보 속 빅풋은 1940년대 목격담 속 괴물과 비슷한 생김새였다. 포획 시 제시된 포상도 여러 종류였는데, 레이먼드 스코긴스라는 이름의 한 주민은 당시 미화로 200달러(약 27만 원)를 제시하기도 했다. 그는 푸크 몬스터를 동물원에 넣을 수 있도록 산 채로 데려와야 한다는 조건을 걸기도 했다. 지역 라디오 방송국인 KAAY의 경우 '푸키 포레버'가 새겨진 티셔츠를 제작했다(이외에도 1090kHz AM라는 방송국 주파수와 같은 숫자이기도 한 1,090달러(약 144만 원)의 포획 포상금을 제시하기도 했다). 푸크 몬스터의 공격을 받았다고 주장하던 세 명의 남성도 있었는데, 밥 포드 사건에서 영감을 받은 이들은 자기 몸에 난 상처를 보여주며 이러한 주장을 했다. 그러나 경찰은 신속히 이들의 손톱을 검사했고, 그 결과 이들이 장난 신고를 했음이 드러나 이들은 벌금형을 맞았다. 농장 주인들은 괴물이 아니라, 정작 괴물 사냥꾼들 때문에 농작물에 피해를 입었다며 경찰에 신고했다. 푸크에서는 길이 340밀리미터, 가장 넓은 지점 폭이 115밀리미터인 발자국이 발견되었는데, 빅풋뿐만이 아니라 영장류를 통틀어 그 커다란 발에 발가락이 단 세 개뿐이라는 점이 푸키의 특이한 점이었다.

그러나 빅풋 목격담이 흘러넘치던 빅풋 전성기 시절임에도 불구하고 푸크 몬스터의 존재감이 두드러졌던 이유는 따로 있다. 단순히 가정집 침입 애호가라든지, 발가락이 세 개이기 때문이라는 이유에서가 아니다. 바로, '영화스타'가 되었기 때문이다. 푸크 몬스터가 발견된 지 일 년 만인 1972년에 〈보기 크릭의 전설The Legend of Boggy Creek〉이라는 영화가 개봉했다. 이 영화는 푸크 인근 지역인 텍사캐나Texarkana에서 광고 대행사를 운영하던 찰스 B. 피어스의 감독 데뷔작이었다. 피어스는 해당 이야기를 다큐멘터리 형식의 드라마 영화로 촬영했는데, 현지인들을 인터뷰했을 뿐 아니라 아예 이들을 재연 배우로 기용하기도 했다. 푸크 몬스터가 공격하는 이 영화의 클라이막스 장면은 포드 부부가 살았던 빈집에서 촬영되었다. 해당 영화는 1970년대의 몽환적인 음악을 배경으로 괴물이 출몰하는 아칸소를 보여주며 을씨년스러운 시골 풍경을 담아내었다. 저렴한 제작비(16만 달러, 약 2억 2천만 원)로 제작된 이 영화는 결국 미 전역에 개봉되어 2,500만 달러(약 330억 원) 이상의 수익을 올렸다. 이에 따라 푸크 몬스터는 크립티드계 뿐 아니라, 고전 공포 컬트 영화계에서도 명성을 얻게 되었으며, 크립티드라는 소재가 고전 공포 컬트 영화에서 주목받게 되었다.

또한 이 영화를 본 많은 이들이 되든 안 되든, 푸크 몬스터를 찾아 나서자는 마음으로 푸크로 향했다. 푸크의 시장인 J. D. 레이리는 푸크 지역 신문인 〈호프 스타Hope Star〉와의 인터뷰를 통해 인기가 너무 갑작스러워 푸크가 물들어올 때 노를 전혀 젓지 못한 것이 한이라고 말했다. "푸크 주민들은 푸크를 잃고서야 외양간을 고치려 했다"며 말이다. 그런데 실제로 이 영화로 인해 목격담이 다시 조금 상승한 듯했다. 1974년도쯤 해당 열풍은 다소 사그라들게 되지만, 이후 〈보기 크릭〉시리즈가 더 개봉하게 된다. 1977년, 피어스 감독이 참여하지 않은 비공식 속편 〈리턴 투 보기 크릭Return to Boggy Creek〉은 전작의 다큐멘터리 형식의 드라마 요소를 배제했으며, TV 시리즈 〈길리건의 섬 Gilligan's Island〉으로 유명한 던 웰스가 주연을 맡았다. 피어스 감독은 그 후 1985년 공식 속편 〈보기 크릭 II: 전설은 계속된다Boggy Creek II: And the Legend Continues〉를 맡게 된다.

한편, 푸크 주민들은 푸크 몬스터를 활용하는 법에 대해 교훈을 얻은 상태이다. 현재, 푸크에 가면 푸크 몬스터와 기타 관련 크립티드를 주제로 한 박물관이자 상점인 푸크 몬스터 마트Fouke Monster Mart를 방문할 수 있다. 또한, 여름에 때맞춰 가면 푸크 몬스터를 기리는 푸크 몬스터 페스티벌Fouke Monster Festival에도 참석할 수 있는데, 이곳에서 콘서트와 신비동물학자 강연, 가이드 투어를 즐길 수 있다. 〈보기 크릭의 전설The Legend of Boggy Creek〉 관람은 당연한 말이다.

− 웜퍼스 고양이 −
WAMPUS CAT

우리에겐 크립티드가 있다! 우리 팀 아자아자 파이팅!

유형 : 고양잇과 크립티드	**최초 발견 :** 선사시대
위치 : 아칸소Arkansas	**주요 특징 :** 사족 혹은 육족六足 동물

큰 고양이는 크립티드의 독립된 한 범주이다. '큰 외계 고양이ABC[60]'라고도 불리는 이들은 생물학적으로 큰 고양잇과(치타, 호랑이, 재규어 등)에 해당한다. 그 중에서도 특히 멸종되었거나, 멸종되었는데 목격되는 동물을 의미하는 용어 다. 후자의 예로는 수백 년 전에 멸종되었음에도 뉴잉글랜드[61]에서 발견되었 던 팬서가 있으며, 최소 만 년 동안 화석으로만 존재했던 중서부의 아메리카 사자가 있다. 또한 어디에도 존재하면 안 되지만 분명 어디에나 존재하는 큰 고양이, '웜퍼스 고양이'도 있다.

웜퍼스 고양이란 이름은 '커다랗고 낯선 모든 고양이'를 통칭하는 말이 되었다. 어떤 웜퍼스 고양이는 ABC같은 모습이고, 어떤 웜퍼스 고양이는 세 부적인 특징이나 형태가 명확하게 파악되지는 않은 평범한 큰 고양이의 모 습이다. 그러나 그 외모와 형태는 묘사하는 사람마다 변화무쌍하다. 어떨 때 는 이족보행을 하며, 어떨 때는 꼬리 끝이 구 모양이다. 다리가 여섯 개일 때 도 있다. 그러나 성질은 늘 포악한 성격으로, 여타 큰 고양잇과 동물처럼 피

---

60 alien big cats의 약자다. '움스, 아이 크립티드 어게인' 참조

61 미국 북동부의 6개 주, 즉 메인주, 뉴햄프셔주, 버몬트주, 매사추세츠주, 로드아일랜드주, 코네티컷주를 가리 키는 말이다.

해야 하는 존재이다. 대부분 남부에서 발견되는데, 전설과 목격담에 따른 것이긴 하나 어디서나 출몰한다고 한다. 그러나 나는 아칸소주가 웜퍼스 고양이의 서식지라 주장하고 싶은데, 그 구체적인 이유는 잠시 후에 설명하겠다.

이족보행을 하는 웜퍼스 고양이의 경우, 체로키Cherokee족의 다양한 이야기와 관련된 것이 많은데, 모두 한 여자가 고양이로 변신하는 이야기이다. 어떤 이야기에서는, 남성들의 신성한 사냥 의식을 훔쳐보던 한 여자가 벌을 받아 자신이 입고 있던 산 사자의 가죽과 한 몸이 되고 만다. 또 다른 이야기에서는 범죄를 저지르기 위해 스스로 고양이로 변신한 한 마녀가 변신 중간에 일이 꼬여 영원히 고양이와 여자가 합쳐진 모습으로 살게 된다. 또 어떤 이야기는 최고 영웅의 탄생담 같은 이야기로, 이야기 속 여자는 자기 남편을 마녀에게서 지키기 위해 고양이 가면을 쓰고 싸우다가 결국 가면과 하나가 되어 악과 싸우는 캣우먼이 된다.

그러나 웜퍼스 고양이의 진짜 특이한 점은 따로 있다. 뭐… 고양이 괴물을 통틀어 일컫는 말이자, 민담 속에서 벌을 받거나 영웅이 되는 여성과 관련이 있다는 점? 아니다. 그것보다 훨씬 더 특이한 점은 바로 웜퍼스 고양이가 미 전국 고등학교에서 선정한 '가장 좋아하는 마스코트'라는 사실이다! 루이지애나주의 리스빌Leesville에 있는 리스빌고등학교도 그중 하나로 이들의 웜퍼스 고양이는 사나운 노란색 살쾡이의 모습이다. 또 다른 예로 텍사스주 아이타스카Itasca의 아이타스카고등학교도 있는데, 이들의 웜퍼스 고양이도 노란색이지만 호랑이의 형상을 하고 있다는 점에서 다르다. 이족보행 웜퍼스 고양이에 대한 지지인지, 아니면 그저 단순히 전형적인 마스코트 의인화의 표현인지는 모르겠지만, 교내의 웜퍼스 고양이 조각상은 두 발로 서있는 모습을 하고 있다. 오클라호마주의 아토카Atoka에 위치한 아토카고등학교 또한 학교의 상징색인 노란색 혹은 진홍색의 색을 띤 살쾡이 모습의 마스코트를 자랑하고 있다. 하지만 이 정도는 평범하다. 아이다호주의 클락Clark에 있는 클락포크고등학교의 마스코트 정도는 되어야 우리는 비로소 특이한 웜퍼스 고양이가 뭔지 알게 된다. 클락포크고등학교의 웜퍼스 고양이는 노란색의 퓨마로, 꼬리 끝이 철심 박힌 철퇴의 모양을 하고 있다. 이 마스코트는 학교 체육관 거대한 벽화 속에서 그 치명적인 위용을 과시하기도 한다.

그러나 이 모든 고등학교 가운데, 수많은 크립티드 마을들이 배운 교훈, 즉 '크립티드 조각상을 세운 마을이 최종 승자다'를 깨달은 고등학교는 단 한 군데뿐이다. 바로 아칸소주의 콘웨이Conway에 있는 콘웨이고등학교가 그 주인공인데, 이들은 이들의 웜퍼스 고양이가 우위를 점할 수 있도록 웜퍼스 고양이에게 손을 보태주기로 결심했다. 하지만 이들이 실제로 보탠 것은 손이 아니라 발이었다. 그래서 이들의 웜퍼스 고양이는 사악한 육족 짐승의 모습을 하고 있다. 콘웨이고등학교는 오랫동안 학교의 상징색인 하늘색으로 된 다소 거칠게 조각된 금속 상을 학교에 전시해 왔다. 그러나 2013년 1월에 학교 측은 여기서 더 나아가 (육) 단계를 밟아, 육족이 달린, 180센티미터 육등신의, 모든 크립티드 보유 마을이 부러워할 육중한 조각상을 세웠다.

예술가인 레이몬드 기비가 만든 이 웜퍼스 고양이상은 학교 캠퍼스 한가운데 로터리 중앙에 있는 받침대 위에 서 있는데, 받침대 현판에는 다음과 같은 문구가 새겨져 있다.

웜퍼스 고양이
신화 속
고양이를 닮은
육족 생명체:
네 다리는
빛의 속도로 달리고,
두 다리는
온 힘을 다해 싸운다!

모든 웜퍼스 고양이들, 아자아자 파이팅!

— 모스맨 —
MOTHMAN
전율적 공포의 전조자前兆子

유형:	**최초 발견:**
비행 휴머노이드	1966년
위치:	**크기:**
웨스트버지니아주 포인트 플레전트	1.8~2.1미터
Point Pleasant, West Virginia	

때는 8월의 어느 밤, 날은 더웠고 사방은 벌레투성이였다. 나는 웨스트버지니아주 포인트 플레전트의 숲 한 가운데 있는 거대한 돔형의 시멘트 구조물 안에 있었고, 의지하고 있는 불빛이라곤 희미한 전기 랜턴이 전부였다. 이 구조물은 한때 전쟁 시 사용할 폭발물, 그리고 아마 산업 폐기물도 보관했을 벙커였다. 지금은 버려져 어떤 괴물에 대한 경고 문구 그래피티만이 텅 빈 내부를 뒤덮고 있었다. 그렇게 나는 모스맨의 소굴 깊숙이 들어갔다.

모스맨은 미국에서 가장 유명한 크립티드 중 하나이다. 빅풋이 디스코라면, 모스맨은 펑크 록인 셈이다. 모스맨의 이야기는 많은 고전적인 크립티드 이야기와 마찬가지로, 밤에 차를 타고 시골길을 달리는 10대들의 이야기로 시작된다. 때는 1966년 11월 15일 밤이었다. 해당 시골길은 웨스트버지니아주 포인트 플레전트의 TNT[62] 지역이었다(여기가 TNT지역이라고 불리는 이유는 이곳이 2차 세계대전 당시에는 군수품을, 전쟁 이후에는 공장의 화학 폐기물을 저장하는 데 사용된 돔 형태의 거대한 콘크리트 구조물들이 숲속에 여기저기 퍼져있기 때문이었다).

목격의 주인공은 두 쌍의 10대 부부, 즉 스카베리 부부인 로저와 린다, 그리고 말렛 부부인 스티브와 메리이다. 이들은 뭔가 재밋거리를 찾아 TNT지

---

62 Trinitrotoluene(트리니트로톨루엔)의 약어로, 강력한 폭약이다.

역의 비포장도로를 달리던 중이었다. 하지만 재밋거리 대신 이들이 발견한 것은 바로 모스맨이었다.

이들의 눈에 처음 들어온 것은 어둠 속에서 빛나던 두 눈, 두 개의 붉은 원이었다. 그리고 그 뒤, 나머지 모습도 드러났다. 180~210센티미터 정도의 키에, 인간과 비슷한 잿빛 근육질인 두 다리, 등에 접힌 박쥐 날개 한 쌍이 달린 괴물이 버려진 낡은 발전소의 문밖에 서 있었다. 이들은 타고 있던 1957년형 쉐보레의 엑셀을 밟았고 먼지를 흩날리며 빠르게 도망쳤지만, 한 작은 언덕에서 그 생명체를 다시 마주치게 되었다. 괴물은 자신의 커다란 날개를 펴지도 않고 곧장 공중으로 솟아오른 뒤 이들을 추격했다. 비행중에도 여전히 날개에는 미동도 없었으므로, 이 괴물은 거대한 나방이라기보단 귀신같은 모습이었다. 을씨년스러운 고음의 끼익대는 울음소리를 내던 이 괴물은 62번 국도의 직선 아스팔트 도로에 접어들었고, 시속 160킬로미터로 달리고 있던 이들의 차와 같은 속도로 움직이고 있었다. 그렇게 모스맨은 마을까지 쫓아왔고 그 후 어둠 속으로 자취를 감추었다. 차에 탔던 네 명의 10대는 비틀거리는 다리로 보안관 사무실에 들어가 해당 목격담을 쏟아냈다. 이들은 극도로 공포에 질려있었기에 자신들의 이야기가 얼마나 말도 안 되는지 생각할 겨를도 없었다.

다음 날, 경찰은 기자회견을 열었고, 해당 뉴스는 전국에 보도되었다. 한 신문의 편집자가 이 괴물을 '모스맨'이라 명명했는데, 연초에 시작된 아담 웨스트와 버트 워드가 주연의 TV 시리즈 '배트맨'으로 인해 배트맨이라는 이름이 전 국민의 뇌리에 박혀있던 터라, 모스맨이란 이름도 대중들 사이에 인기리에 퍼졌다. 지역 주민과 관광객, 취재진은 이 괴물을 찾기 위해 TNT 지역으로 몰려들었고, 많은 이들이 모스맨을 목격하게 되었다.

윔슬리라는 이름의 한 가족은 모스맨에게 쫓겨 TNT 지역에서 1.6킬로미터 떨어진 한 친구의 집으로 도망쳤다. 어떤 10대들은 새처럼 채석장 끝에 걸터앉아 있는 모스맨의 모습을 목격했다. 또한, 토마스 유라이Thomas Ury라는 이름의 구둣가게 점원은 62번 국도Route 62를 운전하는 도중 밤하늘로 날아오르는 모스맨을 보았고, 모스맨을 쫓아 차를 빙빙 돌리며 수 킬로미터를 달리기도 했다. 또 다른 남성의 경우 자신의 앞마당에서 모스맨을 목격한 뒤 휘청

거리는 다리로 겨우 집안까지 들어왔는데, 겁에 질린 그는 하얗게 질려버린 얼굴로 심장마비까지 걸릴 뻔했다고 한다. 하지만 목격담은 여기서 끝나지 않는다. 10대 부부, 스카베리 부부와 말렛 부부의 모스맨 목격을 시작으로 포인트 플레전트 지역에서는 1년 1개월 동안 높은 빈도로 기이한 현상들이 발생했으며 잿빛 유령과도 같은 모스맨에 대한 목격자가 100명이 넘었다.

포인트 플레전트 주민들은 어둠 속에서 악마의 형상에 습격당하고, 검은 옷을 입은 남자들을 목격했으며, 이외에도 UFO, 유령, 그리고 훼손된 가축들을 목격했다. 마치 모스맨을 주빈으로 모시는 만찬회를 열기 위해 이 세상 모든 기이한 것들이 메이슨 카운티Mason County에 강림한 듯했다. 이러한 목격담들을 시간순으로 정리해 기록한 사람도 있다. 주인공은 저널리스트 존 킬로, 그는 모스맨 목격담에 관한 글을 읽자마자 맨하튼 집에서 직접 포인트 플레전트까지 찾아왔다. 그렇게 그는 그해에 일어난 기이한 사건에 대한 기록을 담은 논픽션집 『모스맨 예언서The Mothman Prophecies』를 집필하게 되고, 이 책은 뉴욕타임스 베스트 셀러 목록에 올라, 후에 각색되어 2002년에 리처드 기어 주연의 영화로까지 만들어지게 되었다.

모스맨이 누구인지 혹은 무엇인지에 관한 수많은 가설이 제기되었다. 새로운 종일 것이다, 외계 생명체일 것이다, 캐나다 두루미 혹은 외양간 올빼미일 것이다, 발전소 유출수나 산업 폐기물로 인해 생겨난 돌연변이 생존자일 것이다, 차원 이동자일 것이다, 등 말이다. 그러나 결국 드러난 모스맨의 정체는 전율적 공포의 전조자였다. 1967년 12월 15일, 실버 브리지Silver Bridge가 무너지고 말았던 것이다. 오하이오 강을 가로지르며 포인트 플레전트와 오하이오주 갈리폴리스Gallipolis를 잇는 1.6킬로미터 길이의 이 다리는 당시 크리스마스 쇼핑객들과 통근자들로 꽉 들어찬 상태였다. 이 붕괴 사고로 46명이 오하이오의 차디찬 강물 밑으로 가라앉았고 사망했다. 실버브리지는 39년 된 다리였는데, 이후 진행된 조사에서 다리의 여러 아이바[63] 중 하나에서 작은 결함이 발견되었다.

참사 이후 모스맨에 대한 보도는 점점 씨가 말랐다. 그래서 일부 사람들은

---

63 철자는 eyebar이며 다리나 구조물에서 주로 사용되는 구조 부재 중 하나이다. 길고 좁은 금속 막대의 한쪽 끝이나 양쪽 끝에 눈 모양의 구멍이 있는 것이 특징이다.

'모스맨'이 지역 주민들에게 재앙이 임박했다고 경고하기 위해 온 존재라고 주장하기도 했다. 하지만 이는 아마 비극적인 인명 손실로 포인트 플레전트와 갈라폴리스 주민들에게는 모스맨보다 더 큰 근심이 생겼기 때문일 수 있다. 하지만 이 참사를 계기로 모스맨 이야기는 절정을 찍고 결말로 향해가는 듯했다. 이는 다른 크립티드 이야기에서는 찾아볼 수 없는 특징이다.

그렇다고 모스맨 이야기가 완전히 해결된 것은 아니다. 모스맨은 여전히 웨스트버지니아주뿐 아니라 일리노이와 미네소타주를 비롯한 다른 주에서도 산발적으로 목격되고 있다. 그러나 포인트 플레전트 주민들은 웨스트버지니아주에서 대부분의 모스맨 목격이 이루어지도록 단단히 조치를 취해놓았다. 커다랗고 붉은 두 눈을 한 곤충 모양의 머리에, 슈퍼히어로 같은 근육질의 이족 보행형 몸통에, 잘 다듬어진 엉덩이에, 다 해진 돛처럼 구멍이 송송 뚫린 기다란 두 날개가 달린 4미터에 가까운 크기의 빛나는 스테인리스 스틸 조각상을 마을 한가운데 세운 것이다. 조각상과 인접한 곳에는 모스맨 박물관Mothman Museum이 있는데, 이곳에는 신문 스크랩, 리처드 기어 영화 소품, 존 킬 컬렉션 유물 등이 가득하다. 마을 곳곳에는 동판과 벽화 등 '실버 브리지 참사'를 추모하는 기념물들이 자리 잡고 있으며, 그 뒤로 멀리 희미하게 '실버 브리지' 뒤에 지어진 실버 메모리얼 브리지Silver Memorial Bridge가 보인다.

이러한 물건이나 시설 외에도, 포인트 플레전트는 2002년부터 매년 9월에 모스맨 축제Mothman Festival를 열고 있다. 이 4천 명의 인구가 사는 작은 마을에 1만 명의 인파가 모여 파티를 하고 코스튬플레이를 하고, 쇼핑을 하며 관광과 강연을 즐긴다. 이 축제는 미 전역에서 가장 성공적인 크립티드 축제다. 그래서 다른 지역들 역시 여기서 영감을 받아 자기 지역의 무서운 크립티드 친구들을 받아들이고, 또 축제를 여는 데 한몫했다.

다시 내가 있던 TNT구역 이야기로 돌아가자면, 진짜 나방은 원 없이 봤지만 결국 모스맨은 보지 못했다. 그날 모스맨 목격을 위해 이곳을 찾은 내 옆에는 당일 오후 모스맨 박물관 기념품 가게에서 산 모스맨 티셔츠를 입고 있던 나의 열한 살짜리 딸 에스미가 있었다. 소름 끼칠 정도로 소리가 울리던 벙커를 빠져나오자 우리 눈에 저 멀리서 빛나는 손전등 불빛들이 들어왔다. 불꽃에 끌리는 수많은 나방처럼 이 마을과 모스맨에 끌린 수많은 사람이 뿜어내는 불빛들이었다.

《 ———————◆——————— 》

모스맨은 유령인가?

신비동물학자에게 좌절을 안기고 싶다면 경찰이 살인 용의자에게 하는 질문을 똑같이 하면된다. "그래서, 사체는 어디에 있지?" 크립티드 사체는 어떠한 크립티드든 존재를 증명할 수 있는 단 하나의 만능 증거이다. 그렇기에 신비동물학자들은 대부분 이를 계속 찾아 헤맨다. 반면 크립티드 애호가들은 이 질문에 대해 창의력을 발휘한다. 누군가는 절박하게, 누군가는 장난스럽게 발휘하는 이 창의력이란 바로, 사체 문제를 에둘러 넘어갈 수 있는 가설을 세워버리는 것이다.

첫 번째 가설은 '크립티드는 유령이다'이다. 유령은 사체를 남길 수 없기에 크립티드 사체도 없다는 것이다 (왜냐고 묻는 독자는 없겠지). 이 가설을 받아들이면, 빅풋이 번번이 포획을 빠져나가는 것도, 모스맨과 배츠콰치[64], 자이언트 스카이 클램[65]이 모든 물리 법칙을 거스르고 날아다니는 것도 설명이 된다.

두 번째 가설은 '크립티드는 외계인이다'이다. 다른 별에서 오는 이들이 모두 다 작은 키에, 둥글넓적한 두상에, 큰 눈을 하고 있다고 믿는 것은 근시안적이며, 어쩌면 편견일 수도 있다. 어쩌면 반 미터의 방문객처럼 생겼을 수도 있고, 혹은 엔필드 몬스터 같이 생겼을지도 모른다. 이 수많은 외계 생명체들이 지구에 온 이유마저 아는 사람이 없지 않은가? 이들은 그저 비행접시에 끼어 타고서 은하계를 가로지르다가 키우던 호닥 산책을 위해 잠시 들린 것뿐일지 누가 알겠는가?

세 번째 가설은 '크립티드는 차원 이동자다'이다. 삼차원에 불쑥 나타났다가 다른 차원으로 다시 불쑥 사라져 버리는 존재 말이다. 어떤 이들은 이들을 초외계인ultraterrestrial이라고 부르기도 한다. 이 가설을 지지하는 대표적 인물로는 모스맨과 모스맨이 포인트 플레전트에 출현했던 모든 기이한 일들을 기록했던 존 킬이 있다. 킬은 자신의 1975년 저서 『여덟번째 탑: 초외계와 초스펙트럼에 관하여The Eighth Tower: On Ultraterrestrials and the Superspectrum』에서 UFO부터 유령, 악마, 크립티드에 이르기까지 이 모든 초현상에 대한 통일된 이론을 시도했다.

오컴의 면도날 원리에 따르면, 여러 가지 이론이 있을 때 가장 정확한 것은 세워진 가정의 수가 가장 적은 이론이다. 그러나 크립티드에 관해서라면 정반대다. 괴상한 가설들을 시도해도 문제를 해결할 수 없으면, 괴상한 가설들을 더욱더 늘려보자!

---

64 4부 서부의 '배츠콰치' 참조
65 4부 서부의 '자이언트 스카이 클램' 참조

- 플랫우즈 몬스터 -
FLATWOODS MONSTER

암내 나는 프랑켄슈타인

유형 :
외계인

최초 발견 :
1952년

위치 :
웨스트버지니아주 플랫우즈
Flatwoods, West Virginia

크기 :
3미터

내가 정말로 크립티드 마을에 도착했다는 걸 깨달은 첫 번째 순간은 주유소에서였다. 주유소 안에 들어서자마자 선반 전체를 가득 메운 20센티미터 가량의 적녹색 세라믹 랜턴들이 보였기 때문이다. 처음에는 크리스마스트리 꼭대기 장식물인가 했지만, 아니었다. 이들의 정체는 바로 불꽃 모양의 머리 아래로 녹색 드레스를 입고 있는 플랫우즈 몬스터였다.

플랫우즈 몬스터의 괴상함은 가히 비범하다. 이 책에 등장하는 수많은 괴상한 크립티드들과 비교해도 그 괴상함은 눈에 띈다. 그 이유는 플랫우즈 몬스터가 드레스를 입고 있다는 사실 외에는 그것이 정확히 무엇인지 알 수 없기 때문이다. 크립티드인지, 외계인인지, 그것도 아니면 로봇인지 말이다. 그렇다면 결국 플랫우즈 몬스터는 '드레스를 입은 크립티드 외계 로봇'이라는 뜻이니, 어찌 책에 초대하지 않을 수 있겠는가?

그렇다면 플랫우즈 몬스터가 지구에 초대된 날은 언제일까? 때는 1952년 9월 12일 저녁이었다. 초대 장소는 웨스트버지니아주의 플랫우즈라는 한 조그마한 마을로, 열 살에서 열네 살 사이의 남자아이 다섯 명이 어둑해질 무렵 초등학교 밖에서 뛰어놀던 중이었다. 그리고 그날 이들은 '어린이들이 뽑은 밖에서 놀다가 만나고 싶은 것 1위'의 주인공, 즉 UFO를 보게 된다. 불타는 물체가 하늘에 선을 하나 그리며 근처 농장의 언덕 위로 착륙했다. 아이들은 그쪽으로 내달렸고, 중간에 길에서 마주친 캐슬린 메이(다섯 명의 아이 중 두 명의 어머니)와 웨스트버지니아 주립 경비원인 17세 소년인 진 레몬도 이들 무리에 합류했다. 리치라는 이름의 개와 함께 이 대담무쌍한 일곱 명은 인류 최초 은하 대 은하 간의 외교 임무를 위해 어두운 숲속으로 떠났다.

언덕 꼭대기에 빛나는 물체가 보였고, 도착과 동시에 이들은 주변을 둘러싼 붉은 섬광의 기묘한 안개를 보았다. 이 안개로 언덕은 을씨년스러우면서도 몽환적으로 보였고, 사방에서 역겨운 금속 냄새도 났다. 그때, 나무 주변에 있던 무언가가 레몬의 시선을 사로잡았다. 레몬이 비춘 손전등 아래 드러난 그것은 '드레스를 입은 크립티드 외계 로봇'이었다. 이 크립티드의 키는 3미터 정도였고, 발톱은 길고 가늘었으며, 빛나는 두 눈이 자리 잡은 둥글고 붉은 얼굴은 스페이드 모양의 후드를 쓰고 있었다. 몸은 녹색의 금속 소재로 덮여 있었는데, 끝 모양이 주름치마였다. 훗날 캐슬린 메이는 "프랑켄슈타인보다 더 기괴했다. 절대 인간이 아니었다."라고 말했다. 일간지 〈스테이츠빌 데일리 레코드Statesville Daily Record〉는 메이의 설명과 언덕 위에서 났던 악취를 합쳐 이 몬스터를 '암내 나는 프랑켄슈타인'이라고 명명했다. 목격했던 무리는 후에, 금속에서 나는 광택과 움직임으로 보아 이것의 정체는 로봇이 틀림없다고 주장했다. 실제로 플랫우즈 몬스터는 겁먹은 이들 무리를 향해 쉭쉭 소리를 내며 스르륵 다가왔고, 만남은 바로 종결되었다. 모두 메이의 집으로 줄행랑을 친 것이다. 이들은 메스꺼움과 기타 증상을 보이며 며칠간 앓아누웠다.

사건이 일어난 언덕은 곧 경찰과 주 방위군, UFO 학자, 여러 마을 주민으로 인산인해를 이루었다. 이들은 이 기이한 사건을 조사하기 시작했는데, 사건의 유일한 증거라고는 짓밟힌 풀과 여러 군데에 난 타이어가 미끄러진 자국, 그리고 기름 같은 잔여물뿐이었다고 한다. 수사관들이 도착했을 때 여전히 해당 악취가 존재했는지는 의견이 분분하다. 미 전역의 신문이 이 사건을 보도했고, 캐슬린 메이와 진 레몬은 맨해튼으로 날아가 한 TV 프로그램에 출연했는데, 바로 이 TV 쇼에서 훗날 플랫우즈 몬스터의 상징이 되는 한 예술가의 작품이 소개되었다.

70년이 지난 지금, 플랫우즈 몬스터는 주유소뿐만 아니라 마을 전체에 퍼져있다. 플랫우즈는 '그린 몬스터의 고향'이라고 적힌 표지판으로 방문객들은 맞이하고 있는데, 여기서 그린 몬스터란 플랫우즈 몬스터의 다른 이름, 즉 '브랙스턴 카운티Braxton County 몬스터'와 '플랫우즈 유령'처럼 또 하나의 별칭이다. 마을로 들어서면 더 스팟The Spot이라는 식당 겸 아이스크림 가게가 있다. 이곳에 가면 메뉴 한 면을 가득 채운 UFO 테마의 샌드위치를 맛볼 수 있으며, 야외에 있는 거대한 합판 광고판에서는 사진도 찍을 수 있다. 합판에 플랫우즈 몬스터와 얼굴이 뚫린 두 사람이 그려져 있어 구멍으로 얼굴을 내밀고 찍는 식이다.

그러나 플랫우즈 몬스터 투어의 하이라이트라 할 수 있는 장소는 정작 플랫우즈가 아닌 다른 동네에 있다. 바로, 옆 마을 서턴Sutton이다. 서턴의 도로를 달리다 보면 플랫우즈 몬스터처럼 보이도록 색칠한 '왕좌' 모양의 나무 의자들이 도로를 따라 죽 늘어서 있다. 이 의자에 앉아 플랫우즈 몬스터 탐험 여정으로 고단한 몸을 잠시 쉬게 할 수도 있다. 하지만 너무 지체할 수는 없다. 바로, 플랫우즈 몬스터 박물관Flatwoods Monster Museum이 있는 마을 메인 스트리트Main Street로 가야 하기 때문이다. 박물관에는 플랫우즈 몬스터 사건과 관련된 다양한 물품과 유물, 실물 크기로 재현된 괴물 모형 등이 전시되어 있다. 또한 기념품도 구매할 수 있는데, 물론 세라믹 랜턴도 여기에서 살 수 있다.

서턴에서는 매년 플랫우즈 몬스터 축제Flatwoods Monster Fest를 벌인다. 아, 빠진 해도 있다. 코로나19 팬데믹으로 지구상의 모든 축제가 취소된 2020년 말이다. 그러나 그때도 플랫우즈 몬스터는 무대 뒤로 사라지지 않고 웨스트 버지니아주 밀턴Milton에 있는 한 유리 공예점을 파산 위기에서 구했다. 블렌코 글래스 컴퍼니Blenko Glass Company 또한 코로나19 팬데믹 희생자 명단에 추가될 뻔했지만, 그때 회사는 플랫우즈 몬스터 유리 공예품을 800개 한정으로 생산하기로 결정했다. 그 덕에 40센티미터의 이 적녹색 크립티드는 빨리 품절되었고, 오히려 블렌코는 2020년에 근 10년간 최고의 수익을 올리게 되었다. 나는 블렌코 제품은 놓쳤지만, 대신 직접 플랫우즈에 와서 랜턴을 샀다. 플랫우즈 몬스터, 크리스마스트리 꼭대기에 올려놓으니 그렇게 멋질 수가 없다.

- 스컹크 유인원 -
SKUNK APE
어디 내놓기 창피한 빅풋 사촌

유형:	최초 발견:
휴머노이드	1920년대
위치:	크기:
플로리다주 에버글레이즈	키 2.1~2.4미터,
Everglades, Florida	몸무게 160~320킬로그램

　스컹크 유인원이라고 해서 털북숭이 등에 두 줄로 멋진 흰색 레이싱 선이 나 있는 모습을 기대했다면, 실망시켜 미안하다. 스컹크 유인원은 그저 빅풋과 비슷한 생김새에 모두 갈색과 붉은색, 검정색 등 흔히 볼 수 있는 우중충한 색깔을 하고 있다. 그럼, 왜 이름이 스컹크 유인원일까? 그렇다. 스컹크라는 이름은 외모가 아닌 '냄새' 때문이다.

　세상의 온갖 악취란 악취는 모두 스컹크 유인원의 냄새라고 보면 된다. 젖은 개 냄새라든지, 달걀 썩은 내라든지, 배설물이라든지, 심지어는 시체 썩는 내까지 스컹크 유인원의 체취를 묘사하는 데 동원된다. 이 냄새는 어떤 생물학적 목적을 위해, 갖고 태어난 스컹크 유인원의 선천적 특징일 수 있다. 아니면, 플로리다주의 찌는듯한 더위와 끈적한 늪지대가 만들어 낸 후천적 산물이거나 말이다. 소나무 향 속에서 보송하게 깨끗한 눈밭을 누비는 태평양 연안 북서부의 빅풋들과는 참으로 다른 팔자다.

　그렇다고 스컹크 유인원이 빅풋보다 덜 사랑스럽다는 것은 아니다. 스컹크 유인원 애호가의 대표주자로는 데이브 실리가 있다. 플로리다에서 나고 자란 실리는 스컹크 유인원을 보기 위해 몇 달간 잠복하며 늪에 있는 어두운 형체를 찍었다. 그렇게 탄생한 스물일곱 장의 사진으로 1998년, 실리는 크립티드계 유명 인사로 떠올랐다. 2000년에는 늪에서 시원시원하게 걷는 어두운 휴머노이드 형체를 담은 영상을 공개하기도 했다. 그는 자신이 스컹크 유인원을 처음으로 목격한 때가 열 살 때인 1974년이라고 말한다. 실리와 실리의 형 잭이 함께 늪을 가로질러 저벅저벅 걷고 있을 때 반경 90미터 정도에 어떤 어두운 형체가 보였다. 잭은 동생도 그 형체를 볼 수 있도록 동생을 늪에 높이 자란 풀 위로 들어 올려줬다. 그래도 오래 보진 못했는데, 목격과 거의 동시에 폭풍우가 치기 시작하면서 그 형체가 더 깊은 늪으로 되돌아갔기 때문이다.

실리 형제는 스컹크 유인원에 큰 영감을 받은 나머지 1994년, 스컹크 유인원 연구 본부the Skunk Ape Research Headquarters를 만들었다. 이곳은 빅 사이프레스 국립보호지역Big Cypress National Preserve의 변두리에 있는 오초피Ochopee 마을의 늪지대 명소가 되었다. 이곳 연구 본부에 가면 발자국 본, 조각상, 흐릿한 사진, 신문 기사 등 유인원에 관한 일반적인 전시와 관련 장난감, 티셔츠, 머그잔 등 기념품도 만나 볼 수 있다. 하지만 이 센터는 스컹크 유인원 이외에도 잘 보존된 악어 대가리, 살아있는 파충류, 늪 투어 등 플로리다 특유의 감각을 잘 보여준다. 심지어 캠핑장도 마련되어 있어 밤에 강연을 들으며 스컹크 유인원이 나타나기를 기다릴 수도 있다. 알아보기도 쉽다. 강연 도중 냄새가 난다 싶으면 백 퍼센트 나타난 것이다.

스컹크 유인원 목격의 전성기는 1990년대 후반이었지만(1997년, 에버글레이즈 밴 투어 중 여섯 명의 관광객이 때로 스컹크 유인원을 목격하기도 했다), 사실 실리 형제의 목격 이전에도 스컹크 유인원은 민담 속에 존재해 왔다. 일부에서는 그 시초를 세미놀Seminole족과 미코수키Miccosukee족의 전설로 본다. 또, 1920년대 초 에버글레이즈 어부와 덫 사냥꾼의 이야기까지 거슬러 올라가는 것으로 추정하는 사람들도 있다. 하지만 우리가 익히 알고 있는 냄새의 스컹크 유인원(키 210~240센티미터, 이족보행, 몸무게 160~320킬로그램)이 본격적으로 출세하기 시작한 시기는 미 전역에 퍼져있는 대부분의 다른 유인원들처럼 1970년대였다. 왜 1970년대인가에 대해서는(빅풋하면 떠오르는 영상, 즉 1967년 캘리포니아주 블러프 크릭Bluff Creek에서 로저 패터슨과 로버트 김린이 촬영한 '패터슨-김린' 빅풋 영상이 불을 지펴(236쪽 참조)) 이때 일어난 전국적인 빅풋 열풍 때문인 것으로 보는 시각도 있고, 1970년대에 본격적으로 시작한 에버글레이즈 개발 때문이라 주장하는 시각도 있다.

신문에 실린 스컹크 유인원 최초 목격은 실리 형제의 목격보다 3년 빠른 1971년 2월이다. 전자 공학자이자 아마추어 고고학자였던 H. C. 오스본은 아메리카 원주민 고분 유물을 발굴하기 위해 네 명의 동료와 함께 오늘날 '스컹크 유인원 연구 본부'가 있는 빅 사이프러스 늪으로 갔다. 새벽 3시, 텐트 밖에서 소음이 들려 나가본 이들의 눈에 들어온 것은 자신들을 빤히 보며 서 있는 키 210센티미터, 몸무게 320킬로그램에 달하는 스컹크 유인원 한 마리였다. 그러고는 누구 하나 반응할 겨를도 없이 스컹크 유인원은 어두운 늪으로 줄행랑쳤다. 이들은 날이 밝기를 기다렸다가 근처 발자국의 석고본을 떴다. 이를 통해 이들은 그 지역에 적어도 세 마리의 스컹크 유인원이 있다는 것을 확인했다.

스컹크 유인원이 다른 전통적인 유인원과 차별화되는 요소는 악취나 이름뿐만이 아니다. 부드러운 진흙에 눌려 남은 손가락 관절 자국 모양 속 엄지손가락이 다른 손가락들과 마주 볼 수 있는 형태였다. 어떤 사람들은 이들이 수목 생활을 하며, 그것이 바로 이들이 위험한 늪지대 지형에서 이동할 수 있는 이유라고 말하기도 한다. 그러나 스컹크 유인원의 진짜 무기는 따로 있다. 누군가 스컹크 유인원인 척하려고 푹푹 찌는 더위의 플로리다에서, 거기다 습지대 한가운데에서, 게다가 악취 나는 고릴라 수트를 입은 것이다? 이건 정말 장난에 미친 사람이 아니고서야 일어날 확률이 극히 희박한 일이라는 것이다.

– 리자드맨 –
LIZARD MAN

스케이프 오어 늪 Scape Ore Swamp 의 으스스한 비늘 괴물

유형:	**최초 발견:**
파충류 휴머노이드	1988년
위치:	**크기:**
사우스캐롤라이나주 비숍빌	2.10미터
Bishopville, South Carolina	

　스케이프 오어 늪 리자드맨은 붉은 눈에, 온몸이 비늘로 덮인 210센티미터의 녹색 휴머노이드 크립티드다. 취미는 사우스캐롤라이나를 누비며 자동차에 발톱 자국을 내기이다. 아니면 리자드맨의 정체는 그저 사실 포대 자루를 두르고 에어컨 도둑을 잡는 안경잡이 사내일 수도 있다(설명은 잠시 후에 하겠다). 어느 쪽을 믿을지는 독자 여러분의 몫이다.

　스케이프 오어 늪은 섬터 Sumter 북쪽에 바로 붙어있는 260제곱킬로미터 크기의 습지다. 1980년대 내내, 스케이프 오어 변두리에 있는 비숍빌 Bishopville이라는 자그마한 마을에는 비늘 달린 괴물 한 마리가 늪지에서 어슬렁거린다는 소문이 돌았다. 그러나 이 괴물이 '파충류 쪽'으로 맞춰지기 시작한 것은 1988년 7월부터였다. 스케이프 오어 근처에 살던 톰과 메리 웨이는 어느 날 아침에 일어나 자신들의 간이차고에 있던 1985년식 포드 LTD가 심상치 않음을 발견했다. 차체는 다 긁히고 찌그러져 있었으며, 엔진은 전선이 벗겨지고 차 몰딩은 다 뜯어져 나가 있었기 때문이다. 이는 사람의 소행이라기보다 동물이 이빨로 씹어놓은 듯한 모습이었다. 비숍빌 주민들은 여우부터 곰까지 다양한 동물을 추측했지만, 사건을 위해 모인 마을 사람 중 누군가가 이렇게 말했다. "리자드맨 짓일 수도 있잖아요?"

이 말에 강한 흥미를 느낀 리 카운티Lee County의 보안관 리스턴 트루스데일은 여우나 곰이 아니라 리자드맨을 파기 시작했다. 트루스데일은 사방으로 자료를 부탁했고, 그 결실로 수년간 리자드맨을 목격해 왔다는 사람들의 명단을 즉시 획득할 수 있었다. 그러나 이 명단이 그다지 오래 필요하진 않았는데, 바로 이틀 뒤 크리스토퍼 데이비스라는 17세 소년이 경찰서로 찾아왔기 때문이다. 데이비스가 트루스데일에게 들려준 이야기는 스케이프 오어 늪에 출몰하던 리자드맨의 실체를 드러낸 것을 넘어, 전 세계적으로 센세이션을 일으켰다.

한 달 전, 데이비스는 맥도날드에서 야간 근무를 마치고 새벽 2시 30분에 집으로 돌아오던 중이었다. 그의 차 조수석에는 필레 오 피시 버거가 가득 담긴 봉지 하나가 있었다. 그렇게 스케이프 오어 늪을 건널 수 있는 브라운타운 로드Browntown Road의 다리를 건넌 데이비스의 차가 덜덜거리기 시작했고, 그는 차를 세웠다. 그리고 차에서 내린 그는 자신의 그렇게나 두려워했던 바로 그것이 눈앞에 현실이 된 순간을 목격하고야 말았다. 바로! 바람 빠진 타이어 말이다.

데이비스는 후텁지근하고 어둑한 사우스캐롤라이나의 밤을 등지고 바람이 빠져 축 늘어진 타이어를 교체하는 작업에 들어갔다. 수리를 마치고 모든 물건을 트렁크에 되는대로 다 넣고 있던 그때, 흰강낭콩밭 너머로 무언가 불길한 것이 눈에 들어왔다. 그런데 그것이 데이비스를 향해 달려들었다. 캐롤라이나 지역 신문인 〈아프로아메리칸Afro-American〉의 기사에 따르면, 데이비스가 묘사한 그것의 생김새는 "녹색의 젖은 몸에, 키는 210센티미터 정도이며… 손가락은 세 개였고, 눈은 붉었으며, 도마뱀 같은 피부에 뱀 같은 비늘이 나 있었다"라고 한다. 겁에 질린 데이비스는 바로 차 안으로 뛰어들었지만, 이미 괴물은 창문까지 쫓아온 상태였다. 괴물은 차 위로 뛰어올라 세 개의 발톱으로 차 앞 유리를 긁어댔다. 데이비스는 미친 듯이 힘껏 액셀을 밟았고, 그러자 괴물이 차에서 떨어져 나갔다. 데이비스의 체감상 차 속도가 시속 56킬로미터 정도는 됐는데, 괴물은 그 속도를 따라잡았고 다시 차 위로 뛰어올랐다. 데이비스는 속도를 더 높이며 핸들을 꺾어댔고, 그렇게 마침내 괴물을 늪으로 다시 던져버릴 수 있었다. 그 뒤 데이비드는 뒤도 돌아보지 않고 집으로 달렸다. 그러고는 도착하자마자 부모님께 이 크립티드와의 아찔했던 만남에 대해 말씀드렸다.

데이비스가 트루스데일에게 이야기한 후로 데이비스의 이야기는 계속 바깥으로, 더 바깥으로 퍼져나갔다. 그리고 얼마 되지 않아 전 세계의 주요 언론 매체가 리자드맨 열풍을 부추겼다. 이들 매체는 이 조그만 마을로 몰려왔고, 오늘 길에 수많은 관광객도 몰고 왔다. 상점들은 리자드맨 굿즈를 팔기 시작했다. 데이비스는 매니저까지 고용해 본격적으로 출연료를 받고 방송 출연을 하기 시작했다. 한 라디오 방송국에서는 리자드맨에 백만 달러의 현상금을 걸었는데, 이로 인해 미 전역의 사냥꾼들이 본업을 팽개치고 스케이프 오어 늪에 숨어있는 괴물을 잡으러 몰려들기도 했다.

그러는 사이, 괴물의 발톱에 자신의 차량이 파손되었다는 피해자 제보가 갑자기 늘어나기 시작했다. 또한 나서는 목격자 수도 늘어났다. 스케이프 오어 근처 여러 도로에서 횡단하는 커다란 어떤 형체를 봤다는 신고도 많아졌다. 흥미로운 점은, 데이비드를 제외하고는 해당 괴물을 파충류의 모습으로 묘사한 제보는 없었다는 것이었는데, 이 때문에 신비동물학자들은 이 괴물도 그저 평범한 빅풋 중 하나인 건 아닌지 의심했다. 그러나 평범한 빅풋이 될 뻔한 이 괴물은 비늘을 봤다는 데이비스의 설명으로 인해 더 새롭고, 더

흥미롭고, 게다가 더욱더 무서운 존재로 격상되었다.

이렇게 리자드맨에 관한 관심이 뜨거운 가운데, 데이비스의 이야기를 듣자마자 단박에 말도 안 된다고 반응한 주민들도 있었다. 리자드맨에게 직접 해명 전화라도 받은 듯한 단호함이었다. 데이비스가 타이어 바람이 빠진 날 봤다고 했던 흰강낭콩밭의 주인은 루시어스 엘모어라는 한 남자였는데, 엘모어의 주장에 따르면 데이비스가 리자드맨을 마주친 바로 그날 밤에 자신이 밭에서 도둑 한 명을 쫓아냈다는 거다. 엘모어는 최근 흰강낭콩을 건조하는 창고에 새 에어컨 여러 대를 설치한 참이었다. 그리고 고가인 데다가 특히나 습한 사우스캐롤라이나의 여름날이라면 에어컨은 도둑들이 호시탐탐 노리는 장비 일 순위였다. 에어컨 도난을 우려한 엘모어는 창고에서 포대 담요를 덮고 잠을 잤다. 이후 창고에서 100미터도 떨어지지 않은 도로에서 차 한 대가 정차하는 소리가 들렸고, 엘모어는 포대 담요를 두른 채 그대로 안경알을 번뜩이며 180센티미터가 넘는 자신의 거구를 이끌고 도둑 꿈나무를 찾아 나섰다. 밭에서 엘모어를 발견한 도둑은 즉시 비명을 지르며 차를 타고 달아났다. 아마 헐레벌떡 도망치는 바람에 낮은 나뭇가지에 차를 긁히면서 갔거나, 차에 달아놓은 잭을 떼지도 못하고 달리는 바람에 누가 쫓아 온다고 착각했을지도 모른다. 그리고 이것이 리자드맨 이야기의 진실일 수도 있다. 물론, 아닐 수도 있고.

그럼에도, 에어컨을 수호하는 한 남자의 이야기는 한밤중에 차를 들었다 났다 하는 파충류 휴머노이드 이야기에는 상대가 되질 않았다. 그러나 이 이야기마저 수명이 길진 않았다. 그렇게 1990년대 초반에 리자드맨 목격담은 차츰 잦아들게 되었지만, 그래도 스케이프 오어 늪 근처에서 과거 수년 동안 그랬던 것처럼 이빨에 씹힌 차가 발견될 때마다 비숍빌 사람들은 리자드맨이 돌아온 것은 아닌지 궁금해했다.

오늘날, 비숍빌은 리자드맨이 나타났으면(혹은 돈을 쓰는 방문객들이 나타났으면) 하는 마음에서 리자드 맨 축제Lizard Man Festival를 열고 있다. 그러나 시간 맞춰 축제 기간에 방문할 수 없더라도, 비숍빌에 가면 쉽게 자신만의 '리자드맨의 날'을 보낼 수 있다. 시작은 리자드맨에서 영감을 받아 만든 메뉴 섹션(그 아래 '여러분 내면의 리자드맨에 먹이를 주세요'라는 설명이 쓰여 있다)이 있는 식당, 해리 앤 해리 투

Harry and Harry Two에 가서 점심을 먹는 것이다. 식당 밖 연철 간판에는 가마솥에서 뭔가를 끓이고 있는 리자드맨의 모습이 그려져 있다. 다음으로 직행할 코스는 사우스 캐롤라이나 코튼 박물관South Carolina Cotton Museum이다. 이곳에 가면 실물보다 더 큰 '목화 바구미' 조각상을 볼 수 있는데, 그 기괴함이 리자드맨에 버금간다. 이외에도 발가락이 세 개인 발자국 본과 티셔츠, 엘모어 흰강낭콩밭에 세워놨던 간판 등 소소한 전시품과 기념품도 마련되어 있다.

다음 코스는 당연히 스케이프 오어 늪을 둘러보는 것이다. 특히 목격담 속 다리가 있는 지역 말이다. 단, 그전에 먼저 할 일이 있다. 꼭 타이어를 먼저 점검하고, 필레 오 피시 버거는 참아두자. 리자드맨의 최애 버거일지 모르니 말이다.

– 알타마하–하 –
ALTAMAHA-HA

수생 괴물 상·하체 믹스매치

유형:	**최초 발견:**
수생 생물	1830년
위치:	**크기:**
조지아주 다리엔Darien, Georgia	6~9미터

조지아주는 117킬로미터에 달하는 반짝이는 해안선을 자랑한다. 그러나 조지아의 가장 유명한 수생 괴물은 이렇게나 해안 접근성이 좋은 해안을 마다하고 굳이 강(그리고 강 방문자 센터)에 입주해서 살고 있다.

작은 도시인 다리엔(인구: 1,975명)은 미국에서 가장 큰 강인 알타마하 강Altamaha River이 대서양과 만나는 삼각지에 있다. 알타마하 강은 야마시Yamasee 부족의 족장에게 경의를 표하기 위해 그의 이름을 따서 지은 이름의 강으로, 오코니 강Oconee River과 옥멀지 강Ocmulgee River이 합류하는 곳에서 시작해 220킬로미터를 흐른 뒤 대서양으로 흘러 들어간다. 조지아 해안 중간 지점에 있는 다리엔은 '남부의 아마존'이라 할 수 있다. 섬과 운하, 연못과 습지가 늪지대를 이루고 있어 괴물에게 완벽한 은신처가 되어주기 때문이다.

그중 하나가 바로 알타마하–하, 일명 알티다. 알티는 수백 년에 걸쳐 미로 같은 다리엔 수로에서 목격된 커다란 서펀트로, 으레 그렇듯 이 크립티드 이야기 또한 원주민들에게서 유래했다. 그러나 여기 재밌는 사실이 하나 있다. 다리엔 정착민들은 원래 스코틀랜드 고원지대에 있는 인버네스Inverness라는 지역 출신인데, 바로 이 인버네스가 네스호 어귀에 있는 도시라는 점이다. 실제로, 다리엔의 원래 이름은 뉴 인버네스였다. 아무래도, 그들 중 누가 이

삿짐 가방에 네스호의 괴물 새끼를 몇 마리 몰래 가져온 모양이다.

농담은 이쯤하고 기록을 보자. 기록에 따르면 최초 목격은 19세기 중반이다. 목격자는 델라노 선장이었다. 1830년, 이글호라는 범선의 선장이었던 델라노는 조지아의 사바나Savannah지역 신문인 〈더 조지안the Georgian〉과 인터뷰를 했다. 알타마하 강 어귀에 바로 인접해 있는 세인트 시몬스 아일랜드St. Simons Island에서 20미터에 달하는 큰 괴물을 보았다고 말이다. 또한, 괴물 머리는 악어의 머리 같았으며, 몸통의 폭은 설탕통[66]만 하다고 했다. 그의 목격담은 그의 선원들과 세인트 시몬스 아일랜드 농부들의 주장과도 일치했다. 하지만 이에 대해 누군가가 이 지역에 자주 출몰하는 고래를 잘못 본 것이 아니냐고 지적하자, 이 노숙한 선장은 노발대발했다. 자신이 지금 선장 짬밥이 얼마인데 그 흔해 빠진 고래 하나 제대로 못 알아보겠냐는 말이었다. 그리고 기록에는 없지만 선장은 이렇게 말을 마무리하지 않았을까 싶다. "맘대로 생각혀라. 이 물고기 밥만도 못한 놈들아."

100년 후, 더 많은 이들이 탐험과 벌목, 사냥, 낚시를 위해 다리엔에 있는 삼각주 지역을 찾으면서 목격담이 다시 꾸준히 늘기 시작했다. 하지만 시간이 지날수록 목격자들의 묘사 속 괴물은 바다 서펀트라기보다는 수장룡에 더 가까운 모습이었다. 공룡 화석이 발견된 이후 많은 수생 괴물의 모습이 바뀐 것처럼 말이다. 이들은 괴물의 등 위에 솟은 뼈가 있으며, 악어의 주둥이에, 길고 날카로운 이빨이 있었다고 말했다. 괴물의 크기는 4미터 50센티미터부터 델라노 선장의 주장처럼 20미터까지 다양했지만, 대체로 6~9미터라는 의견이 일반적이었다. 그래도 해부학적으로 가장 흥미로운 요소는 바로 팔다리라 할 수 있는 것이 한 쌍뿐이라는 점이다. 앞쪽으로는 오리발 한 쌍이 있고 뒤쪽으로는 구불구불한 꼬리가 하나 있어, 앞쪽은 마치 젖은 켄타우로스-수장룡 같고 뒤쪽은 서펀트 같은 모습이다. 확실히, 미 전역의 다른 수중 괴물과는 뚜렷이 구별되는(그리고 개성적인) 특징이다.

1980년 12월, 랠리 그윈이란 이름의 전직 신문 편집자는 친구와 함께 알타마하 강에서 장어 낚시를 하던 중 알티를 봤다고 주장했다. 길이는 4미터 50센티미터에서 6미터에, 몸통은 사람 정도이고 등에 갈색 홈이 두 개 나 있

---

66 당시 사용되던 설탕통 지름은 약 4.5센티미터였을 것으로 추정된다.

었다고 설명했다. 그러나 그윈은 1981년에 일간지 〈아틀란틱 컨스티튜션
Atlantic Constitution〉과의 인터뷰에서 자신의 거짓말을 실토했다. 사실은 물고기
를 낚다가 괴물을 본 게 아니라, 독자를 낚을 궁리를 하다가 상상속에서 괴
물을 봤다고 말이다.

알티가 가장 가까이서 목격했던 때는 1998년 5월로, 그 주인공은 열한 살
짜리 세 명의 소년이었다. 러스티 데이비스, 베넷 베이컨, 오웬 린치가 수영
을 하러 강에 뛰어들 준비를 하고 있던 그때, 강 속에서 끈적끈적한 식물로
뒤덮인 회갈색의 생명체가 보였다. 음, 그러니까 본 사람은 데이비스와 린
치였고, 베이컨은 이미 강 속으로 뛰어든 후였다. 데이비스와 린치는 패닉에
빠져 베이컨을 향해 소리를 질렀고, 베이컨도 고개를 돌린 순간 3미터도 떨
어지지 않은 곳에 커다랗게 꿈틀거리는 꼬리를 보게 되었다. 베이컨은 즉시
방향을 바꾸어 다시 육지로 뛰어 올랐다. 이 세 아이는 모두 살아남아 토요
일 오후에 방영하는 '진짜 무서운 이야기Real Scary Stories'라는 텔레비전 프로그
램에 출연해서 자신들의 이야기를 들려주었다.

하지만 알타마하-하를 두 눈으로 보기 위해 직접 삼각지 지역에 발을 담
글 필요는 없다. 혹시라도 다리엔에 방문하게 된다면 두 지느러미를 지닌 생
명체가 그려진 간판을 따라가 보자. 길을 쭉 따라가다 보면 관광명소 팸플릿
이 비치된 '다리엔-맥킨토시 지역 방문자 정보 센터'를 만날 수 있다. 이곳
은 주로 공중화장실로 이용되는데, 이 센터 바로 앞에 유리섬유로 만든 길이
3미터의 알타마하-하 조각상이 극적인 포즈로 사진 촬영을 기다리고 있을
것이다.

이 조각상은 2009년 릭 스피어스가 제작했다. 그러나 스피어스가 알티 관
련 창작 활동에 참여한 유일한 예술가는 아니었다. 2018년, 다리엔 근처 울
프 아일랜드의 해안가에서는 창자가 적출된 알티 모양의 새끼 사체가 발견
되었다. 사람들은 며칠 동안 사체의 사진을 둘러싸고 혼란스러워했지만, 결
국 퍼포먼스 아티스트 자둘루의 설치 작품이라는 사실이 밝혀졌다. 이 작품
은 그리스 신화에 나오는 바다 괴물의 이름을 따서 '케토스 트로이아스'라고
불렸다. 바로 헤라클레스가 낚싯바늘로 쪼개는 그 괴물 말이다. 자둘루는 잡
지 〈바이스닷컴Vice.com〉과의 인터뷰에서 "전설에 새로운 생명을 불어넣고 싶었

다"고 말했다. 하지만 알티에게는 전설은 가질 수 없는 실제 기록이 있다. 알티는 전설이 아니라 사실이다.

❮———————◆———————❯

– 달 눈 사람들 –
MOON-EYED PEOPLE
뽀얀 피부 뽀드득 고대 외계인

유형 : 휴머노이드	**최초 발견 :** 선사시대
위치 : 조지아주 포트 마운틴Fort Mountain, Georgia 노스캐롤라이나주 머피Murphy, North Carolina	**크기 :** 햇빛에 민감함

'달 눈 사람들'의 정체는 뭐였을까? 우주에서 온 외계인이었을까? 혹은, 선사시대의 한 종족이었을까? 아니면, 체로키족 신화 속 존재? 크립티드? 그 것도 아니면, 웨일스인?

달 눈 사람들은 18세기부터 유럽 정착민들의 기록 여기저기에 등장하지 만, 이는 항상 직접적인 경험이 아닌 체로키족의 이야기에 간접적으로 기반 하고 있다. 달 눈 사람들이란 개념은 아메리카 원주민 문화를 광범위하게 연 구하며 노스캐롤라이나에서 체로키족과 수년간 생활했던 민족지학자 제임 스 무니가 1902년에 『체로키족 신화Myths of the Cherokee』라는 저서를 출간하면 서 더욱 널리 퍼지게 되었다.

무니가 기록한 신화 중 하나는 달 눈 사람들 이야기였다. 약 400단어로 구 성된 짧은 설명이다. 무니의 설명에 의하면 체로키족이 현재 미국 남동부 지 역에 도착했을 때 이미 그곳에 살고 있던 다른 종족이 있었다고 한다. 이 종 족은 키가 작고, 얼굴이 창백했는데 아마 백색증이었을 것이다. 또한 이들은 밤에만 외출을 했는데, 그 이유는 이들의 눈이 햇빛을 견딜 수 없었기 때문 이었다. 그래서 이들에게 달 눈 사람들이란 이름이 붙었다.

달 눈 사람들은 착한 이웃이었다. 곁에 흙을 바른 원형 통나무집과 요새만 몇 개 짓고 살았던 이들이었지만, 체로키족에게는 강에 거머리가 산다는 따뜻한 충고도 잊지 않았으니 말이다. 그러나 무슨 이유인지(이 이야기는 무니의 설명 속엔 없다) 체로키족은 달 눈 사람들과 사이좋게 지내지 못했다. 아마 달 눈 사람들의 창백한 피부와 큰 눈이 소름 끼쳤을 수도, 혹은 그저 그곳을 체로키족이 모두 차지하고 싶었을 수도 있다. 결국, 체로키족에 쫓겨난 달 눈 사람들은 그 뒤로 다시는 달빛에서도, 물론 햇빛에서도 모습을 찾아볼 수 없었다.

하지만 다른 시대, 다른 민족에서 비롯한 다른 전설도 있다. 이는 앞선 이야기와 충돌되는 지점이 있다. 이 전설은 대서양 건너편에서 시작된다. 1559년 험프리 엘워드가 집대성한 웨일스 역사서, 『크로니카 왈리아에Cronica Walliae』에 최초로 기록된 웨일스 전설을 살펴보자. 콜롬버스가 과나하니Guanahani라는 작은 섬에 찍기도 수세기 전인 1170년, 아메리카 대륙에 정착한 사람은 '마독 압 르웰린'이라는 이름의 왕자였다. 마독은 현재 애팔래치아 남부를 탐험하고 그곳에 집을 짓고 정착지를 세웠다. 당연하게도 마독과 사람들은 웨일스계였기 때문에 피부가 창백했는데, 특히나 유럽인을 만나본 적 없는 체로키족의 눈에는 유별나게 창백해 보였다.

그러니까 이 이야기에 따르면 달 눈 사람들이 웨일스 정착민들이라는 것이다. 물론 웨일스인들은 햇빛을 봐도 아무런 문제가 없지만 말이다. 해당 이야기에서는 웨일스인이 체로키족에 의해 쫓겨나지 않는다. 이종교배를 통해 결국 웨일스인의 창백한 피부는 없어지게 되었고, 그래서 500년 후에 나머지 유럽인들이 아메리카 대륙에 도착했을 때는 그 어떤 종류든 달 눈을 지닌 백인은 더 이상 존재하지 않게 되었다. 영국 지도자들은 이 전설을 신대륙에 대한 영국인들의 소유권을 정당화하는 증거로 사용했고, 토머스 제퍼슨은 대놓고 아메리카 원주민들을 '웨일스 인디언'이라고 불렀다. 또한, 편지를 통해 루이스와 클라크[67]에게 웨일스 인디언들을 주시하라고 요청했다.

달 눈 사람들의 기원이 무엇이든 간에, 그 전설은 오늘날까지 애팔래치아 Appalachia 산맥 지역에 남아있다. 예를 들어, 조지아 북부의 포트 마운틴에는 신비한 석조 구조물 유물이 있다. 일각에서는 이것을 지은 이들이 달 눈 사람들이라고 말한다. 역사적 내용을 담은 포트 마운틴의 현판에는 무니의 설명과 꽤 비슷하지만 다른 부분도 적혀 있다. 바로, 달 눈 사람들은 낮에는 잘 볼 수 있으나 달의 특정 위상이 지속되는 기간에는 눈이 멀게 된다는 것이며, 체로키족이 이들을 죽인 때 또한 이 위상 중 하나였다는 것이다.

1840년, 노스캐롤라이나주의 머피Murphy라는 마을 인근에서 알 수 없는 조각상이 발굴되었다. 토지 정리를 하다 발견된 것인데, 정확하게 말하자면 마을에서 주 경계를 넘어 북서쪽으로 100킬로미터 정도 떨어진 곳이었다. 기원과 연대를 알 수 없는 이 동석상은 두 사람이 엉덩이 부분을 맞대고 서 있는 모양을 하고 있었다. 각각 높이는 약 90센티미터에, 둥근 머리는 신체 비율상 지나치게 컸고, 눈도 커다랬다. 일각에서는 이 동석상이 달 눈 사람들을 묘사한 것이라고 말하고 있다(우주 외계인 혹은 요정이라는 설도 있다). 만약 이 동석상이 달 눈 사람들을 정확하게 묘사했다면, 달 눈 사람들을 '달 머리 사람들'이라고 해도 전혀 손색이 없을 것 같다. 개인이 소장하다가 2015년부터 머피에 있는 체로키 밸리 역사 박물관Cherokee Valley Historical Museum이 소유권을 넘겨받은 이 동석상은 오늘날 남아있는 고대 야행성 크립티드 존재에 관해 유일하게 살아남은 증거일지 모른다.

≪──────◆──────≫

---

67 미 대통령 토머스 제퍼슨의 명령으로 루이지애나 매입 직후 1804년부터 1806년까지 미 서부를 탐험한 원정대 '루이스와 클라크 탐험대'의 두 탐험가이다. 해당 탐험으로 서부로 미국이 확장되었고 미국 원주민 문화에 대한 이해 또한 증대되었다.

– 비스트 오브 블레이던버러 –
BEAST OF BLADENBORO

드라큘라 반려묘

유형:	최초 발견:
고양잇과	1954년
위치:	**크기:**
노스캐롤라이나주 블레이던버러	길이 90~150센티미터,
Bladenboro, North Carolina	무게 40~70킬로그램

어떤 크립티드들은 잠깐 나타나 몇 명만 겁을 주고 어둠 속으로 다시 조용히 숨어든다. 하지만 '비스트 오브 블레이던버러' 같은 크립티드들은 현장을 찢는다.

1954년 1월, 노스캐롤라이나주의 블레이던버러 마을에서 개 세 마리가 끔찍한 모습으로 발견되었다. 두개골은 납작하게 뭉개져 씹혀 있었고, 혀는 밖으로 내민 상태였다. 하지만 곧이어 이 가여운 개들을 해부하면서 더 충격적인 사실이 밝혀진다. 지역 일간지 〈로베소니언Robesonian〉 기사에 따르면, 이 개들의 피가 거의 모두 빨린 상태였으며, 이는 경찰서장인 로이 포레스가 직접 설명한 내용이라고 했다. 이러한 폭로에 모두가 같은 단어를 떠올렸다. '뱀파이어.' 그러나 이 단어를 공식적으로 처음 쓴 사람은 포레스였다. 포레스는 즉시 뱀파이어라는 단어에서 피처럼 흐르는 공포감을 '빨아내려고' 다음과 같은 말을 덧붙였다. "뱀파이어의 정체는 아마 미친 늑대일 겁니다."

신문에서는 이 괴물을 두고 '뱀파이어 짐승'이니, '뱀파이어 살인마'니, '블레이던버러의 피흘리는 짐승'이니하며 다양하게 떠들어대던 그때, 포레스는 블레이던버러의 외곽지대에 있는 늪지대를 수색하기 시작했다. 마을에서는 포레스를 돕기 위한 여러 수색대도 결성되었다. 하지만 그 어떤 '사람'

도 이 괴물을 만날 수 없었다. 어찌 된 일인지 마을의 수많은 '개'들이 이 괴물과 만났다.

한 달 동안 살해당한 개만 열두 마리였다. 일부는 목이 잘려서, 일부는 피가 빨려서, 일부는 무자비하게 맞아 죽었다. 눈 위에 남은 발자국에는 길고 육중한 발톱 자국이 남아있었다. 이제 사람들도 90~150센티미터 길이에 40~70킬로그램 정도 나가 보이는 괴물을 목격하기 시작했다. 대형견 크기에 검은 털이 자라있었고, 고양이 얼굴을 한 괴물이었다. 이 짐승의 울음소리는 고통에 울부짖는 아기나 여자가 우는 소리처럼 들리기도 했다. 그러나 사람이 내는 소리가 아닌 것만은 확실했다.

이 짐승을 잡기 위해 천 명에 달하는 사냥꾼이 원정을 왔는데, 이는 현지 주민보다 몇백 명 더 많은 숫자였다. 이들은 심지어 미끼로 쓸 개도 데려왔다. 그 중 한 마리는 미끼로서 지나치게 잘 낚은 나머지 바로 사냥꾼들의 눈앞에서 이 짐승에게 끌려가 늪지대로 사라졌고, 사냥꾼들은 속수무책으로 당할 수밖에 없었다. 신문은 연일 블레이던버러의 북적이는 축제 현장을 다뤘다. 물론, 자녀들과 함께하고 싶은 종류의 축제는 아니었다.

온갖 큰고양잇과 동물, 즉 표범, 스라소니, 살쾡이, 카타마운트, 퓨마 등 이 짐승의 종류에 관한 가설이 많았다. 하지만 이중 어떤 동물도 괴물의 프로필과 일치하지 않았다. 블레이던버러에서는 이런 큰고양잇과 동물이 극히 드물었고, 있더라도 이 정도로 무자비하게 공격적이진 않았다. 한 수의사는 이 짐승이 아예 고양잇과 동물이 아니라, 피에 굶주려 살육을 위해 탈출한 감시견일 수도 있다고 추측했다.

이 와중에 유머를 길어 올리는 이들도 있었다. 일간지 〈뉴스앤옵저버News and Observer〉는 익명의 한 남성이 한 말을 인용했다. "짐승이 나타난 뒤로 아내와 한 침대에서 자게 됐어요." 또한, 지역 극장의 주인(이자 시장)은 퓨마에 관한 1949년 작 액션 영화 〈빅캣Big Cat〉을 상영하며 다음과 같은 신문 광고를 냈다.

그놈의 '고양이'! 보고 싶으셨죠?
그놈을 우리 극장 스크린에 산 채로 잡아 왔습니다!

게다가 컬러라구요!

이 괴물이 사람을 처음 공격한 것은 1월 5일 오후 8시로, C. E. 킨로 여사는 어떤 개들이 낑낑대고 있길래 집 밖에서 이들을 살펴보던 중이었다. 킨로 여사는 괴물을 목격했고, 후에 '큰 퓨마'였다고 말했다. 괴물은 여사를 향해 돌진했고, 여사는 비명을 질렀다. 그러자 괴물은 그 자리에서 멈춰 섰고, 남편이 밖으로 뛰어나오자 도망쳤다. 후에 이들의 자취를 조사한 결과 새로운 충격적인 사실이 밝혀졌다. 바로, 괴물이 두 마리로 같이 움직였다는 사실이다. 일간지 〈애슈빌 시티즌-타임스Asheville Citizen-Times〉는 이에 대해 다음과 같이 요약했다. "뱀파이어에게 짝이 있을 수도 있다." 그렇다. '비스트 오브 블레이던버러'는 사실 두 마리였던 것이다.

결국, 시간이 흘러 마을에 있는 모든 사냥꾼은 성가시고 위험한 존재가 되고 말았다. 이후 플로레스 경관은 이 대규모 사냥을 중단시켰고, 신문에서는 '뱀파이어 짐승, 블레이던버러전투에서 승리하다'라는 헤드라인을 달고 이를 보도했다. 그 후 얼마 지나지 않아 16킬로그램의 '표범과 유사한' 살쾡이 한 마리가 사살되었는데, 일부는 이를 스라소니라고도 주장했다. 그래서 사람들은 괴물은 사실 살쾡이였다고, 혹은 살쾡이와 스라소니였다고 결론 내버렸다. 그 후 며칠간 돼지와 닭이 잔인하게 살해당했고, 어떤 이들은 이를 아직 괴물이 살아있다는 증거로 받아들였다. 1월 말이 되자 더 이상의 목격은 없었지만, 그해에 죽은 가축이 발견될 때마다 사람들은 괴물이 돌아온 것은 아닌지 궁금해했다.

결국, 괴물의 정체는 살쾡이나 스라소니 중 하나였던 걸까? 알 수 없다. 그러나 한 가지 확실한 사실이 있다. 바로, 블레이던버러가 매년 여는 축제는 '살쾡이 축제'가 아니라 비스트 페스트Beast Fest라는 점이다. 2009년, 블레이던버러는 이 크립티드를 기리는 연례 축제를 열기 시작했다. 매년 가을이 되면 총인구 2천 명도 채 안 되는 이 마을에 8천 명가량이 몰려와 같이 음악을 듣고, 음식을 먹고, 분장을 하고, 축제 활동에 참여한다. 또, B.O.B.라는 애칭을 지닌 축제 마스코트 '비스트 오브 블레이던버러'로 분한 사람과 사진을 찍으며 축제를 즐기고 있다.

- 노퍽 인어 -
NORFOLK MERMAID
인위적으로 만든 인어 이야기

유형:	**최초 발견:**
조각상	1999년
위치:	**재료:**
버지니아주 노퍽Norfolk, Virginia	유리섬유

　버지니아주 노퍽시에서 인어를 본 사람은 없지만 노퍽시는 인어를 마스코트로 삼았다. 인어는 전 세계적으로 다양한 문화와 지역에 걸쳐있으며, 역사 또한 수천 년에 달한다. 모습은 반은 여자, 반은 물고기(앞이 상체, 뒤가 하체)인 형태가 일반적이나, 형태와 성별의 조합이 다양하다. 인어는 진짜 크립티드라기보다는 환상 속 존재로 여겨지는 경우가 많다. 하지만 신비동물학자들이 제시하는 인어 신화의 근원은 아주 다양하다. 아직 발견되지 않은 흰 피부 물개부터 수생 영장류에 이르기까지 온갖 크립티드가 그 후보다.

　노퍽은 이 책에 등장하는 몇 안 되는 대도시 중 하나다. 인구 25만 명의 노퍽은 노스캐롤라이나주에서 세 번째로 큰 도시이며, 미국 전체에서는 80번째로 큰 도시이다. 체서피크만Chesapeake 어귀에 위치해 11킬로미터 정도를 차지하고 있으며, 미국 최대의 해군 기지인 노퍽 해군 기지를 보유하고 있는 곳이기도 하다. 그러니 언제든 인어가 쳐들어온다고 해도 끄떡없는 도시가 바로 노퍽이다.

　하지만 진짜로 무슨 1970년대 어느 끔찍한 밤에 체서피크 해안으로 인어 형상의 생명체가 기어 올라왔고 노퍽이 이 크립티드를 품으며 "너, 내 마스코트가 돼라." 뭐, 이런 건 아니다. 또, 여느 크립티드 목격담처럼 늦은 밤에 보트를 몰고 어슴푸레한 수로를 지나던 어느 10대들이 지느러미와 빛나는 붉은 눈을 목격해서도 아니다. 식민지 시대에 '신세계'의 동물에 대한 오류로 일어난 인어 열풍 때문은 더더욱 아니다[68]. 그저 모든 결정은 순전히 사업적인 이유였다.

1999년 11월 30일, 지역 재계 및 정부 지도자 300명이 모인 행사 자리였다. 변호사였던 피터 데커(현지에는 '엉클 피트'로 통한다)는 아내인 '베스'가 시카고 방문 후 자신에게 제안했던 아이디어 하나를 똑같이 제안했다. 베스는 윈디 시티라 불리는 시카고에서 '퍼레이드 중인 소들Cows on Parade'이란 이름의 공공 예술 전시회를 관람했다. 도시 곳곳에 유리섬유로 만든 소 300개를 설치한 작업이었다. 이 소들은 시카고가 제작한 것으로, 시카고에서 이를 지역 기업에 판매하면 지역 기업은 다시 예술가들을 고용해 소를 장식하는 시스템이었다. 전시회의 목표는 주민과 관광객 모두가 소를 찾아가 볼 뿐 아니라 이를 후원한 기업과 단체도 방문하도록 하는 것이었다. 이 행사로 수백만 달러의 자선기금이 모였으며, 도시는 대통합 되었다. 현재 '소 퍼레이드 CowParade'로 이름이 바뀐 이 행사는 이후 전 세계로 퍼져나가게 된다. 이를 차용한 도시의 수만 해도 수백 개에 달했다.

하지만 그 노퍽 조찬모임에서 이들은 방향을 소에서 환상 속 존재로 틀었다. "인어의 도시가 되어 보는 건 어떨까요?"라는 제안이 있던 것이다. 인어는 바다 생물이었고, 게다가 '해상 도시'라는 타이틀은 노퍽의 진한 정체성이었기 때문이다. 그래서인지 데커 부부는 이 아이디어가 마음에 들었다. 노퍽시 또한 아이디어를 받아들였고, 이후 행사를 위해 130개의 유리섬유 인어를 제작했다. 이 비늘 달린 인어들은 수영 중인 여성의 모습으로 디자인되었는데, 한 팔은 앞으로 뻗고 반대 팔은 뒤로 뻗어 물결치는 머리카락과 평행을 이루고 있다. 또, 꼬리지느러미는 위로 치켜 올라가 몸 전체가 하나의 미소 짓는 입꼬리 모양이다. 이러한 인어들은 지역 비즈니스와 예술가들에 의해 하나하나 개성 넘치는 작품으로 재탄생되었다.

노퍽 인어공주는 인기가 아주 좋아 초기 물량 130개를 훨씬 뛰어넘었으

---

68 식민지 시대에 유럽 탐험가들은 신대륙 동식물에 대해 거의 알지 못해 오해가 잦았다. 예를 들어, 매너티나 듀공과 같은 해양 포유류를 인어로 착각하기도 했다.

며, 오늘날까지도 추가로 제작 중이다. 이에 더해, 인어라는 아이디어는 도시 조형물을 훨씬 뛰어넘어 기업 브랜드로까지 진출하게 되었다. 식당과 술집에서는 인어를 테마로 한 음료도 판매하고, 선물 가게에는 인어 관련 상품이 가득하다. 심지어 인어는 노픽시 로고에도 반영되었다. 노픽에 있는 모든 인어 가운데 가장 상징적인 인어로는 타운포인트파크Town Point Park에 있는 인어를 꼽을 수 있다. 원래의 인어와 디자인은 같지만, 금속 재질로 제작되었다. 크기 역시 더 크다. 이 인어는 분수대에 설치되어 있는데, 인어를 떠받치듯 물줄기가 그 아래에서 뿜어져 나오는 모습이다.

크립티드의 힘은 이토록 대단해서 크립티드 하나 없는 지역도 크립티드 지역은 물론 크립티드 관광 지역까지 될 수 있다. 그저 취향에 맞춰 하나 골라 따뜻하게 품어주시라.

- 우드부거 -
WOODBOOGER
크립티드 조작단

유형 :	최초 발견 :
휴머노이드	2011년
위치 :	크기 :
버지니아주 노턴Norton, Virginia	210~240센티미터

가끔 크립티드는 미디어에 의해 조작되기도 한다. 즉, 신문 일러스트레이터가 크립티드의 형태를 잡기도 하고, 기고가가 핵심만 뽑아내 이야기를 재밌게 만들기도 한다. 또한, 크립티드가 명백히 가짜였을 경우 늘 가장 유력한 용의자는 지역 신문 편집자이기도 하다. 그러나 미디어의 크립티드 조작사건 중 가장 이례적인 사례는 바로 버지니아주 노턴의 우드부거 이다.

2011년, 애니멀 플래닛 채널의 TV 프로그램인 '빅풋을 찾아서Finding Bigfoot' 팀은 버지니아주 남서부에서 '버지니아는 빅풋 애호가들의 천국'이라는 제목의 에피소드를 촬영했다. 빅풋은 발견되지 않는 주가 없었기 때문에, 당연히 버지니아주에서도 목격된 적이 있었다. 하지만 버지니아 내에서도 유독해당 에피소드가 촬영된 지역 인근의 노턴이란 마을만은 우드부거(빅풋의 노턴 사투리)에 대한 어떠한 역사나 구전되는 내용, 혹은 그 무엇도 보유하고 있지 않았다. 실제로 빅풋 필드 리서치 기구Bigfoot Field Researchers Organization 웹사이트에 따르면 버지니아주에서 발생한 총 83건의 빅풋 목격 사례 중 노턴이 있는 와이즈 카운티Wise County에서는 단 한 건도 발생하지 않았다고 한다.

그런데도, '버지니아는 빅풋 애호가들의 천국'편은 노턴의 우드부거에 대한 이야기가 수 세기 전으로 거슬러 올라간다는 오프닝 멘트로 시작했다. 해당 나레이션과 함께 화면에는 단풍으로 물든 가을 숲의 풍경이 항공샷으로 펼쳐졌다. 또, 내가 인터넷으로 검색했을 때는 나오지 않는 신문 헤드라인이 노란빛으로 번쩍였다. 방송에 따르면, 우드부거라는 말은 아이들 주변을 엿보고 돌아다니는 괴물의 성향에서 따왔다고 한다. 이 이름은 처음 들을 때보다 자세히 알고 보면 더 그럴듯하다. '부거'는 괴물이란 뜻으로, 보기bogey라는 말이 변형된 것이다. 일례로 어린아이를 겁주는 괴물을 통칭해 부르는 말인 보기맨bogeyman도 이 말에 그 어원을 두고 있다. 거기에 독특하게 숲이란 뜻의 우드를 합쳐 우드부거라는 단어를 만든 것이다.

출연자들은 에피소드 내내 ATV를 개울 앞에 대어 어두운 형체가 개울을 건너는 흐릿한 영상을 분석하고, 나뭇가지에 설탕 코팅한 도넛을 올려놓은 뒤 우드부거를 유인하는 실험을 했다. 그러나 우드부거를 찾아내지 못했다(신비동물학계에서 흔히 오가는 농담 중 하나가 바로 열 개나 넘는 시즌을 찍어놓고도 빅풋을 못 찾았으니 프로그램 이름을 '빅풋을 찾아서'가 아니라 '빅풋을 안 찾아서'로 바꿔야 한다는 것이다).

제작팀이 집중적으로 찍은 지역은 노턴 근처에 있는 스톤산Stone Mountain의 봉우리 중 하나인 하이놉High Knob이었다. 2012년 초에 제작팀이 이곳을 찾아 촬영했고, 해당 내용이 방영되면서 노턴은 이 소중한 기회를 놓치지 않았다. 바로, 크립티드 마을로 변신할 기회 말이다. 이뿐만이 아니다. 빅풋이 사실상 상품으로 다뤄지는 미국 문화권 내에서 노턴은 자신만의 독특한 브랜드를 차별화시킬 기회까지 잡게 되었다. 노턴 말고 또 어디에서 우드부거를 찾을 수 있겠는가?

노턴은 작업에 착수했고, 프로그램이 방영된 지 몇 년 만에 공식적으로 '빅풋 친화' 마을이 되었다. 이들은 하이놉의 플래그 록 레크리에이션Flag Rock Recreation 지역을 우드부거 보호구역으로 지정하며 그곳에 표지판을 세우고 온 도로에 커다란 발자국을 그려 넣었다. 또한 180센티미터의 빅풋 조각상도 설치했다. 그리고 다른 빅풋 마을처럼 매년 우드부거 페스티벌Woodbooger Festival를 열기 시작해 현재까지도 매년 가을에 개최하고 있다. 이들은 심지어 우드부거라는 이름에 대해 상표권을 등록하기도 했다. 그래서 빅풋 상품은 어디에서나 구입할 수 있지만, 노턴의 공식 우드부거 상품은 오직 노턴에서만 구입이 가능하다.

노턴에 가면 꼭 가봐야 하는 곳 중 하나는 바로 우드부거 그릴Woodbooger Grill이다. 이 곳은 내부와 외부 모두가 우드부거 장식으로 꾸며져 있는 빅풋 테마 식당으로, 주문은 꼭 '우드부거의 슈퍼 우드버거'로 해야 한다. 버거에 는 패티 두 장에 초록 토마토 튀김, 피클 튀김, 바비큐 돼지고기, 베이컨, 아 메리칸 치즈, 슈레드 치즈, 치즈 소스가 들어간다. 이를 앉은 자리에서 다 먹 으면(감자튀김까지 전부) 부상으로 티셔츠가 주어진다.

노턴은 크립티드 마을 지망생 마을에 많은 교훈을 준다. 첫째, 괴물이 언 제 치고 들어올지 모르기 때문에 기회가 오면 재빨리 활용할 것. 둘째, 우리 마을만의 괴물로 차별화시킬 것. 셋째, 재밌게 즐길 것!

- 루가루 -
ROUGAROU

케이준[69] 늑대인간

유형:	최초 발견:
갯과 휴머노이드	18세기
위치:	크기:
루이지애나 남동부Southeast Louisiana	1.8~2.1미터

　"이곳 남쪽에는 많은 전설이 있죠." 단정한 모습의 경찰관이 카메라를 향해 말한다. 여기서 '이곳 남쪽'이란 루이지애나주 테레본 패리시Terrebonne Parish를 말한다. 해당 경찰관은 지역 보안관 사무소 소속으로, 현재 A&E 채널 리얼리티 쇼 '케이준 저스티스Cajun Justice'에 출연 중이다. 이 프로그램은 지역 바이우 근처를 순찰하는 경찰관들을 따라다니며 그 모습을 담는다. 경찰관은 이렇게 이야기를 마무리한다. "하지만 우리에게 가장 많이 걸려 오는 신고 전화는 아마도 '루가루'를 봤다는 전화일 겁니다."

　1803년에 프랑스인들이 미국에 루이지애나 지역을 팔고 떠났지만, 이들이 남기고 간 것은 음식, 언어, 종교만이 아니었다. 이들은 프랑스어로 늑대인간을 뜻하는 '루가루loup-garou'라는 괴물을 남기고 갔다. 이 이름은 훗날 루이지애나 남동부 바이우 지역의 유쾌한 언어와 관습처럼 경쾌한 발음으로 변형되어 두 번째 음절에 강세를 주는 '루가루rougarou'가 되었다.

　루가루는 번쩍이는 눈을 가진, 늑대나 개의 머리를 한 인간으로 묘사되는 경우가 많다(가끔은 우리가 익히 알고 있는 온몸에 털이 난 늑대인간으로 묘사될 때도 있다). 그러나

69　프랑스인 후손으로 프랑스어 고어의 한 형태인 케이준어를 사용하는 미국 루이지애나 사람 혹은 그들의 문화를 가리키는 용어이다.

사실 목격담이 있는 크립티드라기보다는 아이들이 올바르게 행동하도록 하거나 위험한 늪지대에 가지 못하도록 겁주기 위한 부기맨에 가깝다고 할 수 있다. 또한, 루가루는 사순절을 지키지 않는 가톨릭 신자들에게 경고할 때 쓰이기도 한다(사순절을 지키지 않으면 루가루가 되거나 루가루가 죽이러 온다고 한다). '케이준 저스티스'의 해당 에피소드에서 루가루의 존재가 드러나는 것은 대부분 닭 우리 근처에서 들려오는 으르렁 소리나 습지에서 목격되는 형체를 통해서였다.

그렇긴 하지만 사순절 기간에 루가루를 직접 보겠다고 어두운 늪지대를 헤치고 들어가거나 사순절 규칙을 어길 필요는 없다. 루이지애나 남동부의 여러 마을과 도시에서 루가루를 지역 자부심의 상징으로 드높여(그리고 순화시켜) 놓았기 때문이다. 배턴루지Baton Rouge에는 루가루라는 이름의 여름 대학 야구팀이 있으며, 곤잘레스Gonzalez의 리버 패리시 커뮤니티대학River Parishes Community College도 루가루를 마스코트로 삼고 있다. '케이준 저스티스'를 촬영한 바로 그 테레본 패리시에 있는 루가루 소동의 중심지인 호마Houma 마을의 경우, 마을에 도착하자마자 누가 봐도 이곳이 루가루 마을임을 알 수 있도록 해놨다. 호마 여행 센터Houma Travel Center 뒤편으로 늪지대와 관련된 신비한 이야기들에 대해 자세히 설명하는 현판이 있는데, 여기에는 해적인 장 라피트, 유령의 숲 이야기와 더불어 루가루의 이야기도 있다. 호마는 루가루 페스트Rougarou Fest 또한 열고 있는데, 사람들은 이 루이지애나 남동부 민속 축제에서 괴물 분장을 하고, 여러 음식을 즐기고, 퍼레이드를 따라가며 춤추고 노래한다. 그리고 이 축제의 마스코트는 정장과 실크해트, 하이힐 부츠를 걸치고 춤추는 루가루이다. 2019년에는 아예 호마 시내에 루가루 조각상이 세워지기도 했다.

뉴올리언스는 호마에서 북동쪽으로 약 100킬로미터 떨어진 곳에 있다. 미국에서 가장 유명한 도시 중 하나인 이곳은 이곳 나름의 방식으로 루가루를 기념하고 있다. 약 23만 제곱미터 크기에 동물 2천 마리를 보유한 오듀본 동물원Audubon Zoo에 루가루도 살고 있는 것이다. 이는 동물원 안의 루이지애나 늪 전시관Louisiana Swamp exhibit을 말하는 것으로, 이곳에 가면 번쩍이는 눈을 한 루가루 모형을 만나볼 수 있다. 루이지애나의 늪지대에 대해 이야기할 땐 루가루 이야기를 빼놓을 수가 없다. 이건 아무리 권위 있는 과학 기관이라 하더라도 마찬가지이다.

그러나 뉴올리언스 프렌치 쿼터French Quarter에는 루가루에 대해 반대 의견을 제시하는 곳이 있다. 마리 라보의 부두교 상점Marie Laveau's House of Voodoo은 부두교와 관련된 물건이 가득한 작은 박물관이다. 이곳 또한 루가루 모형이 있지만 이곳 루가루는 그냥 늑대인간이 아닌, '악어 늑대인간'의 모습을 하고 있다. 전시물 중 하나는 악어의 머리를 하고 사람의 몸을 한 (그리고 카키색 셔츠를 걸친) 실물 크기의 모형이다. 모형 옆 현판은 이를 프랑스의 늑대인간과 아프리카의 뱀파이어, 그리고 부두교 좀비의 교배종이라 설명하고 있다. 또한 이 현판에 따르면, 이 괴물은 눈을 통해 사람의 영혼을 훔칠 수 있고, 소금을 맞으면 몸이 타들어 가며, 매년 '성 요한의 날' 전야제(6월 23일)에 루이지애나의 루가루가 바이우 굴라Bayou Goula 기슭에 모두 모여 '발 굴라Bal Goula'라는 성대한 루가루 파티를 열고 달빛 아래 춤을 춘다고 한다. 아, 물론 드레스코드로 실크해트와 하이힐을 기대하면 안될 테지만 말이다.

루가루의 정체가 늑대인간이든, 악어인간이든, 우리가 명심해야 할 점은 이것이다. 바로, 루이지애나 남동부 늪지대의 괴물은 혼자 어둡고 축축한 바이우지대가 아니라, 밝고 따뜻한 마을 축제에 가서 만나는 편이 훨씬 재밌다는 점이다.

- 추파카브라 -
CHUPACABRA

염소의 피를 가차 없이 빼는 가고일[70]

유형:	최초 발견:
파충류 혹은 갯과	1995년
위치:	**크기:**
푸에르토리코의 모로비스Morovis 및	90~120센티미터의 키
오로코비스Orocovis, 미국 남부 중 특히 텍사스주	

추바카브라는 비교적 최근(90년대) 크립티드 계에 슬며시 등장한 신인이지만, 인기 상승 속도는 빨랐다. 빠른 인터넷이 있었기 때문이다. 추파카브라의 첫 목격이 발생한지 불과 2년 만에 추파카브라에 대한 이야기를 다룬 'X파일X-Files' 에피소드(시즌 4, 에피소드 11, '엘 문도 지라El Mundo Gira'편)가 방영되었다. 마치 그동안 신비동물학계가 주인이 나타나기만을 기다리고 있던 자리에 드디어 알맞은 임자가 등장한 것만 같았다. 바로, 염소의 피를 빼는 포지션 말이다.

추파카브라는 90~120센티미터의 파충류로, 캥거루같이 굽은 등에 캥거루 같지 않은 날카로운 송곳니를 가졌으며, 번쩍이는 붉은 눈과 등에 일렬로 난 가시가 있는 것이 특징이다. 털로 덮여 있다는 말도 있고, 비늘로 덮여 있다는 이야기도 있다. 심지어 돔형의 머리에 큰 눈을 한 고전적인 회색 외계인과 끔찍할 정도로 닮았다는 의견도 있다. 추파카브라가 존재한다는 일차적 증거는 추파카브라에 당한 농장의 가축들로, 이들은 가죽에 구멍이 뚫리는 상처를 입고 피가 빨려 죽었는데, 이는 마치 굶주린 뱀파이어에게 피가 빨린 듯한 모습이었다. 그리고 이것이 바로 이 크립티드의 이름이 추파카브라

---

70 주로 고대 건축물의 장식물로 사용되는 돌 또는 석조물을 가리킨다. 중세 유럽 건축물에서 종종 귀신 또는 악마를 묘사하는 형태로 나타났다.

인 이유인데, 추파카브라는 스페인어로 '염소의 피를 빼는 짐승'을 뜻한다.

이 가고일을 닮은 괴물과 농장 가축 사체가 처음 발견된 것은 1995년 푸에르토리코에서였다. 목격의 시작 지점은 모로비스와 오로코비스 마을 근처 지점인 섬 한 가운데였으며, 이후 목격은 섬 전역으로 퍼져나갔다. 1995년부터 1996년까지 2천여 마리의 작은 동물들이 추파카브라(혹은 추파카브라들)에게 희생되었다. 송아지, 양, 개, 돼지, 거위, 닭, 칠면조, 토끼, 염소 등이었다.

사람이 추파카브라를 목격한 것은 잠시 잠깐이었는데, 대부분 동물을 잡아먹고 후다닥 자리를 뜨는 추파카브라를 얼핏 본 것이 전부였다. 카노바나스Canovanas의 시장 호세 소토는 추파카프라를 찾기 위해 사냥단을 여러 개 꾸렸다. 이에 대해 소토 시장은 로이터 통신과의 인터뷰에서 "우리 시민들이 겁에 질려있기 때문"이라고 밝혔다. 조사원들은 자료를 더 깊이 파고 들어갔고 그 결과 20년 전인 1975년에 모카 마을에서 비슷한 사건이 발생했다는 사실을 발견했다. 그때도 피가 빨린 소와 닭, 염소의 사체가 발견된 것이다. 당시 사람들은 해당 괴물을 '모카 뱀파이어'라고 불렀다.

직후, 스페인 정부 소속 공공 방송사 TVE의 채널인 스페니시 TV Spanish TV 가 추파카브라 이야기를 다루기 시작했고, 인터넷의 급성장으로 활발하게 활동하는 블로그, 인터넷 게시판, 신생 뉴스 사이트에서도 추파카브라 이야기를 다루기 시작했다. 결국, 이 괴물의 목격담은 라틴 아메리카 전역을 넘어 플로리다와 아리조나, 텍사스 등 미국 남부에까지

퍼져나갔다. 미국 내에서, 좀 더 정확히 말하자면 텍사스에서 추파카브라의 목격 사례가 갑자기 늘어나기 시작했을 때, 이상한 일이 발생했다. 추파카브라의 모습이 변한 것이다. 외계 뱀파이어 캥거루였던 목격담 속 묘사가 무려 털 없는 푸른 개로 변신을 이루었다.

농장과 목장 주인들은 추파카브라가 가축을 공격하는 모습을 자주 목격하였고, 그렇게 추파카브라는 푸르스름한 색에 병들어 보이는 낯선 갯과 생물을 가리키는 말로 쓰이기 시작했다. 이런 갯과 짐승의 모습의 목격이 잦아지자 푸레르토리코의 캥거루 형태 크립티드는 뉴스 헤드라인에서 완전히 밀려나게 되었다. 갯과 형태의 추파카브라는 자신의 전임자 크립티드(그리고 대부분의 크립티드)에 비해 어딘가 어설픈 괴물이었나보다. 목격과 영상 포착뿐 아니라 포획도 훨씬 쉬웠던 것 보니 말이다.

갯과 형태의 추파카브라 사체는 그 숫자도 많아 박제된 표본이 있을 정도다. 또한, 추파카브라가 신비동물학 사전에 등재된 지 30년이 지난 지금에도 이 털 없는 푸른 개의 공격은 계속되고 있다. 이따금 농가나 목장의 닭이나 염소를 공격하는 털 없는 푸른 개의 모습이 카메라에 찍혀 유명해지기도 한다. 뭐, 도끼에 찍힐 때도 있지만. 이에 대해 어떤 이들은 그저 좀비 개처럼 보이게 하는 옴이나 기타 피부병이 있을 뿐이라고 초를 치지만, 그렇다고 텍사스 푸른 개들이 크립티드 중 유일하게 사체를 남기고 있다는 사실이 바뀌는 것은 아니다. 또한, 이러한 사체들은 박제된 뒤 여러 소형 박물관을 순회하며 전시되고 있다.

좀 더 오랜 기간 지속되는 전시를 원한다면 더도 말고 텍사스에 있는 동물원 딱 두 군데만 보면 된다. 2020년, 샌안토니오 동물원San Antonio Zoo에서는 관람객들이 추파카브라의 자연 서식지를 직접 볼 수 있는 추파카브라 전시회를 공개했다. 이곳에 전시된 추파카브라 조각상들은 노골적으로 무시무시하게 생겼는데, 등에 가시가 여러 줄로 죽 돋쳐있고, 까만 점같이 찍힌 눈에, 옆구리에는 종양 같은 혹들이 울룩불룩 난, 네발 달린 갈색 짐승의 모습이다. 추파카브라 전시회를 볼 수 있는 또 다른 한 곳은 샌안토니오 동물원에서 동쪽으로 480킬로미터 떨어져 있는 킹덤 동물원 야생동물 센터Kingdom Zoo Wildlife Center이다. 작은 규모의 이곳에 있는 추파카브라 모형은 긴 송곳니에, 정수리부터 꼬리까지 모히칸식으로 털이 난 부분을 제외하고는 털 없는 코요테의 모습을 하고 있다. 그러나 '텍사스의 푸른 개'든, '푸에르토리코의 염소 뱀파이어'든, '모카 뱀파이어'든, 이들 모두 "추파카브라!" 하면 "나?" 하며 뒤돌아볼 것이다.

영화 속 괴물들

캘리포니아는 전 세계에 빅풋을 알린 곳으로 인정받는다. 하지만 빅풋뿐 아니라 캘리포니아가 알린 크립티드는 훨씬 더 많을지 모른다. 그러니까, 여러분이 크립티드는 없다고 믿고, 결국 크립티드의 목격은 영화의 영향이라고 믿는다면 말이다.[71]

추파카브라의 최초 목격은 1995년 8월, 메들린 톨렌티노에 의해 이루어졌다. 톨렌티노는 푸에르토리코에서 가축을 죽이던 그 괴물의 모습을 가는 팔다리에, 등에 가시가 돋은 외계 생물이라고 설명했다(또한 그림도 그렸다). 그런데 이 목격은 SF 공포 영화 〈스피시즈Species〉가 개봉한 지 한 달 후에 일어났다. 이 영화의 주인공 괴물도 가는 팔다리에, 등에 가시가 돋은 외계인의 모습이었다. 이후 토렌티노는 인터뷰에서 추파카브라는 목격하기 몇 주 전 이 영화를 본 적이 있다고 인정했다.

1971년 4월, 신문을 통해 인간의 얼굴을 한 네발짐승의 갯과 동물인 앨라배마주 모빌(Mobile)의 '늑대 여자'가 보도되었다. 하지만 같은 때, 영화〈메피스토 왈츠Mephisto Waltz〉예고편이 TV와 극장 스크린을 통해 방영되고 있었다. 그리고 이 예고편에는 개가 머리에 사람 얼굴의 가면을 쓰고 걸어 다니는 괴이하고 섬뜩한 장면이 나왔다.

하지만 이 관계는 일방적이지 않다. 반대로, 크립티드도 (그리고 크립티드였던 것들조차도) 수많은 영화에 영감을 준 사건도 있다. 거대 어류 실러캔스의 경우, 6,500만 년 동안 멸종되었다고 여겨졌으나 1938년 남아프리카 해안에서 한 개체가 포획되면서 반전이 일어난 적이 있다. 그 뒤, 시나리오 작가 아서 로스는 이 사건에 영감을 받아 선사 시대 어류가 현대까지 살아남는 이야기를 담은 시나리오를 집필했고, 그렇게 1954년 작 〈검은 늪지대의 생명체Creature from the Black Lagoon〉가 탄생했다. 재밌게도, 이 영화는 다시 1995년 오하이오주 러브랜드Loveland 프로그맨의 목격에 영향을 주었다. 관계가 돌고 도는 것이다.

크립티드 목격자에게 최악의 상처가 되는 말 1위가 "소설 쓰고 있네."라면, 2위는 이것일 것이다. "아, 나 그 영화 봤어."

---

71 주로 고대 건축물의 장식물로 사용되는 돌 또는 석조물을 가리킨다. 중세 유럽 건축물에서 종종 귀신 또는 악마를 묘사하는 형태로 나타났다.

– 미네소타 아이스맨 –
MINNESOTA ICEMAN
중서부 크립티드, 남부에 자리잡다

유형:	최초 발견:
휴머노이드	1960년대
위치:	주요 특징:
텍사스주 오스틴Austin, Texas	냉동인간

텍사스 오스틴에 있는 기이한 박물관Museum of the Weird에는 섬뜩하고 기괴한 것들이 잔뜩 모여있다. 마치 P. T.바넘 유령이 출몰할 듯한 카니발 축제 현장 같다. 이 감격스러운 모임의 멤버로는 사체나 산채로 있는 영화 속 괴물, 해골, 미라, 프릭쇼[72] 공연자가 있다. 물론, 크립티드도 있는데 내부에 빅풋 모형 여러 개가 발자국 본과 함께 전시되어 있다. 또한, 코팅리 요정Cottingley Fairies의 원본 사진도 있다. 20세기 초, 당시 아홉 살과 열여섯 살이던 두 명의 소녀가 찍어 전 영국민을 사로잡았던 요정 조작 사진 말이다. 여기에, 벽에는 재카로프[73] 머리가 있고, 모피 송어(설인도 울고 갈 두텁고 새하얀 털로 뒤덮인 물고기)와 피지 인어(상체는 원숭이, 하체는 물고기를 꿰어 만든 가짜 미라로, 기묘한 것들을 모아놓은 박물관이라면 빼놓을 수 없는 전시물이다)도 있다. 하지만 하이라이트는 따로 있다. 앞선 크립티드 사기꾼들, 즉 어류 원숭이, 털 난 물고기, 뿔난 토끼, 종이 요정을 모두 합친 것보다도 미국 크립티드 중 가장 진한 오명을 남겼던 크립티드, 미네소타 아이스맨을 소개한다.

미네소타 아이스맨은 원시인처럼 생긴 시체로, 몸에는 검정털이 있고 얼

---

72 서커스에서 비정상적인 신체를 가진 사람들을 보여주는 비인간적인 쇼의 형태이다.

73 4부 서부의 '재카로프' 참조

음에 갇혀 냉동되어 있다. 몸은 뒤로 젖힌 자세이고, 커다란 손 하나는 배에, 다른 한 손은 머리 위로 올리고 있어 멀리에서 보면 누군가에게 손을 흔들고 있는 듯한 모양이다. 또한, 눈알 하나가 기괴한 모습으로 눈확에서 달랑거리고 있다. 미네소타 아이스맨을 최초로 소개한 이는 프랭크 한센이라는 남자이다. 그는 1960년대와 1970년대에 미국 전역을 순회하며, '시베르스코예 괴생명체Siberskoye Creature'란 이름으로 이 크립티드를 온갖 축제와 박람회에 전시했다. 한센은 이 괴물이 캘리포니아에 사는 한 백만장자의 소유물이라 주장하며, 당사자 이름은 밝힐 수 없다고 했다(이를 두고 일각에서는 백만장자의 정체가 아내의 속옷 가방에 빅풋의 손가락을 영국으로 밀반출했던 지미 스튜어트라고 생각했다). 이 크립티드의 기원설에 관해서는 몇 가지가 있는데, 시베리아 연안의 얼음 바다에서 떠다니다가 발견되었다는 설부터 홍콩의 한 냉동고에서 발견되었다는 설, 그리고 한센의 고향인 미네소타에서 사냥 여행 중 총에 맞았다는 설에 이르기까지 다양하다. 결국, 이 괴물은 신비동물학의 창시자 이반 T. 샌더슨과 버나드 휴벨만스의 관심을 끌었다. 1968년, 이들은 미네소타에서 이 크립티드를 면밀하게 조사했고, 그렇게 이 크립티드는 '미네소타 아이스맨'이란 이름을 얻게 되었다.

샌더슨과 휴벨만스는 미네소타 아이스맨에 매료되어 이것의 진위를 의심하지 않았고, 이것이 신비동물학의 성배, 즉 크립티드 시체가 되어줄 것으로 믿었다. 두 학자는 이것에 '호모 퐁고이데스Homo pongoides'라는 학명까지 붙였고, 과학 저널에 논문을 썼으며, 회의론자들의 예리한 비판에 맞서 철두철미하게 이 크립티드를 옹호했다. 그러나 스미스소니언 재단Smithsonian Institution[74]의 한 영장류학자가 미네소타 아이스맨은 분명 라텍스로 만든 마네킹이라고 지적하고 나섰다. 이에, 한센은 주춤하며 한발 물러서며 라텍스 마네킹이 맞다고 인정했다. 그러나 그는 샌더슨과 휴벨만스가 조사한 것은 진품 시신이었고, 라텍스 마네킹은 진품 시신을 대체하기 위한 모조품이라고 설명했다. 그러면서, 이렇게 바꿔치기를 한 이유는 원래의 주인이 시신을 돌려받기 위해서였다고 했다. 그러나 한센은 진품 시신을 만들 재주도, 노력도 없었으며, 심지어 백만장자 이름 하나 꾸며낼 성의도 없었다. 그렇게 사람들은

---

74 미국의 연구 및 교육 기관으로, 세계에서 가장 큰 박물관, 교육, 연구 복합 단지 중 하나이다.

미네소타 아이스맨이 사기임을 알게 됐다.

이후, 그 가품 시체는 진품 시체와 마찬가지로 아무도 모르게 사라지고 말았다. 하지만 2013년 어느 날, 수십 년 동안 누구도 그 행방을 알지 못했던 그 가짜 시체가 이베이에 올라왔고, 기이한 박물관의 소유주인 스티브 버스티와 베로니까 버스티 부부가 그 가짜를 주워 와 전시하기 시작했다. 사실, 이 '라텍스 사기'는 신비동물학 역사뿐 아니라 스티브 버스티 인생사에 아주 중대한 영향을 끼친 사건이었다.

사연은 이렇다. 스티브가 아이스맨을 처음 본 것은 70년대 아이스맨의 투어가 끝나갈 무렵, 그가 다섯 살 때였다. 그는 이모와 함께 케이마트 주차장에 트럭에 전시되어 있던 아이스맨을 보러 갔고, 어린 스티브는 그렇게 얼음 속에서 기이한 경이로움을 목격하게 되었다. 스티브는 빅풋의 열혈 애호가인 J. R. 밥 돕스 주니어와 유튜브에 올린 인터뷰에서 이렇게 말했다. "솔직히, 내가 그때 그 가짜 시체를 보지 못했다면, 분명 오늘날의 기이한 박물관도 없었을 것이고, 그렇다면 오늘날의 우리도 없었을 것이다."

감동적인 이야기다. 오늘날 기이한 박물관을 돌아다니는 아이들도 커서 스티브와 비슷한 말을 하게 될지 누가 알겠는가?

─ 패스커굴라 엘리펀트맨 ─
PASCAGOULA ELEPHANT MAN
지구인을 낚시한 뒤 다시 방생하는 외계인

유형:	**최초 발견:**
외계인	1973년
위치:	**크기:**
미시시피주 패스커굴라	키 1.5미터
Pascagoula, Mississippi	

원래 어부들 경험담이 허풍이 세기로 유명하다지만, 찰스 힉슨과 캘빈 파커 주니어가 들려준 이야기는 그 허풍의 수준이 남다르다. 1976년 10월 11일, 밤에 미시시피주 패스커굴라에서 발생한 이 사건 속 주인공은 150센티미터의 키에, 코끼리 가죽 피부에, 귀가 당근 모양인 한 남자이다.

마흔두 살의 힉슨과 열아홉 살의 파커, 두 사람은 바그너 조선소Wagner Shipyard에서 함께 일하던 사이였다. 어느 날 저녁, 이들은 조선소 근처의 이스트 패스커굴라 강East Pascagoula River으로 낚시를 하러 갔다. 이들은 미끼를 던졌고, 곧바로 쉭하는 소리라고 해야 할지 지퍼 올리는 소리라고 해야 할지 모를 소리가 나며 번쩍이는 푸른 빛을 뿜는 직사각형의 우주선이 지상 60센티미터 위로 떠올랐다. 불빛이 너무 밝아 처음에는 정확한 크기는 가늠하기 어려웠다. 그러나 이들은 곧 우주선의 크기를 몸소 알게 될 운명이었다. 그 우주선이 적어도 다섯 사람이 타기에는 충분한 크기, 아니, 정확히 말하자면 사람 둘에, 괴물 셋이 타기에는 충분한 크기라는 사실을 말이다. 그렇게 힉슨과 파커는 당시 한창 회원 수가 늘어나던 클럽, 즉 '외계인에게 납치당한 사람들' 클럽의 회원증 발부 대기 명단에 일순위로 이름을 올리고 있었다.

그러나 이들의 납치담이 다른 수많은 납치담과 다른 이유, 패스커굴라 엘

리펀트맨이 크립티드와 한 데 묶이는 이유는 따로 있다. 바로, 그 우주선에서 나온 세 괴물에 대한 묘사가 역사나 판타지에서 묘사된 어떤 생물과도 비교할 수 없을 정도로 기괴하기 때문이다. 150센티미터 정도인 이 괴물들은 팔을 제외하고는 신체 기관이 유기적으로 움직이지 않아 로봇처럼 보였다고 한다. 게다가 피부는 코끼리처럼 회색의 주름진 피부였으며, 손은 랍스터 집게발이었고, 다리는 하나의 기둥처럼 서로 딱 붙어있었으며, 눈은 없고, 입은 가늘고 긴 여러 개의 구멍이었고, 코와 귀는 머리 앞 옆으로 튀어나온 '당근 모양'이었다. 꽉 눌렀을 때 눈이며 귀며 코며 전부 툭 튀어나오는 고무 장난감 패닉피트Panic Pete처럼 말이다.

힉슨과 파커는 마비된 느낌이었다. 세 괴물이 기둥 같은 하반신으로 이들을 향해 미끄러지듯 다가왔고, 꼼짝없이 자리에 얼어붙은 이들은 그저 지켜볼 수밖에 없었다. 두 팔이 마음대로 올라가고, 몸이 공중으로 떠올라 우주선으로 납치되어도 저항할 수 없었다. 우주선으로 들어가자, 축구공만 한 크기의 안구가 이들을 머리부터 발끝까지 스캔했다. 2018년 파커는 더 자세한 이야기를 공개했는데, 자기 머리 주위를 날아다니며 딸깍거리는 소리를 내는 작은 물체가 있었고, 엘리펀트 맨과는 전혀 다른 생김새의 한 여성 생명체가 자기 목구멍에 손가락 하나를 집어넣었다고 한다. 그리고 숨이 막혀하는 그에게 이 생명체는 그와 힉슨 모두 안전할 것이라는 텔레파시를 보내 안심시켜 주었다고 한다.

기이한 정밀 검사 후, 이들은 방생되었는데, 이들의 납치담에 관한 증거로 남겨진 것이라고는 어떠한 물고기도 낚지 못한 낚싯바늘 몇 개와 어떠한 사람도 낚지 못할 허풍 같은 이야기가 전부였다. 하지만 아무리 허풍 같은 이야기라도, 그저 입 다 물고 아무 일 없던 것처럼 살 수는 없었다. 너무나 기이했고, 세상이 다 뒤집히는 듯한 경험이었기 때문이다. 여기에, 미시시피주 잭슨의 일간지 〈클라리온 레저Clarion Ledger〉와의 인터뷰에서 힉슨이 한 말을 직접 빌려보자면, 이러한 이유도 있었다. "만약 이게 우리나라에 위협이 된다면 어쩔 겁니까?" 힉슨과 파커는 차에 앉아 목구멍에 위스키를 몇 모금 끼얹은 후, 인근 키슬러Keesler 공군 기지에 연락했고, 다시 공군 기지는 이 두 사람을 경찰에 보냈다. 경찰은 두 사람의 이야기를 기록했고, 그다음 두 사람이 거짓말을 하는 것인지 알아보기 위해 두 사람만 방에 남겨두고 몰래 녹화했다. 그러나 힉슨과 파커는 서로에게 윙크 한번 하지 않았다. 녹취된 대화를 보면 이들이 자신이 겪은 일로 인해 얼마나 충격을 받았는지 확실하게 보인다.

수십 년이 지나 노인이 되고 2011년에 사망하기 직전까지, 힉슨은 이 이야기를 모든 이에게 아주 자세히 말하고 다녔다. UFO학회든, 신문사 인터뷰든, TV쇼든 말이다. 조금 과장해서 말하면 귀가 당근 모양이 아닌 다음에야 누구에게나 말하고 다녔다. 파커의 경우 수십 년간 잠적했지만, 2010년대에 들어 일부 인터뷰에 응했다. 또한, 2018년과 2019년에는 자기 경험을 담은 두 권의 책, 즉 『패스커굴라, 가장 밀접했던 만남: 나의 이야기Pascagoula—The Closest Encounter: My Story』와 『패스커굴라, 이야기는 계속된다: 새로운 증거와 새로운 증인Pascagoula—The Story Continues: New Evidence and New Witnesses』를 출간했다.

작은 키에 큰 머리, 벌레 같은 눈이 달린 회색 외계인이 판치는 세상에, 머리에 당근을 달고 허공을 둥둥 떠다니는 생명체를 진지하게 받아들일 사람이 어디 있겠는가? 하지만 거의 반세기가 걸리긴 했으나 패스커굴라와 시의 사학회는 마침내 이를 진지하게 받아들였다. 힉슨이 사망한 지 8년 후이자 최초 목격이 일어난지 46년 후인 2019년에, 시와 사학회가 당 내용을 담은 현판을 제작한 것이다. 현판의 위치는 최초의 만남이 일어난 곳 근처, 라이트하우스파크Lighthouse Park에 있는 이스트 패스커굴라시 강변이었다. 해당 현판식에는 파커와 힉슨의 가족들도 참석했는데, 현판에는 간략한 이야기와 함께 한 예술가가 그린 엘리펀트맨의 모습이 담겨 있었다.

현판 속 설명에 유머가 없는 것이 아쉽다. 우주 차원에서 '인간 낚시 방생'이 벌어졌다는 농담을 던질 수 있는 절호의 기회였는데 말이다!

– 울프 우먼 –
WOLF WOMAN

예쁜이 털북숭이

유형:	최초 발견:
갯과 휴머노이드	1971년
위치:	**주요 특징:**
앨라배마주 모빌Mobile, Alabama	인간 여성의 머리와 상체, 늑대 같은 몸

어떨 때 보면 신비동물학은 남탕 그 자체이다. 신비동물학자들 성별을 말하는 것이 아니다(물론, 그것도 사실이지만). 크립티드 성별 말이다. 리자드'맨', 도그'맨', 엘리펀트'맨', 모스'맨', 고트'맨,' 심지어 귀여운 토끼에까지 '맨'을 붙이는 버니'맨'까지 있지만 '우먼'으로 끝나는 크립티드는 굉장히 드물다. 물론, 패터슨-김린 영상에 등장하는 빅풋에는 가슴이 있고, 노픽의 인어 또한 여성이긴 하지만, 여전히 크립티드 계에서도 여성은 불리하다. 모스맨은 하늘로 솟구치지만 '모스우먼'은 유리 천장[75]에 날개를 부딪치고 있는 꼴이다. 그래서 더욱더 모빌의 '울프 우먼'이 대단한 것이다. 울프 우먼의 고향 앨라배마는 반드시 울프 우먼을 기념해야 한다.

어떤 이들은 모빌의 울프 우먼을 상반신은 탈의한 채 털바지만 입고 있는 여성으로 묘사하기도 하지만, 울프 우먼으로 공포에 떨었던 모빌 주민들의 입장은 다르다. 1971년 4월 초, 모빌의 경찰서와 신문사에는 꼬박 2주 동안 같은 내용의 신고와 제보가 쏟아졌다. 겁에 질린 주민들이 반은 여자, 반은 늑대인 생명체가 밤거리를 배회하는 모습을 목격했다고 전해 온 것이다.

---

[75] 여성이나 소수 집단이 직장에서 높은 직위나 성공에 도달하는 것을 보이지 않는 장벽이 막는 현상을 비유적으로 설명하는 용어이다.

울프 우먼에 대해 처음으로 보도한 곳은 4월 8일 지역 일간지 〈모빌 레지스터Mobile Register〉로, 지난 일주일간, 이 신문사로 걸려 온 제보 전화만 50여 통에 달할 정도였다. 사람들은 겁에 질려있었으며, 전화의 내용은 늑대 모습의 여성이 데이비스 애비뉴Davis Avenue (현 닥터 마틴 루터 킹 주니어 애비뉴Dr. Martin Luther King Jr. Avenue)와 아프리카타운Africatown이라는 이름으로도 알려진 유서 깊은 흑인 밀집 지역인 플래토Plateau 지역을 배회하는 모습을 목격했거나 소리를 들었다는 것이었다. 익명의 한 10대의 제보 내용은 다음과 같았다. "아빠가 습지에 있던 괴물을 봤는데, 괴물이 아빠를 쫓아 집까지 왔어요. 엄마는 지금 집의 모든 문과 창문을 다 잠갔어요." 사람들은 이 괴물을 털이 많고, 반은 여자에 반은 늑대로 묘사했는데, 정말 이상하게도 예쁘다는 말이 빠지지 않았다.

그 후, 이야기가 사람들의 뇌리에 남기 위해서는 꼭 필요한 그것, 바로 예술가의 그림이 이 크립티드에 더해지게 된다. 흐릿한 사진이라도 구할 수 없다면 목격자의 그림이 필요한 법이고, 둘 다 구할 수 없다면 신문 기사에 실릴 삽화라도 필요한 법이다. 그리고 바로 〈모빌 프레스 레지스터Mobile Press

Register〉신문이 이 역할을 해냈다. 삽화를 그린 이는 무명의 한 화가였는데, 그는 그 어떤 신고나 제보에도 없었던 내용인 사족보행의 울프 우먼을 그렸다. 이는 기존의 도그맨이나 늑대인간과는 굉장히 다른 모습이었다. 괴물의 비현실성에 있어 중요한 역할을 하던 이족보행이란 요소를 없앴기 때문이다. 하지만,

맙소사 (우)맨! 이 그림은 시의 인장을 장식해도 될 만큼 너무도 아름답다. 네 발엔 모두 발톱이 있는, 목부터 꼬리까지 털이 나 있는 늑대 몸통이지만 반전 요소도 있다. 바로 머리가 인간 여성의 머리인데, 두 귀는 끝이 뾰족하고, 머리카락은 미용실에서 갓 나온 듯한 긴 생머리이다. 그런데 턱에는 거뭇거뭇 수염도 자라있고, 그 아래로는 여성의 가슴도 있다. 마치, 모티시아 아담스[76]와 커즌 잇[77]을 섞어놓은 듯한 모습이다. 예쁜이 털북숭이 말이다.

이 여자 늑대인간은 그 뒤로 모빌에 다시는 나타나지 않았지만, 이 글을 마무리하기에 너무나 적절한 구절이 〈모빌 레지스터〉에 실렸던 최초 관련 기사에 있어 소개하고자 한다. "파리에 노트르담의 꼽추가 있다면, 모빌에는 데이비스 애비뉴의 울프 우먼이 있을지도." 이제 모빌이 모빌시 인장에 이 아름다운 울프 우먼을 넣어 주기만을 바라본다.

❮❮ ──────◆────── ❯❯

---

76 영화 〈아담스 패밀리The Addams Family〉에서 아담스 패밀리의 어머니 캐릭터로, 늘 검은 드레스를 입고 길고 검은 머리카락을 한 모습으로 묘사된다.

77 동명 영화 속 캐릭터로 머리부터 발끝까지 길고 빽빽한 머리카락으로 뒤덮여 있어 얼굴이나 몸을 볼 수 없는 모습을 하고 있다.

– 테네시 테러 –
TENNESSEE TERROR
저주를 품은 크립티드

유형 : 수생 생물	**최초 발견 :** 1822년
위치 : 테네시주, 테네시 강 Tennessee River, Tennessee	**크기 :** 7.5미터

크립티드는 무서운 면이 있지만 사람을 해치는 일은 드물다. 그렇다고 이들에게 무기가 없는 것은 아니다. 큰 송곳니와 커다란 발톱, 날카로운 부리와 뿔, 털북숭이의 거대한 근육질 등, 가시 박힌 꼬리까지 있으니 말이다. 하지만, 여기 전형적인 수생 크립티드같이 보이는 테네시 테러의 무기는 남다르다. 다른 수생 크립티드처럼 사람을 통째로 삼키는 수고까지 안 해도 된다. 테네시 테러에게는 저주가 있기 때문이다.

테네시 테러는 7미터 50센티미터의 서펀트다. 등은 뾰족한 가시로 가득하고 60센티미터의 검은 지느러미를 하나 달고 있으며, 머리는 개처럼 생긴 거대한 크립티드다. 테네시 강에 숨어지내지만, 가끔 지류 한두 개를 거슬러 올라가기도 한다. 테네시 테러가 어디서 어떻게 저주를 갖게 되었는지는 모르지만, 이 크립티드를 보는 것만으로도 목격자는 저주에 걸려 일 년여 안에 죽게 된다고 한다.

테네시 테러의 주요 이미지와 이야기는 현대 역사가이자 작가인 E. 랜달 플로이드의 작품에서 유래했다. 플로이드가 사우스캐롤라이나의 〈스파턴버그 헤럴드 저널Spartanburg Herald-Journal〉(및 다른 신문)과의 인터뷰를 통해 들려준 이야기는 1822년, 벽 서튼이라는 테네시의 한 농부가 테네시 강 기슭의 밴스

홀Van's Hole이라는 곳에서 낚시를 하는 것으로 시작된다. 물속에서 철벅거리고 있던 검정색 서펀트처럼 보이는 것이 서튼의 주의를 사로잡았는데, 그것은 서튼의 낚싯대로는 대적할 수 없는 생명체였다. 후에 서튼은 친구들에게 이 이야기를 전하길, '괴물같이 큰' 어류가 그가 있던 곳에서 9미터 떨어진 얕은 곳에서 소동을 일으키고 있었다고 표현했다. 서튼은 그 즉시 그 자리를 떠났지만, 떠날 때의 감정은 공포나 흥분이 아니라 슬픔이었다. 어째서인지 서튼은 직감적으로 그것이 저주의 괴물이라는 것을 느꼈고, 자신이 그 괴물을 본 것만으로 저주에 걸렸다는 것도 알았다. 서튼은 며칠 후 사망했으나 원인은 기록되지 않았다. 그렇게 서튼은 테네시 테러의 첫 번째 희생자가 되었다.

1827년, 두 번째로 테네시 테러를 목격한 사람은 빌리 번스였다. 번스는 테네시 테러를 청황색 '뱀 같은 괴물'이라고 설명했는데, 최소 자신이 타고 있던 카누의 길이 정도는 된다고(혹은, 카누가 뒤집힐 뻔한 것으로 보아 카누보다 크다고) 했다. 플로이드에 따르면, 일간지 〈채터누가 데일리 크로니클Chattanooga Daily Chronicle〉에 번즈가 1년 후 '뭔가 기이하게' 사망했다는 기사가 실렸다고 한다.

1829년, 세 번째로 목격한 사람은 짐 윈덤이라는 농부였다. 그는 배에서 낚시하던 도중 채 3미터도 떨어지지 않은 거리의 물속에서 괴물의 머리가 튀어나오는 것을 보았다. 플로이드의 설명에 따르면 윈덤은 "괴물은 천천히 나를 지나치더니 옆으로 몸을 뒤집었다"고 말했다. 그 뒤 괴물은 윈덤의 배 주위를 빙빙 돌며 헤엄쳤고, 윈덤은 수면 위로 튀어나온 테네시 테러의 검은 지느러미를 보고 말았다. 그는 즉시 안전한 육지를 향해 미친 듯이 노를 저었지만, 사실 육지도 그에게 더 이상 안전한 곳이 될 수 없음을 알고 있었다. 테네시 테러의 저주에 걸린 몸이 되어버렸으니 말이다. 윈덤은 매일 교회에 가서 기도를 올리며 저주를 물리치려 노력했지만, 몇 달 후 열병으로 사망했다.

그 후 테네시 테러의 목격이 드물어진 것에 대해 플로이드는 증기선의 사용으로 드세진 강물이 그 이유라고 말한다. 그렇게 테네시 테러의 출연은 점점 드물어졌고, 저주 또한 힘을 잃은 것처럼 보였다. 1930년대 중반, 몇몇 사람들이 괴물을 목격했지만 별다른 영향은 없었다. 목격에 관한 마지막 기록을 남긴 사람은 J. C. 윌슨이었는데, 그가 본 테네시 테러의 모습은 '어린애처럼 신나고 재밌게' 물속을 뛰노는 모습이었다고 한다. 그의 아내 샐리 윌슨도 테네시 테러를 강에서 여러 번 목격했지만, 이 부부는 그 후에도 아무 일 없이 잘 지냈다.

오늘날, 테네시 테러는 테네시 강의 어부들이 즐겨 찾는 대화 소재는 아니다. 강에 사는 괴물에 관한 이야기라면 대부분 '고질라메기'다. 폭스바겐 비틀만큼 큰 덩치로 불쌍한 잠수부들을 삼켜버린다는 괴물이지만, 사실 이 고질라메기 이야기는 그냥 메기 이야기만큼이나 너무나 흔해 빠졌다.

하지만 테네시 테러는 다르다. 유일하게 저주받은 크립티드라는 면에서 기념할 가치가 충분하다.

– 홉킨스빌 고블린 –
HOPKINSVILLE GOBLIN
외계인 마방진에서의 총격전

유형 :	최초 발견 :
외계인-휴머노이드	1955년
위치 :	**크기 :**
켄터키주 홉킨스빌	90~120센티미터
Hopkinsville, Kentucky	

엘머 서튼과 빌리 레이 테일러는 축제 순회공연에서 일하며 알게 된 사이였다. 그리고 1955년 8월 21일, 테일러 가족은 서튼 가족과 함께 어울리며 카드 게임을 할 참으로 켄터키주 홉킨스빌과 켈리Kelly 사이에 있는 서튼의 가족 농장에 놀러 갔다. 그러나 그날 밤 이들이 겪어내야 했던 것은 축제 순회공연을 통해 신기한 경험에 다져진 이들도 감당할 수 없던 기이한 시간이었다. '켈리-홉킨스빌에서의 조우'라고 불리는 이 사건은 신비동물학보단 UFO연구 역사의 한 페이지에 속한다. 이 사건으로 인해 외계인의 대명사인 '리틀 그린맨'이라는 용어가 대중화되기까지 했으니 말이다. 하지만 아무리 UFO 연구 식구라도 미국의 크립티드에 관한 책을 쓰면서 어떻게 90센티미터짜리의 고블린을 그냥 넘길 수 있단 말인가? 그것은 안 될 말이다.

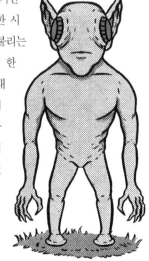

　물론 '켈리-홉킨스빌에서의 조우'라고 해서 얌전히 조우만 한 것은 아니었다. 이것은

하나의 전투였다. 그날 여름밤, 농장에는 약 열두 명의 사람들이 있었고 그 중 일곱 명은 어린이였다. 테일러는 해가 진 후 물을 뜨기 위해 우물에 갔다가 하늘에 빛을 그리며 떠다니는 금속성의 둥근 물체를 보았다. 테일러는 집으로 돌아가 가족들에게 자신이 본 것을 말했지만, 아무도 믿지 않았다. 그러니까, 어둠을 뚫고 현관문 앞에 괴물 한 마리가 나타나기 전까진 말이다. 괴물은 90~120센티미터 정도로 키가 작았고, 커다란 노란 눈은 서로 15센티 간격으로 떨어져 있었으며, 귀는 길고 날카로웠다. 또한, 피부는 은빛으로 빛났고 팔은 몸에 비해 지나치게 길었으며 손톱 또한 길었다. 테일러는 총을 집어 들고 위험한 상대와 첫 접촉을 했지만 이 은빛 고블린은 물 위를 떠가는 모습으로 도망가 버렸다. 테일러는 상황을 파악하려 밖을 나섰고 그 즉시 지붕을 뚫고 내리꽂히는 한 쌍의 발톱이 그를 맞이했다. 그때 가족 중 한 명이 테일러를 잡고 집안으로 끌어당겼으며 다른 한 명은 고블린에게 총을 쐈다.

계속 몰려들던 고블린은 어느새 열다섯 마리까지 늘어나 있었다. 포위된 두 가장과 가족은 집안에 바리케이드를 치고 서부식 총격전을 벌였다. 고블린들이 창문을 긁거나, 나무 위에 새처럼 앉아 있거나, 지붕에서 소란을 피우는 사이 가족들은 계속해서 총을 쐈다. 가족들이 괴물 중 한 마리를 맞힐 때마다 고블린들은 마치 놀이동산의 인형 맞추기 게임 속 인형처럼 붕 하고 뒤로 밀려 떨어졌다.

네 시간 동안 공포영화 같은 일을 겪은 테일러 가족과 서튼 가족은 정신 없이 차를 몰았고, 홉킨스빌로 달려가 경찰에게 이 '리틀 실버맨'에 대해 이야기했다. 경찰은 (인근 포트 캠벨Fort Campbell 군 기지의 수사관들과 함께) 현장에 출동했지만 외계인들의 혈흔조차 발견하지 못했다. 이들이 발견한 것은 그저 지구인의 총알에 박살이 난 농장 하나뿐이었다.

경찰과 조사관들은 곧 떠났고 테일러 가족과 서튼 가족은 끔찍한 일을 겪은 후지만 몇 시간이라도 자보려 애썼다. 그러나 새벽 세 시에 고블린들이 돌아오고야 말았다. 전투라기보다는 철야 감시에 가까웠던 대치 상황이 계속되었고, 동이 트자 두 가족은 마침내 이 악몽에서 깨어날 수 있었다. 아니, 어쩌면 이것이 또 다른 악몽의 시작이었다.

날이 밝자 이 농장은 관광객과 조사관으로 북새통을 이루었다. 마을 사람들은 농장이 지나가던 서커스단 원숭이 떼에 쑥대밭이 된 것뿐이라며 재밌어했다. 어떤 이들은 전날 밤 조사를 벌인 경찰에게 "리틀맨인지 뭔지 오늘은 안 오나 봐요?"라고 조롱했다. 이 사건은 미 전역의 신문을 통해 보도되었고, 고블린에 대한 묘사는 '고요 속의 외침' 게임처럼 사람들을 거칠수록 변형되어 '리틀 그린맨'이라는 표현으로 굳어졌다. 당시까지만 해도 이 용어는 SF소설에서만 사용하던 말이었다.

서튼 가족은 사건이 발생한 지 채 2주도 지나지 않아 사람들의 조롱에 짜증과 좌절을 느끼며 이사를 갔다. 엘머 서튼의 딸 제랄딘 서튼 스티스(당시에는 태어나지 않았지만 이후 이 사건에 관한 책을 여러 권 집필)에 따르면, 아버지 엘머는 사람들이 믿어주지 않은 것에 대해 많은 분노와 원한을 품고 있었다고 한다. 심지어는 그날 밤 경찰서에 간 일 자체를 후회했다고도 한다.

그러나 서튼이 살아생전 봤더라면 조금은 기분이 풀렸을 것이 있다. 바로, 리틀 그린맨 데이즈 페스티벌Little Green Men Days Festival이다(물론, 살아생전 봤더라면 모두에게 "그린이 아니라고!"라고 반복해서 말하느라 지쳤겠지만 말이다). 켈리는 2010년부터 그날의 공포의 밤을 기념하는 연례 축제를 열어 외계인 테마의 코스튬 콘테스트, 놀이기구, 게임으로 관광객을 끌어모으고 있다.

그리고 드디어, 켈리의 주민들은 축제에서 그치지 않고 더 나아갔다. 일 년의 하루가 아니라 일 년 내내 그날 밤을 기념하기 위해 최초의 공격이 있던 해당 농장에서 불과 800미터 정도 떨어진 켈리 스테이션 파크Kelly Station Park에 비행접시 모형을 세운 것이다. 이로써, 우리 모두 지구라는 행성의 역사에 기록된 최초의 우주 전쟁을 영원히 기억하게 될 것이다.

– 포프 릭 몬스터 –
POPE LICK MONSTER
죽음의 선로

유형:	최초 발견
포유류-휴머노이드	1960년대
위치	**주요 특징:**
켄터키주 루이빌	철로 다리 아래 거주
Louisville, Kentucky	

켄터키주 루이빌은 포프 릭 몬스터를 축하하거나, 기념하거나, 추모하지 않는다. 루이빌 사람들에게 포프 릭 몬스터는 그저 공포의 대상일 뿐이다. 포프 릭 몬스터가 없다고 믿는 이들에게조차 말이다. 그럼에도 이 크립티드는 루이빌과 뗄 수 없는 존재인데, 이는 포프 릭 몬스터가 루이빌의 한 특정한 물체와 뗄 수 없는 관계를 맺고 있기 때문이다. 역사 현관이나 조각상 못지않게 관광객을 끌어모으고 있는 그것은 바로, 철로 다리이다.

19세기 후반에 지어진 해당 철로 다리는 노퍽 남부 철도Norfolk Southern Railway 소유로, 루이빌 동부에 있는 롤리 피터슨 에듀케이셔널 숲Rolleigh Peterson Educational Forest 변두리에 있는 포프 릭 크릭Pope Lick Creek과 사우스 포프 릭 로드 South Pope Lick Road를 지나는 철도 다리이다. 길이는 235미터이지만, 문제는 지상 27미터 이상인 최대 높이이다. 치명적으로 높기 때문이다. 게다가, 이미 낡아빠져 오늘내일하는 이곳을 약 스물네 대의 화물 열차가 매일 같이 지나가고 있다. 그런데 이 다리의 위험성은 이뿐만이 아니다. 다리 밑에 괴물이 살기 때문이다.

『용감무쌍 염소 삼형제The Three Billy Goats Gruff』 동화 속 다리 밑에 사는 트롤처럼 이 철도 다리 아래에 사는 크립티드의 이름은 포프 릭 몬스터다. 포프 릭 몬스터는 반은 인간, 반은 염소인 그리스 신화 속 반인반수 사티로스가 켄타키 식으로 변형된 모습이다. 그러나 혹자들은 염소가 아닌 양이라고 하기도 한다. 주로 예술가들이 그리는 이미지로는 숫양의 구부러진 뿔이 달린 염소머리에, 이족보행을 하는 털난 휴머노이드다. 다만, 어떤 그림에서는 기관차 바퀴에 목이 잘려 나간 것처럼 머리가 없는 괴물의 모습이기도 하다.

그러나 철도 다리는 포프 릭 몬스터에게 집만 되어주는 것은 아니다. 바로 살인 무기도 되어준다. 이 크립티드는 최면을 걸거나 사람의 목소리를 흉내 내어 사람들을 다리 위로 유인한다. 그렇게 유인당한 희생자는 어느새 눈앞이 아찔한 다리 꼭대기에 고립되고 지나가는 기차에 치여 죽거나, 다리 밑으로 떨어져 죽게 된다. 다리 밑에 있어도 위험하긴 마찬가지이다. 포프 릭 몬스터는 다리 아래로도 내려와 지나가는 차를 공격하기 때문이다.

여기까지 보면 포프 릭 몬스터는 그저 도시 전설 속 존재 같기만 하다. 하지만 여기 포프 릭 몬스터만의 특이한 점이 있다. 바로 이 괴물 때문에 실제로 몇 년에 한 번씩 다리에서 사람이 죽는다는 것이다. 선로에 서 있다가 오는 기차를 피하지 못하고 기차 바퀴 아래 깔리거나 다리 밑으로 떨어져 죽는 이들은 안타깝게도 포프 릭 몬스터를 찾기 위해 실제로 다리 위를 올랐던 사람들이다. 그러니 따지고 보면 이들은 포프 릭 몬스터에 희생된 셈이다.

공식적으로 기록된 마지막 희생자는 2019년 5월에 발생했다. 각각 열다섯 살, 열여섯 살이었던 두 소녀가 기차가 지나갈 시간에 선로 위에 있던 것이다. 한 명은 즉시 사망했고, 다른 한 명은 위독한 상태로 병원으로 이송된 후 살아남았다. 이들이 포프 릭 몬스터를 찾으러 다리 위로 올랐는지는 확실치 않으나 가능성은 있다. 일부 전설에 해당 다리를 건너면 포프 릭 몬스터를 소환할 수 있다는 내용이 있기 때문이다.

그러나 이보다 3년 앞서 일어났던 사망 사건은 포프 릭 몬스터와 더 직접적으로 관련되어 있다. 2016년 4월, 오하이오주 관광객인 스물여섯 살의 로켈 베인과 그녀의 남자친구인 마흔한 살의 데이비드 니는 유령 사냥이나 으스스한 폐가 탐험을 즐기는 사람들에게 유명한 장소인 루이빌의 웨이벌리 힐스 요양병원Waverly Hills Sanatorium으로 향하던 중이었다. 그런데 이들은 요양병원에 가기 전, 악명높은 포프 릭 몬스터 다리를 확인하기 위해 다리에 올랐다. 그때, 다리 위로 기차가 빠르게 달려왔다. 그렇게 베인은 기차에 치여 죽었고, 니는 팔과 다리를 이용해 미친 듯이 진동하는 다리 끝에 매달려 겨우 버티며 목숨을 건질 수 있었다.

이제 왜 루이빌에서 사람들이 다리에 접근하지 못하도록 막는지 이해했을 것이다. 다리 아래 산책로는 안전하게 즐길 수 있지만(물론 포프 릭 몬스터가 다리 아래로 뛰어내려 여러분에게 달려들지 않는 이상), 다리로 가는 입구에는 루이빌이 설치한 울타리와 무단 침입 금지 표지판이 주렁주렁 달려있다. 또한, 현행법상 철로 운행 방해 시 형사 처벌이 가능하다.

지역 크립티드를 명물화하면 좋은 이유가 백 가지지만, 그래도 안전이 먼저다. 그러니, 루이빌은 포프 릭 몬스터 관련 현판이나 조각상은 해당 철로 다리와 가능한 한 멀리 떨어진 곳에 세워야 할 것이다.

— 오클라호마 옥토퍼스 —

OKLAHOMA OCTOPUS

뉴 스퀴드 온 더 블록[78]

유형: 수생 생물	**최초 발견:** 2000년대 초반
위치: 오클라호마 북동부	**크기:** 6미터

    굉장히 놀랍다. 다른 모든 주가 똑같은 수중 크립티드를 외칠 때, 오클라호마주는 다른 노선을 탔다는 점이 말이다. 다시 말해, 오클라호마 사람들은 수장룡이란 유행에 편승하지도 았었으며, 혹이 난 괴물이나 서펀트에 얽매이지도 않았다. 대신에, 이들은 다음과 같은 질문을 던졌다. "대양에서 가장 멋진 생물이 무엇이지? 오클라호마의 호수 괴물은 그걸로 정하자." 두말할 것도 없이 문어, 문어였다. 문어는 이들 진화의 씨앗이 우주에서 온 운석을 통해 지구에 전해졌다는 설이 있을 정도로 기괴한 생명체다. 얼마나 멋진 생명체면 이런 이야기가 배경으로 붙었겠는가? 게다가 오클라호마 옥토퍼스는 '오크'라는 두음이 반복되는데, 이는 크립티드 마케팅에 있어 매우 중요한 요소이기도 하다.

    일반적으로 민물 문어는 크립티드로 간주한다. 지금까지 알려진 모든 문어 종은 해수 생물이기 때문이다. 가끔 개울이나 호수에서 낚시를 하다가 작은 문어를 발견하는 경우도 있지만, 이런 상황은 누군가의 장난이거나 아무 생각 없이 방생한 반려동물 혹은 낚시 미끼인 경우가 많다. 그리고 어찌어

---

[78] 1980년대 후반에 결성하고 1990년에 발매한 곡 'Stey By Step'으로 유명한 미국 보이 밴드 뉴 키즈 온 더 블록 New Kids on the Block을 패러디한 제목이다. 스퀴드squid는 오징어를 뜻하는 영어 단어이다.

찌 민물에 도달했더라도 문어는 민물에서 금방 죽게 된다. 그러나 오클라호마 문어(혹은 오클라호마 옥토퍼스를 줄여서 오크옥, 즉 '옥콕'은 어떤가? 물론 나 말고는 아무도 부르지 않는 애칭이다)는 다르다. '옥콕'은 적갈색의 피부에 가죽 같은 피부를 하고 있으며 길이는 약 6미터이다. 이에 비해, 크립티드가 아닌 것 중에 세상에서 가장 큰 문어는 태평양 대왕 문어로서, 평균 4.8미터, 최대 50킬로그램에 달한다(하지만 내셔널 지오그래픽에 따르면 이보다 더 크고 무거운 문어, 즉 길이 9미터, 무게 270킬로그램에 달하는 문어 표본도 있다고 한다).

옥콕이 존재한다는 가장 큰 증거는 목격담을 다룬 케케묵은 신문 기사나 아메리카 원주민들의 신화 속 이야기가 아니다. 실제로 그 누구도 민물 문어를 목격하지 못했다. 적어도 생존해 있는 사람들 가운데에서는 말이다. 그러나 오클라호마의 여러 호수에서 발생하는 많은 익사 사건의 원인으로 이 민물 문어가 지목되고 있다. 그런데 '여러' 호수라니? 이건 나의 말실수가 아니다. 이 또한 오클라호마가 다른 주들과 노선을 달리하고 있는 또 하나의 지점인데, 바로 크립티드의 서식지로 호수 하나가 아니라 세 개를 지정하고 있다는 점이다. 세 호수는 각각 썬더버드 호수Thunderbird Lake, 오올로가 호수Oolagah Lake, 텐킬러 페리 호수Tenkiller Ferry Lake로, 오클라호마주의 북서쪽에 삼각형 모양으로 자리 잡고 있다. 서식지가 세 군데라는 것이 오클라호마 문어가 여러 마리라는 뜻인지, 아니면 그냥 한 마리가 돌아다닌다는 뜻인지는 분명하지 않다. 문어에 대한 유일한 물리적 증거라고는 2020년 6월 텐킬러 페리 호수에서 어부들이 발견한 문어 한 마리가 유일했는데, 크기는 사람 손바닥만 했으며 죽은 상태였다.

오클라호마 문어는 아직 데뷔 15년 차인 신인 크립티드다. 내가 조사한 바에 따르면 오클라호마 문어를 최초로 다룬 글은 2007년에 출간된 스콧 프란시스의 『북미를 여행하는 괴물 정찰자를 위한 안내서The Monster Spotter's Guide to North America』에 실린 한 문단짜리 글이며, 오클라호마 옥토퍼스에 대한 대부분의 이야기와 정보가 소개된 곳은 2009년 '로스트 테이프Lost Tapes'의 한 에피소드였다. 이는 애니멀 플래닛 채널을 통해 방영된 프로그램으로, 괴물을 목격하는 장면을 가짜로 찍는 페이크다큐 드라마였다. 그래도 새로운 호수괴물로서의 옥콕이 말도 안 되는 것은 아니다. 왜냐하면 오클라호마의 세 호수 또한 꽤 최근에 생긴 호수이기 때문이다. 오클라호마에는 약 200개의 호수가 있으며, 그중 대부분은 인공 호수이다(대형 호수는 전부 인공이다). 이는 다른 어떤 주보다 많은 숫자이다. 또한, 옥콕이 숨어 있다고 알려진 세 개의 호수 또한 모두 인공 호수로, 썬더버드 호수는 1960년대에, 오올로가는 1950년대에, 텐킬러 페리는 1940년대 말에서 1950년대 초에 만들어졌다.

'오클라호마 문어'에 대한 이야기는 아주 최근에 나온 것이지만, 나는 이미 1927년에 '오클라호마'에서 '문어'에 대한 언급이 있었음을 발견했다. 이는 오클라호마주의 샐리소Sallislaw에서 발간되던 주간지 〈데모크랏-아메리칸Democrat-American〉에 실린 기사로, 세 남성(팀 로스, J.V. 셀러스, 레이포드 맥알파인)이 리 크릭Lee Creek에서 낚시하던 중 문어를 발견했다는 이야기이다. 참고로, 리 크릭은 대부분 아칸소주안에 있지만 오클라호마로 굽이쳐 들어오는 샛강인데, 나중에 텐킬러 페리 호수가 생길 지역과 그다지 멀지 않은 곳에 위치한다. 이들은 물속에서 '유정이 솟는 것 같은' 이상한 움직임을 봤는데, 더 자세히 보니, 그것은 물속에서 문어 한 마리가 반경 3미터로 먹물을 뿌리고 있던 장면이었다. 이 기사는 낚시나 수영을 하는 사람들에게 주의를 당부하는 말로 끝맺는다. "거미처럼 생긴 어류를 조심하고 해당 지역을 피해달라."

해당 경고문구로 세 호수에 표지판을 만들어 설치해도 어울릴 것 같다. 익사 위험을 경고하는 심심한 문구의 표지판보다야 말이다. 옥콕을 수영과 보트 안전을 홍보하는 마스코트로 만들면 어떨까? 이렇게 발음도 특이하고, 두음도 있고, 게다가 멋지기까지 한 이름의 크립티드가 있는데 그냥 놀게 둘 수는 없지 않은가!

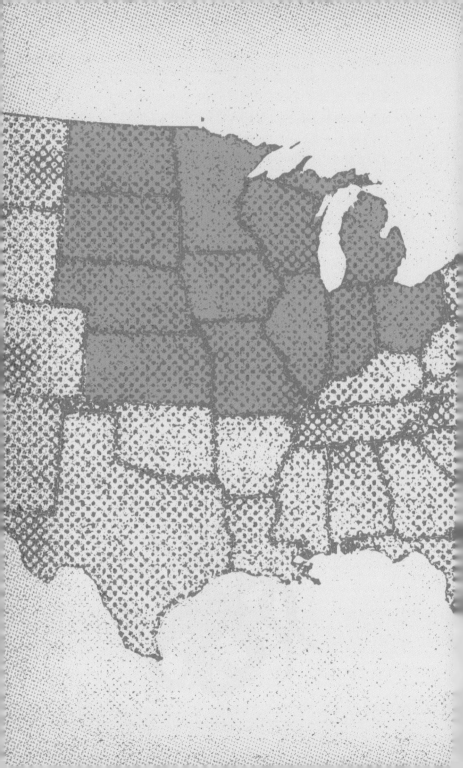

3부

중서부

———◇———

중서부는 미국에서 인구수가 가장 적은 지역으로, 그만큼 중서부의 부끄럼
쟁이 크립티드들이 배회할 공간이 더 많은 곳이다. 그리고 놀랍게도 이들이
배회하는 이 중서부는 사실 미국의 어두운 심장부이다. 미국의 어느 주를 봐
도 중서부의 위스콘신주나 일리노이주, 오하이오주만큼 다양한 종류의 괴물
이 서식하는 주도 드물뿐더러, 중서부의 널따란 평원은 괴물 새, 늑대인간,
뿔과 가시가 달린 온갖 종류의 크립티드를 포함해 크립티드 계의 명물들을
자랑하는 곳이기 때문이다. 이제 중서부가 왜 플라이오버 지역[79]이라고 불리
는지 그 진가를 알아보겠는가? 비행기를 타고 최대한 빨리 지나가야 할 것
이다. 그렇지 않았다간 큰코다칠 테니 말이다.

---

79 플라이오버flyover 지역이란 중서부는 동부나 서부로 비행기를 타고 갈 때나 창문으로 구경하며 지나치는
지역이라는 뜻에서 붙여진 이름이다. 대도시와 유명 관광명소들이 집중된 동부나 서부 지역과 달리, 비교
적 한산한 중부지역을 재미로 비하하는 말이다.

- 엔필드 몬스터 -
ENFIELD MONSTER

한밤중에 찾아와 문 긁는 손님

유형 :	최초 발견 :
포유류	1973년
위치 :	크기 :
일리노이주 엔필드Enfield, Illinois	20~150센티미터

지금 꼬마인 여러분은 혼자 밤을 맞이했다. 엄마랑 아빠는 외출 중이다. 그런데 갑자기, 밖에서 뭔가 긁는 소리가 들린다. 그러다 멈춘다. 그런데 똑같은 소리가 이번엔 다른 곳에서 들린다. 그리고 또 멈춘다. 그런데 이번엔 현관이다. 앨빈 슈워츠[80] 책을 그대로 옮겨놓은 듯한 악몽 같은 이야기이다. 그러나 1973년 봄, 2주간 일리노이주의 엔필드를 공포로 몰아넣었던 괴물인 엔필드 몬스터 이야기는 바로 이렇게 시작한다. 아, 과장이 좀 있었다. 엔필드 전체가 아니라, 한 가족을 공포에 떨게 한 괴물이다. 나머지 주민들은 대개 즐거워했다.

2차 세계대전 참전용사인 쉰 살의 헨리 맥다니엘은 1973년 4월 25일 밤 9시 30분경 아내와 함께 집으로 돌아왔을 때 공포에 떨고 있는 아이들을 발견했다. 뭔가가 집안 여기저기를 돌아다니며 긁어댔다는 것이다. 그러나 이는 현재진행형이었다. 곧 현관에서 무언가 긁는 소리를 맥다니엘도 들었다. 무언가가 집 안으로 들어오려 애쓰고 있는 것 같았다. 곰일지도 모른다고 생각한 그는 22구경 권총과 손전등을 들고 문을 열었다. 문을 긁던 범인은 문에서 3

---

[80] 1927년 생의 미국 작가로, 주로 아이들을 대상으로 한 공포 소설 이야기를 썼다. 대표작으로는 『어둠의 목소리Scary Stories to Tell in the Dark』가 있다.

미터 넘게 떨어져 있었는데, 살면서 한 번도 보지 못했던 동물의 모습이었다.

그는 이 괴물이 120~150센티미터의 키에 잿빛 털로 뒤덮인 휴머노이드에 가까운 형체였다고 설명했다. 두 팔은 땅딸막했으며, 손전등 렌즈만큼 커다란 두 눈이 분홍빛으로 빛났고, 다리는 세 개였다는 이 괴물은 훗날 엔필드 몬스터(또는 엔필드 호러)라고 불리게 된다. 엔필드 몬스터는 쉭쉭 소리를 내며 세 개의 다리를 이용해 빠르고 큰 보폭으로 자리를 떴고, 맥다니엘 집의 잔디밭과 그 너머 기차선로를 건너 어둠 속으로 자취를 감췄다. 맥다니엘은 총알 네 발을 쏘았고, 후에 AP통신과의 인터뷰에서 "첫 발을 쐈을 때, 명중했다는 사실을 알았다"고 말했다.

지금 여러분이 무슨 생각하는지 안다. '에이, 캥거루네. 캥거루도 짧은 팔에 통통 뛰어다니는 회색 동물이고, 게다가 세 번째 다리라는 것은 사실 꼬리겠네.' 그러나 판단하긴 아직 이르다. 다른 사람들도 모두 캥거루라고 생각했지만, 맥다니엘은 캥거루가 어떻게 생겼는지 (그리고 어떻게 생기지 않았는지도) 잘 알고 있다고 주장했다. 호주에서 미군으로 주둔하던 시절, 캥거루를 반려동물로 키운 적이 있기 때문이다.

맥다니엘은 경찰에 신고했지만 경찰이 도착했을 때 이 기괴한 방문자의 유일한 증거는 긁힌 유리창과 덤불 속에 남은 털, 그리고 당시는 아니지만 이후에 발견된 다섯 개 또는 여섯 개의 발가락이 달린 동물 발자국뿐이었다. 이 발자국을 발견한 사람은 펫숍 운영자 에드 필립스로, 그는 UPI통신과의 인터뷰에서 발자국이 빽빽한 덤불에 가려 잘

보이지 않았던 점을 지적하며 "누군가의 장난일 리가 없다"고 말했다.

이 소식이 언론을 타자 전 세계 사람들이란 사람들은 모두 엔필드란 이 작은 마을로 몰려드는 듯했다. 화이트 카운티

White County의 보안관인 로이 포샤드 주니어에게는 절망스러운 일이었다. 그는 몰려드는 사람들을 감당해야 했고, 심지어는 몇 명 감옥에 집어넣기도 했다. 소총을 들고 숲속을 배회하던 남성 다섯 명을 수감 한 것이다. 이들은 사람보다 빠른 잿빛의 동물을 향해 총을 쐈다고 주장했지만, 수렵 허가 기간이 아닌 때에 사냥을 한 혐의로 체포되었다. 크립티드라도 사냥은 사냥이었다.

엔필드 몬스터 목격담이 끌어모은 미스터리 마니아 및 괴물 사냥꾼 중에는 숲에서 들었던 이상한 비명 소리를 녹음한 일리노이 대학교의 인류학 전공 학생도 있었다. 그의 이름은 로렌 콜먼으로, 장차 메인주 포틀랜드에 '국제 신비동물학 박물관'을 설립하게 될 인물이었다(44쪽 참조). 더 가까운 거리에서 목격한 사람들도 있었다. 5월 6일 WWKI 라디오 방송국(엔필드에서 북동쪽으로 네 시간 거리인 인디애나주 코코모 Kokomo에 위치한 방송국)의 라디오 디렉터 릭 레인보우는 몇몇 친구들과 함께 엔필드 몬스터를 찾기 위해 엔필드로 왔고 맥다니엘의 집 근처의 버려진 창고에서 엔필드 몬스터를 발견했다고 주장했다. 회색의 구부정한 무언가가 한밤중에 비명을 지르며 어둠 속으로 사라졌다는 것이다.

한편 이렇게 외지인들은 엔필드 몬스터와 사랑에 빠졌지만, 정작 엔필드 주민들은 맥다니엘의 말을 전혀 믿어주지 않았고 그는 격분했다. 뉴스 프로그램 캐피탈 뉴스 서비스Capital News Service와의 인터뷰에 따르면, 그는 "다른 사람들도 봤다. 그냥 말하지 않는 것뿐"이라고 했다. 그러나 마침내 그의 마음을 누그러뜨릴 사건이 발생했다. 릭 레인보우가 목격한 날과 같은 5월 6일 밤, 그의 눈앞에 엔필드 몬스터가 또 한 번 모습을 드러내며 이 괴물의 존재를 다시 한번 확인했기 때문이다. 그날 새벽 3시경, 개 짖는 소리에 잠에서 깬 그는 불길함을 뒤로하고 밖으로 나갔다. 그리고 밖에는 기찻길을 따라 천천히 걸어가는 엔필드 몬스터가 있었다. 하지만 그는 이번에는 쏠 생각이 없었다. 맥다니엘은 AP통신과의 인터뷰에서 다음과 같이 말했다. "만약 엔필드 몬스터가 발견된다면 한 마리는 아닐 것이며, 분명 지구의 동물도 아닐 것이다."

그렇다면, 엔필드 몬스터는 지구의 미분류 생명체이거나 외계 생명체일 것이다. 혹은 데블 몽키나 유령 캥거루같이 신비동물학이란 수수께끼를 풀어줄 크립티드일 수도 있다. 둘 중 무엇이든, 엔필드 몬스터는 양지로 나올 가치가 있다. 최소한 경고 목적으로라도 말이다. 밤에 문 긁는 소리가 들려도 모른척하라. 그 문을 여는 순간 여러분 동네가 크립티드 마을이 되는 문도 같이 열리게 될 테니 말이다.

그런데 실은, 그것이 내가 바라는 바다. 그러니 부디 문을 열어주시길.

《 ——————◆—————— 》

- 피아사 버드 -
PIASA BIRD

미시시피의 미스터리 미술 벽화

유형:	**최초 발견:**
비행 생물	선사시대
위치:	**크기:**
일리노이주 올튼Alton, Illinois	15미터

나는 미시시피 강을 등지고 있었다. 절대 등 돌릴 수 없는 그 자연의 경이로움을 말이다. 나의 시선을 빼앗은 것은 입구가 4층 높이는 되어 나를 내려다보는 거대한 고질라 굴 같은 동굴이었다. 하지만 내가 있는 곳은 일리노이주 올튼이었다. 고질라 같은 괴수가 살 리가 없는 곳 말이다. 그런데 그때, 내 눈앞에 바로 그것이 나타났다.

비늘이 달린 금색의 몸은 버스만 한 크기였으며 양 날개는 붉었다. 얼핏 보면 사자의 형상이었는데 다리에는 무시무시한 갈고리 모양의 발톱이 달려있고, 머리 위에는 사슴뿔이 달려있었다. 얼굴에는 새빨간 입술을 찢고 나온 두 개의 석순 같은 송곳니도 보였다. 턱 아래에는 턱수염도 나 있었다. 게다가 그 근처를 감싸고 있는 긴 밧줄같이 생긴 꼬리는 전갈 꼬리처럼 분절되어 있었지만, 끝은 또 물고기 꼬리처럼 한 쌍의 지느러미가 달려있었다. 이 짐승은 용과 비슷하지만 특이하게 생겼는데, 어떻게 보면 용이라고 볼 수도 있었다. 주인공은 바로, 아메리칸 원주민(아마 미시시피인 원주민) 설화에 나오는 '피아사 버드'라는 이름의 크립티드다. 피아사 버드는 나보다 15미터 위에 떠 있었지만 다행히 나를 보며 배고픈 듯 침을 흘리고 있지는 않았다. 왜냐하면 피아사 버드는 미시시피 강 근처 동굴 외곽의 거친 암벽에 그려져 있는 벽화였기 때문이다.

1673년, 프랑스 예수회 사제이자 탐험가인 자크 마케트는 미시시피 강이 내려다보이는 절벽에 그려져 있던 괴물 두 마리 그림에 대해 기록한 바 있다. 기록에 의하면 그림 속 동물은 송아지 크기의 몸에 비늘과 사슴뿔, 붉은 눈, 호랑이 수염, 사람 얼굴, 끝에 물고기 지느러미가 달린 긴 꼬리가 달린 모습이었으며, 녹색과 빨간색, 검은색을 사용해 그린 그림이었다. 다시 말해, 날개 등 몇 가지 세부 사항만 빼면 내가 감탄하던 외튼 외곽 절벽에 그려진 벽화와 비슷한 모습이었다.

하지만 18세기 초쯤 마케트가 봤던 그림은 사라져 있었다. 그리고 19세기 말이 되자, 한 석회석 회사의 채석 작업으로 절벽 자체가 사라져 버렸다. 그러나 피아사 버드는 잊히지 않고 수십 년간 부활을 거듭했다. 20세기 초, 한 예술가가 원래 그림이 있던 곳에서 몇백 미터 떨어진 자리에 다시 그리기도 했다. 하지만 이 절벽 또한 석회석 채석장이었고, 안쪽이 채석에 편리하게 괴물 동굴처럼 움푹 들어가 있는 곳이었다. 결국 이 벽화 또한 이전의 피아사 버드와 같은 길을 걷게 되었다. 1980년대에는 올튼에서 피아사 버드가 그려진 금속판을 절벽에 볼트로 고정했으나 금속판이 녹슬자 철거해 버렸다. 그 뒤 금속판은 녹을 제거해 올튼 북쪽에 위치한 피아사 마을의 한 고등학교 운동장에 설치되었다(참고로, 피아사에 위치한 고등학교 마스코트는 피아사 버드이며, 올튼에 위치한 고등학교 마스코트는 레드 버드, 즉 붉은 새다). 1998년, 지역 예술가 데이브 스티븐스가 지금의 절벽에 현재 남아있는 피아사 버드를 환생시켰고, 요즘은 정기적으로 새롭게 칠을 입히고 있다.

수년간 피아사 버드 이야기가 비롯된 곳은 1836년 〈패밀리 매거진Family Magazine〉에 실린 목사이자 교수인 존 러셀의 글이었다. 이 크립티드에게 피아사라는 이름을 부여한 것도 바로 이 기사였다(이에 대해 러셀은 일리노이 말로 '사람을 먹어치우는 새'라는 뜻이라고 했다). 러셀의 글에는 아메리카 원주민 영웅 와와토가Ouatoga의 이야기가 담겨있다. 와와토가는 새를 죽이기 위해 독화살로 무장한 스무 명의 전사를 매복시켰으며 자신은 기꺼이 비무장 상태로 눈에 띄는 곳에서 미끼 역할을 했던 인물이었다. 그러나 결국 러셀은 자신이 들어왔던 다양한 아메리카 원주민 설화를 바탕으로 해당 이야기를 지어냈다고 시인했다.

그러나 러셀이 지어낸 이야기가 이 벽화의 전설이 된 이유는 피아사 버드 벽화에 관한 정보가 없어도 너무 없었기에 뭐라도 채워 넣어야 했기 때문이다. 그러니 피아사 버드의 기원과 의미는 여전히 수수께끼이다. 실제로 우리가 아는 것은 고대부터 몇 세기에 걸쳐 석회암 벽에 새 그림이 있었고 그것이 지금의 거대한 용의 형상으로 자리 잡고 있다는 것뿐이다. 올튼 주민들은 피아사 버드를 죽게 내버려 두지 않고 계속해서 환생시키고 있다. 정말 탁월한 선택이 아닐 수 없다.

신비동물학은 사실 조류학의 분과이다?

크립티드 목격자들은 사실 크립티드 '같은' 새를 발견한 조류학자일 수 있다. 적어도 과학적 회의론자들의 관점으로는 말이다.

웨스트버지니아 대학교의 야생동물 생물학 부교수 로버트 L. 스미스 박사는 모스맨이 처음 목격된 지 채 일주일이 되기도 전에 일간지 〈헌팅턴 헤럴드–디스패치Huntington Herald-Dispatch〉와의 인터뷰를 통해 그 큰 날개에 커다란 붉은 눈을 한 인간 크기의 생명체는 캐나다 두루미가 거의 확실하다고 자신 있게 주장했다. 캐나다 두루미도 크고 깃털이 회색이며 양 날개를 펼치면 그 길이가 2미터가 넘으며, 눈 주위에 밝은 빨강의 반점이 있다는 것이었다. 또한, 캐나다 두루미는 웨스트버지니아 토종이 아니기 때문에 사람들에게 생경했을 테고, 캐나다와 오대호에서 남쪽으로 이동하는 무리 중 한두 마리가 포인트 플레전트를 거쳤을 가능성도 높다는 것이었다.

1955년, 테일러와 서튼 가족은 켄터키주 홉킨스빌의 외딴 집에서 큰 귀와 커다란 눈을 한 90센티미터의 은빛 생명체에게 포위당했다. 훗날 홉킨스빌 고블린이라 불릴 괴물들이었다. 〈스켑티컬 인콰이어러Skeptical Inquirer〉지 2006년 호에서 과학적 회의론자 조 니켈은 목격자들의 설명을 수용했지만, 이들의 설명과 맞아떨어지는 생명체는 따로 있다고 말했다. 이는 야생성에다 특히 둥지를 지켜낼 때 더욱 공격적인 특성을 드러내는 수리부엉이이며, 그렇기에 해당 생명체가 총에 맞았을 때 날아가는 것처럼 보였을 것이라 덧붙였다.

그 외에 신비동물학자와 회의론자 모두 새라고 동의하는 존재, 썬더버드가 있다. 그러나 회의론자들은 이들이 사실 썬더버드가 아닐 가능성이 높다고 생각한다. 양쪽 날개를 모두 펼친 길이가 1.8~3미터에 달할 정도로 큰 새인 콘도르와 독수리가 이미 있기도 하고, 밑에서 위를 보는 각도에서는 하늘에 있는 것이 더 커 보이기 때문이다.

그러니까, 말하자면 모든 건 어느 각도로 보느냐의 문제인 것 같다. 어쩌면 국립 오듀본 협회National Audubon Society[81]가 크립티드 관련 부서를 만들어 크립티드 연구에 날개를 달아주는 것도 좋은 생각이지 않을까?

---

[81] 미국의 환경 보전 및 조류 보호 단체 중 하나로, 조류와 조류 서식지를 보호하고 보전하는 데 초점을 맞춘 비영리 단체이다. 19세기의 조류학자 존 제임스 오듀본의 이름을 따 만들어졌다.

– 비스트 오브 버스코 –
BEAST OF BUSCO
터틀 파워[78]

유형 : 파충류	**최초 발견 :** 1948년
위치 : 인디애나주 츄러버스코 Churubusco, Indiana	**크기 :** 길이 1.8미터, 너비 1.5미터 무게 230킬로그램

인디애나주 츄러버스코의 환영 표지판에는 미국 거북이 마을Turtle Town, U.S.A.이라는 글과 함께 선원 모자를 쓴 거북이 한 마리 그림이 그려져 있다. 만약 이 표지판을 놓쳤더라도 이 마을이 거북이에 푹 빠진 곳임을 알아차리는 데에는 얼마 걸리지 않는다. 치과 이름은 '거북이 마을 치과'에, 로고 또한 거북이 모양의 치아 한 개다. 또 사탕 가게 이름은 '초콜릿 거북이'이고, 로고 또한 환영 표지판처럼 선원 모자를 쓴 거북이이다. 마을 중심부 사거리에는 작은 거북이 상이 있으며 동네 공원에는 이보다 훨씬 큰 거북이 상이 있다. 마을 급수탑에도 선원 모자를 쓴 거북이가 그려져 있다. 왜 이곳에는 마을 곳곳에 이렇게 귀여운 거북이가 많을까? 그것은 그다지 귀엽지 않은 한 괴물, 그리고 그 괴물을 사냥했던 한 편의 대서사시 때문이다.

때는 1948년 여름이었다. 찰리 윌슨과 그의 사위 오라 블루는 윌슨의 여동생 헬렌 해리스와 처남인 게일 해리스가 소유한 농장에 있는 4만 제곱미터 크기의 풀크 호수Fulk Lake라는 호수에서 하루 종일 낚시를 하고 있었다. 그러던 중 갑자기 윌슨이 소리를 지르며 집으로 뛰쳐 들어왔다. 생전 처음 보

---

82 1980~90년대에 인기를 끈 미국 애니메이션 〈닌자 거북이Teenage Mutant Ninja Turtles〉에 나온 대사로, 네 명의 닌자 거북이들이 함께 힘을 합쳐 어려운 상황을 극복할 때 하는 말이다.

는 큰 거북이가 있다며 말이다. 당시 해리스 부부는 농장을 소유한 지 1년 정도밖에 되지 않았지만, 농장에서 윌슨이 봤다는 공룡 같은 거북이는 본 적이 없었다. 더군다나, 사람들이 평소에 신뢰하지 않는 윌슨의 말이었기에 누구도 믿지 않았다.

그해 말, 게일 해리스와 목사 오빌 리스와 함께 헛간 지붕을 고치던 중 호수에서 커다란 무언가가 물을 튀기고 있는 것을 발견했다. 이들은 정체를 확인하기 위해 지붕 아래로 내려가 서둘러 보트를 탔다. 노를 저은 지 얼마 되지 않아 리스는 자신이 노를 젓던 쪽에서 그것을 보았다고 했지만, 해리스는 그럴 리가 없다고 답했다. 바로 자신이 노를 젓던 쪽에 나타났다는 것이다. 하지만 둘 다 맞았다. 바로 보트 밑에 식탁만큼 거대한 230킬로그램의 짐승, 비스트 오브 버스코가 숨어있던 것이다.

해리스는 동네 친구들에게 자신이 목격한 것을 이야기했고, 이 거북이 이야기는 실제 거북이 속도와는 정반대로 삽시간에 퍼져나갔다. 이 목격담은 뉴스로 보도되었고 그러자 미국 전역이 곧 풀크 호수의 괴물 거북이에 대한 소문으로 떠들썩해졌다. 이 파충류를 직접 잡기 위해, 아니면 털끝이라도 보기 위해 전국 각지에서 수천 명이 해리스 부부의 농장으로 모여들었다. 이 무렵은 1949년 3월이었지만 호수의 일부가 아직 얼어붙어 있을 정도로 매우 추운 때였다. 하지만 사람들의 관심에 힘입어 이 괴물을 찾아 잡으려는 여러 방법이 제안되었고 해리슨 부부 또한 적극적이었다. 이들은 얼음에 구멍을 뚫고 공기 압축기를 설치한 후 다이버를 내려보냈다. 크레인도 사용했다. 덫도 설치했다. 호수 바닥도 샅샅이 훑었다. 심지어 이 짐승을 유인하기 위해 100킬로그램의 암컷 바다거북까지 데려왔다. 하지만 다 소용없었다. 결국 츄러버스코 사람들은 포기했고, 암컷 바다거북은 수프가 되었다.

서커스 단장들은 상금을 걸었고, 호수가 있는 인근에 있는 여러 마을이 이 거북이 괴물을 빼앗아 가려 했다. 신문에는 날조된 목격담이 실렸다. 그리고 추측도 난무했다. 일부는 이 거북이가 4년 전 투하된 원자폭탄으로 지하에서 축출된 괴수라고 주장했다. 왠지 고질라나 가메라[83]가 생각난다. 하지만 이때 가메라는 태어나지도 않았을 때이며, 고질라가 스크린을 강타한 것도

---

83 거대한 고대 거북이 모양의 괴수로, 일본 다이에이 스튜디오가 1965년에 발표한 영화 시리즈의 주인공이다.

이로부터 5년 뒤이다. 또 어떤 이들은 이 거북 괴물을 마이애미Miami족의 유명한 아메리카 원주민 추장 '작은 거북'과 연결 지었다. 츄러버스코에서 몇 킬로미터 떨어지지 않은 포트 웨인Fort Wayne에서 죽은 그가 어쩌면 그다지 작지 않은 거북의 모습으로 귀환했을 수 있다는 것이었다.

츄러버스코의 노인들은 풀크 호수에서 거대한 거북이가 발견된 것이 이번이 처음이 아니라고 재차 말했다. 1898년 이 호수의 이름은 따온 사람이자 농장의 원래 주인이었던 오스카 풀크가 그 목격자라는 것이다. 이야기에 따르면 풀크는 심지어 거북이에게 헤엄쳐 가서 등껍질에 자신의 이름을 새겼다고 한다. 그래서 당시 사람들은 이 거북을 오스카라고 불렀다. 그리고 1914년, 이 거북은 다시 수면 위로 올라왔고, 바뀐 주인인 해리스 부부에 의해 발견되었을 뿐이라는 것이다.

1949년 9월, 게일 해리스는 호수의 물을 퍼내 마지막으로 한 번만 더 이 거북이를 찾아보기로 결심했다. 그 후 게일은 몇 주 동안 잠도 차 안에서 해결하며 밤낮 없이 펌프질을 했다. 점점 낮아지는 수면 위로 거대한 거북이 껍데기가 드러나기를 기다리며 말이다. 관광객들 또한 그 영광의 순간을 기다리며 다시 마을로 몰려들었다. 그리고 게일의 계획은 성공했다. 반만 말이다. 10월 13일, 잠깐 모습을 드러낸 오스카는 알 수 없는 경로를 통해 빠져나갔다. 결국 게일은 호수의 물을 퍼 올리는 것도, 거북이 괴물을 찾는 모든 도전도 포기해야 했다. 그동안 농장 일도 팽개친 채 이미 사냥에 너무 많은 돈을 써버린 뒤였다. 그렇게 모든 게 끝나버렸다. 다음 해 게일은 농장을 팔았고 다시는 오스카, 즉 비스트 오브 버스코를 볼 수 없었다.

그러나 츄러버스코에서 거북이 괴물이 빠져나간 빈자리는 강력했다. 마을 사람들은 오스카를 그리워했고, 이듬해 1950년에 첫 번째 터틀 데이즈 페스티벌Turtle Days Festival이 열렸다. 이 행사는 과거 흥미진진했던 오스카 사냥을 기념하는 축제이다. 축제는 오랜 세월을 거쳐 거북이 꽃수레 퍼레이드와 불꽃놀이, 거북이 경주가 열리는 행사로 성장했고, 단순히 호수에 살던 오스카는 그렇게 마을 사람들의 마음과 영혼으로 거처를 옮기게 되었다. 이제는 어디에서든 오스카를 볼 수 있다. 이렇게 훨씬 더 귀여운 모습으로 말이다.

– 반 미터의 방문객 –
VAN METER VISITOR
커다란 빛의 커다란 괴물

유형:	최초 발견:
비행 생물	1903년
위치:	크기:
아이오와주 반 미터 Van Meter, Iowa	2.4미터

반 미터의 방문객은 차를 타고 마을 외곽의 시골길을 달리던 10대들의 이야기로 시작하지 않는 몇 안 되는 크립티드 이야기 중 하나다. 이 이야기는 시가지에 있는 회사에서 일하는 존경받는 사업가들로부터 시작된다.

반 미터는 약 천 명의 인구가 모여 사는 디모인Des Moines의 조용한 교외 지역이다. 그리고 1903년 가을, 이곳에 낯선 존재가 방문하게 된다. 이 존재는 후에 결국 이름까지 얻게 되는데, 그 이름은 크립티드 이름치고 정중한 느낌의 '반 미터의 방문객'이었다. 이름만 들으면 이들이 주민들의 친절한 초대라도 받은 것 같겠지만, 실제로 이들을 반긴 건 무장한 시민군의 총이었다.

9월 29일 새벽 1시, 공구와 사료 사업을 운영하는 율리시스 G. 그리피스는 하루 종일 이어진 농장 방문 판매를 마무리했다. 그리고 마을을 지나 집으로 향하던 그의 눈에 매더 앤 그레그스Mather & Gregg's 건물 옥상에서 빛나는 불빛 하나가 들어왔다. 그는 불빛에서 눈을 떼지 않았고 그 빛은 길 건너편에 있는 다른 건물의 옥상으로 빠르게 옮겨갔다. 그리고 그 정체를 알아채기 전 불빛은 갑자기 꺼져버렸다.

다음 목격은 거의 24시간이 지나서야 일어났는데, 첫 목격과는 비교도 안 될 정도로 위험했다. 반 미터 시내에 있는 병원 뒤편의 방에서 자고 있던 의

사 A. C. 알콧은 창문을 통해 들어오는 환한 빛에 잠이 깨고 말았다. 뭔지는 몰랐지만 뭔가 안 좋은 일이 일어났다는 것은 확실히 알 수 있었던 알콧은 총을 들고 밖으로 뛰쳐나갔다. 예감은 적중했다. 커다란 가죽 날개에 부리가 달린 2.4미터 크기의 휴머노이드가 있던 것이다. 그 강력한 빛은 괴물 머리에 솟은 뿔에서 뿜어져 나오고 있었다. 알콧은 망설임 없이 바로 총을 다섯 발 갈겼다. 하지만 이 빛을 뿜는 익룡에게는 소용없었다. 알콧은 다시 병원으로 뛰었고 돌아와 문을 잠갔다.

다음 날인 10월 1일 밤, 당시 은행원이자 장차 시장이 되는 인물인 클라렌스 던은 산탄총을 들고 은행을 지키고 있었다. 소문 속의 빛의 출처가 괴물이 아니라 마을에 든 강도들이라고 생각했기 때문이다. 앞서 발생한 두 번의 목격이 일어난 같은 시간인 새벽 1시에 던은 밖에서 나는 이상한 소리를 들었다. 마치 무언가가 목 졸림을 당하는 소리였다. 창문 가득 밝은 빛이 들어왔다. 빛 너머로 보이는 거라곤 커다란 형체뿐이었지만 그것만으로도 너무 무서웠던 그는 방아쇠를 당겨 창문을 날려버렸다. 빛은 사라졌고, 던은 상황을 살피기 위해 밖으로 나갔다. 바깥의 진흙 위에는 세 발가락의 발자국이 연속으로 찍혀있었다.

10월 2일 밤, 가구점이자 철물점 가게 주인인 O. V. 화이트는 자신의 가게 위층 방에서 자고 있었다. 그러나 시끄럽게 무언가를 긁는 소리에 잠이 깨, 총을 들고 밖을 내다보았다. 그리고 그의 눈에 들어온 것은 길 건너 전신주 꼭대기에 새처럼 앉은 검은 생명체였다. 그는 총을 쐈지만 괴물은 동요하지 않았다. 괴물은 그에게 광선을 쏘았고 그는 갑자기 풍기는 강력한 악취를 느끼며 기절해 버렸다.

총소리를 들은 화이트의 이웃 시드니 그레그는 무슨 일인지 확인하기 위해 밖으로 나왔다. 그리고 후회했다. 자신의 커다란 부리를 지지대 삼아, 전신주를 마치 앵무새 횃대 삼듯 가볍게 내려오고 있는 거대한 괴물이 바로 눈앞에 있었기 때문이다. 땅에 내려오자, 괴물은 두 다리로 이리저리 뛰어다니더니 또 네발로 기어다녔다. 그때 기차 한 대가 굉음을 내며 마을로 들어왔고 깜짝 놀란 괴물은 날아가 버렸다.

이쯤 되자 반 미터 주민들은 걱정이 가득해졌다. 멀쩡하던 사람들이 미쳐 가고 있거나, 마을에 이상한 일이 벌어지고 있다고 생각했다. 한편 마을 변두리에 있는 벽돌과 타일 공장에서는 이 기이한 새의 기이한 둥지가 발견되었다. 공장 터 안에 있는 버려진 탄광이었는데, 지난 며칠간 공장 인부들은 이 탄광 구멍에서 온갖 소란스러운 소리는 다 들었다고 했다. 데모인 일간지 〈데모인 데일리 뉴스Des Moines Daily News〉는 그 소음이 마치 '사탄과 그의 꼬마 악마 부대가 전장에 출전하기 위해 몰려오는 소리'와도 같았다고 보도했다. 10월 3일 토요일 새벽, 공장 관리자인 J. L. 플랫은 '사탄과 그의 꼬마 악마 부대'를 직접 확인하기로 마음먹었다. 그리고 그는 깊은 밤 그 미지의 벼랑 끝에서 밤을 새운 보상을 받았다. 빛이 보이더니 괴물이 광산에서 불쑥 튀어나온 것이었다. 그런데 혼자가 아니었다. 뒤이어 더 작은 새가 따라 나왔다. 이놈도 빛을 뿜는 뿔을 달고 있었다. 둘은 밤하늘로 날아가 버렸고 결국 불빛도 저 멀리 사라져 갔다.

플랫은 공장 인부들과 주민 몇을 모았다. 이들은 무장하고 괴물이 은신처로 돌아오기를 기다렸다. 새벽이 되자 마침내 두 괴물이 다시 모습을 드러냈고, 사람들은 빗발치는 총성으로 이들을 맞이했다. 두 괴물은 비명을 질렀고 더러운 악취를 풍기긴 했지만, 쏟아지는 총알에도 무사한 듯했다. 이들은 광산으로 날아갔고 그대로 사라져 버렸다. 그리고 다시는 모습을 드러내지 않았다.

그 뒤 〈디모인 데일리 뉴스〉는 이 괴물에 대해 마을 우체국장 H. H. 필립스가 쓴 글을 실었고, 전국의 다른 신문들도 관련 기사를 실었다. 그런데 며칠 후, 현지 신문 〈디모인 데일리 뉴스〉와 〈디모인 데일리 캐피탈Des Moines Daily Capital〉이 필립스의 주장을 반박하는 기사 두 개를 실었다. 익명으로 쓰인 글이었으며, 〈디모인 데일리 캐피탈〉의 경우 이 글이 '여러 주민이 보낸 분노의 편지'를 토대로 쓰였다고 밝히고 있었다. 익명의 제보자들은 마을에서 본 이상한 빛과 소리, 심지어 클라렌스 던이 총으로 은행 창문을 날려버린 사건도 인정했지만, 가죽 날개를 가진 빛을 뿜는 뿔이 달린 괴물이란 이야기는 필립스가 날조한 것이라 주장했다. 이들은 '반 미터의 방문객'의 존재를 완전히 부인하고 있었다.

반 미터는 백 년간 그다지 성장을 이루지 못했다. 마을은 여전히 작고, 인구도 여전히 천 명 정도에서 맴돌고 있다. 그러나 이 정도면 괴물 축제를 열기에 충분한 규모다. 2013년, 반미터 주민들은 채드 루이스, 노아 보스, 케빈 리 넬슨이 『반 미터의 방문객The Van Meter Visitor』이라는 책을 출간한 데에 힘입어 제1회 반 미터의 방문객 페스티벌Van Meter Visitor Festival을 열었다. 해당 책을 통해 마침내 이 이야기가 해피 엔딩을 맞은 것이다. 반 미터의 방문객이란 이름도 생기고, 사람들의 사랑도 받고 말이다.

'그 이후로 반 미터 주민들은 모든 방문객을 더욱 반갑게 맞이하게 되었답니다.'

- 싱크홀 샘 -
SINKHOLE SAM

잠자는 지렁이의 코털을 건드리지 마라

유형:	**최초 발견:**
수생 생물	1952년
위치:	**크기:**
캔자스주 인먼Inman, Kansas	길이 4.5~9미터,
	두께 50센티미터

이번에 소개할 크립티드에 대해 〈뉴스페이퍼 엔터프라이즈 어소시에이션 NEA〉 한 소속기자는 이렇게 묘사했다. '네스호 괴물에 맞설 캔자스의 대항마' 또한 〈캔자스 시티Kansas City〉지의 경우 이렇게 표현했다. '캔자스 역사상 단연 최고의 전설적 괴물' 그런데 뭐, 그냥 이렇게 말해도 딱히 틀린 말은 아닐 것 같다. '구멍 안에 사는 대형 지렁이'.

캔자스주에 속한 카운티 중 25퍼센트가 지표면에 싱크홀이 있다. 싱크홀이란 기저 기반이 사암이나 석회암 같은 부드러운 암석일 때 생길 수 있는 현상으로, 예를 들어 폭우 등을 만나 땅이 융해되면 지층이 기반을 잃고 붕괴하여 발생한다. 이때 생기는 구멍이 작거나 얕을 수도 있지만 때로는 크고 깊어 사람이나 차량, 건물 전체를 집어삼키는 재앙을 일으키기도 한다. 그리고 바로 이 싱크홀에서 발견된 크립티드가 있다. 이것의 이름은 샘, 싱크홀 샘이다.

빅 싱크홀Big Sinkhole은 캔자스주 인먼 근처의 약 사십만 제곱미터 크기의 싱크홀이다. 1920년대 한 석유 회사의 시추로 생겨났으며 현재는 물이 가득 차 얕은 호수가 되었다. 이곳의 깊이는 강우량에 따라 달라지는데, 최대 4.5 미터에 달한다. 그러나 싱크홀 샘은 평범한 호수 괴물과 다르다. 샘은 거대한 지렁이일 수도, 뱀일 수도 있지만 예술가들이 묘사하는 모습은 대개 오래 묵은 축축한 뱀이 아닌 거대한 지렁이의 모습이다.

뱀이든 지렁이든, 이 긴 원통 모양의 크립티드가 발견된 것은 1952년 여름 빅 싱크홀에서 낚시를 하던 두 어부에 의해서였다. 이들은 크립티드 몸통의 두께는 약 50센티미터 정도였으며, 길이는 4.5~9미터, 머리는 납작하다고 설명했다. 당시 이 마을의 인구는 600명이 조금 넘었기 때문에 소문이 금세 마을을 휩쓸었고 결국에는 외지로까지 퍼져나갔다. 그리고 이 소문에 관심이 생긴 어니스트 듀이라는 저널리스트는 글을 쓰기로 했다. 아니, 정확히는 '비꼬는' 글을 쓰기로 했다.

듀이의 글은 그해 11월 일간지 〈살라이나 저널Salina Journal〉에 실렸다. 그는 글에서 에라스무스 P. 쾌틀바움 박사의 도움을 받아 싱크홀을 조사했다고 했다. 이들은 말 그대로 자신들은 '발끝에 물 한 방울 안 묻히고' 이 괴물의 정체가 푸펜거클foopengerkle임을 확인했다고 했다. 듀이의 설명에 따르면 푸펜거클은 지하에 사는 무해한 채식주의자 괴물로서, 우울한 성향에 이미 멸종한 존재라고 했다. 하지만 이 푸펜거클은 자신이 원래 멸종되었어야 한다는 사실을 모르고 있기에, 자신이 무해하고 채식주의자라는 사실 또한 모를 수 있으므로 인면 주민들의 각별한 주의가 요구된다고 비꼬았다.

하지만 인면 주민들은 각별하게 주의하지 않았다. 이들은 자신이 가장 먼저 이 크립티드를 발견하고 싶은 마음에 빅 싱크홀 주변으로 계속해서 몰려들었다. 비꼬기 위해 썼던 듀이의 글은 오히려 갑작스러운 빅 싱크홀 관광 붐을 일으켰다. 괴물을 실물로 보고 싶은 수백 명의 인파가 몰리면서, 야외 영화관에 차가 몰리듯 빅 싱크홀 '상영관'도 차로 붐볐다.

소동은 결국 가라앉았다. 하지만 1923년 한 차례 가뭄이 발생하며 빅 싱크홀의 수위가 급격히 낮아졌고, 사람들은 다시 한번 샘을 떠올렸다. 수위가 낮아졌으니 이 괴물을 볼 수 있는 확률이 높아졌다는 희망에 차게 된 것이다. 이러한 분위기는 두 명의 목격자가 나타나며 더욱 고조되었다. 10대 소년 알버트 노이펠트는 사냥용 소총으로 샘을 두 번 쏴 명중시켰다며 마을의 위협적인 존재인 푸펜거클을 자신이 해치웠다고 주장했다. 그러나 조지 레게르는 노이펠트가 샘을 쐈다고 주장하는 시간에 샘은 빅 싱크홀을 가로지르는 짧은 다리 위에 있었다며, 이후에도 빅 싱크홀 안에서 샘을 봤다고 주장했다. 싱크홀 샘은 다친 곳 없이 온몸이 성해 보였다는 것이다.

그러나 이후로 이 거대한 지렁이는 빅 싱크홀 호수에 잔물결 하나 일으킨 적이 없다. 어쩌면 듀이가 괴물의 고향이라 주장했던 지하 굴로 돌아갔을 수도 있다. 아니면 홍수 때 떠내려와서 도로 홍수 때 떠내려갔을지도 모른다. 그것도 아니면, 더 괜찮은 호수를 찾아 이사했거나 말이다. 공교롭게도 그후 1960년대, 킹맨Kingman(인먼에서 남쪽으로 약 한 시간 정도 거리에 위치한 마을)에는 사냥단이 결성되었다. 그리고 주민들이 조직한 이 사냥단이 쫓는 것은 마을의 한 농장에서 송아지를 끌고 킹먼 카운티 주립 호수Kingman County State Lake로 들어간 길이 6미터에 몸통은 성인 남성만 한 한 괴물이었다.

만약 이 괴물이 싱크홀 샘이라면 인먼 주민들은 자신들의 크립티드를 좀더 소중히 여겨야 할 것이다. 그렇지 않으면 샘을 킹맨에 빼앗길 수도 있기 때문이다. 그러나 또 누가 알겠는가? 인먼에 더 큰 신축 싱크홀이 생기면, 다시 이사 온 샘을 운 좋게 만날지도!

❖ ———————————— ❖

— 도그맨 —
DOGMAN
개 더하기 인간은? 소름이~

유형: 갯과 휴머노이드	최초 발견: 1938년
위치: 미시간주 북부	크기: 2.1~2.4미터

"나는 견간_{犬間}이야. 반은 사람이고, 반은 개야. 그러니 나는 나의 가장 친한 친구이지."[84] 이는 1987년 멜 브룩스 감독의 영화 〈스페이스볼 Spaceballs〉에서 배우 존 캔디가 맡은 귀여운 캐릭터 바프가 하는 말이다. 하지만 어두운 버전의 견간도 있다. 바로 미시간주의 도그맨이다. 다른 주와는 달리 미시간 사람들은 키가 크고 검은색의 털북숭이를 보면 빅풋이라고 생각하지 않는다. 도그맨이라 생각하기 때문이다.

나체의 인간 상체에 개 머리가 달린 모습. 얼굴은 인간이지만 주둥이와 손이 개인 모습, 그리고 이족보행이나 사족보행을 하는 온몸이 완전히 털북숭이 개인 모습까지 도그맨에 대한 묘사는 다양하다. 눈은 파란색 혹은 호박색이며, 울음소리는 개가 길게 짖어대는 소리라기보다는 사람 비명에 가깝다. 키는 장신으로 2미터가 넘는다. 도그맨은 비스트 오브 브레이 로드(221쪽 참조) 같은 늑대인간과 거의 비슷하다. 하지만 도그맨에게는 비스트 오브 브레이 로브에게는 없는 것이 있다. 바로, 라디오 히트곡이다.

1938년 열일곱 살의 로버트 포트니는 일리노이주 파리 Paris와 가까운 머스키건 강 Muskegon River 강둑에서 사냥과 낚시를 하던 중 들개 무리의 습격을 받

---

[84] '개는 인간의 가장 친한 친구 Dogs are a man's best friend'라는 영어 표현을 염두에 둔 대사다.

았다. 포트니는 이들을 겁주려 개의 머리 위 허공에 총을 쏘았다. 성공이었다. 그러니까, 80퍼센트는 말이다. 네 마리는 허둥지둥 도망쳤지만 다섯 번째 개, 즉 파란 눈에 검은 털을 한 괴물 같은 개는 상체를 들고 일어나 총을 든 포트니를 무섭게 내려다보았다. 1987년 인터뷰에서 포트니는 다음과 같이 말했다. "당시 너무 무서워서 내가 착각한 것일 수도 있지만, 분명 그 개가 나를 보며 웃고 있었다." 개는 성큼성큼 걸어서 사라졌다.

1967년, 친구인 두 남성은 매니스티 강Manistee River 지류인 클래이뱅크 호수Claybank Lake에 나룻배를 띄우고 같이 낚시를 하다가 무언가 자신들을 향해 헤엄쳐 오는 것을 목격했다. 처음에는 사슴이라 생각했고, 더 가까이 왔을 때는 사람이라 생각했지만, 결국 마지막에는 완전히 다른 존재라는 것을 깨달았다. 얼핏 보면 사람 같은 그것의 얼굴에는 기다란 개 주둥이가 있었으며 발도 짐승 발이었다. 둘은 배에 오르려 하는 이 괴물을 노로 힘껏 내리쳤고, 짐승은 배를 놓아주었다. 그리고 둘은 노를 젓는 한 쌍의 인간 모터가 되어 그곳을 빠져나왔다.

발생 시기가 저마다 달랐던 이러한 류의 목격담 제보가 한꺼번에 몰렸던 날은 바로 1987년 4월 1일 만우절이었다. 하지만 제보는 만우절 농담이 아니었다. 앞서 이날 미시건주 트래버스 시티Traverse City에서 활동하는 라디오 DJ 스티브 쿡은 만우절 장난으로 자신이 작곡하고 노래한 '전설The Legend'이라는 제목의 노래를 발표했다. 을씨년스러운 연주에, 미시간주에서 발생한 도그맨 목격담을 구어체 가사로 나열하여 읊조린 노래였다. 조니 캐시[85] 스타일로 말이다. 가사 속 목격담은 10년마다 일어나는데, 1987년같이 모두 끝자리가 7인 해였다. 1887년에는 두 발로 곧게 선 개 때문에 겁먹었던 벌목꾼들의 이야기가, 1957년에는 교회 문에 일반적인 개가 닿을 수 있는 높이보다 훨씬 높은 곳에 나 있던 개 발톱 자국을 목격한 한 성직자의 이야기가, 1967년에는 자신들의 미니버스 창문 너머로 본인들을 향해 웃고 있던 개의 얼굴에 무서워 벌벌 떨던 히피족의 이야기가 실려있었다.

하지만 이는 모두 쿡이 지어낸 이야기였다. 게다가 괴물 목격담이라기에

---

85 1950년대부터 2000년대 초까지 활동한 미국의 전설적인 컨트리 뮤지션으로, 특유의 개성있는 낮은 목소리로 유명하다.

도 애매한, 누구 하나 피 한 방울 보지 않는 순한 맛의 이야기였다. 그러나 노래가 공개되자 쿡이 일하는 라디오 방송국에 전화 제보가 쇄도했다. 자신들이 노래에 나오는 똑같은 생명체를 실제로 목격했다는 것이다. 그중에는 포트니 목격담과 클레이뱅크 호수 목격담도 있었다. 이렇게 쿡은 의도치 않게 미시간 숲에서 일어났던 온갖 소름 끼치는 목격담을 한데 결집시켰다. 도그맨이란 이름으로 모든 묵은 악몽에 생명을 불어넣은 것이다. 마치 뉴저지의 모든 목격담이 '저지 데블'이라는 이름으로 뭉쳤듯이 말이다.

그러나 그 후로 물리적 증거가 쌓이기 시작했다. 같은 해, 루터Luther라는 한 작은 마을에서 한 짐승이 외딴 오두막 하나를 엉망으로 만든 사건이 발생했다. 신고 전화를 받은 제프 체임벌린 경관과 동료들은 곰의 소행으로 추측하며 출동했다. 하지만 이들이 현장에서 발견한 것은 개로 보이는 발자국과 이빨 자국, 그리고 발톱 자국이었다. 이빨 자국과 발톱 자국 중 일부는 지상 2미터 높이의 창틀에 남아있었다. 도그맨이 화제로 떠오른 지 얼마 되지 않은 시점이었기에, 그 즉시 도그맨은 강력한 용의선상에 오르게 되었다. 심지어 쿡은 루터 사건을 이후 버전 노래에 활용하기도 했다.

2007년에는 훗날 〈게이블 필름Gable Film〉이라는 이름을 얻게 되는 영상이 익명으로 공개되기도 했다. 한 에스테이트 세일[86]에서 발견되었다고 알려진 이 영상은 1970년대에 8mm 필름으로 찍은 듯한 흐린 영상이었다. 영상은 무성이지만, 눈이 자주 오는 미시간주에 사는 평범한 가족들이 할법한 다양한 활동이 담겨 있다. 스노모빌을 타고, 나무를 베고, 개를 산책시키고, 트럭 작업을 하는 일 등 말이다. 그러나 이내 상황은 위협적으로 변한다. 숲을 보여주던 장면 위로 서서히 털 난 검은 짐승의 모습이 드러난다. 영상을 찍는 사람을 발견한 짐승은 그를 향해 다가오게 되고 그는 공포에 휩싸여 도망친다. 그리고 영상은 이빨을 번뜩이는 짐승의 옆모습으로 끝이 난다.

결국 이 영상은 장난으로 밝혀졌다. 지역 주민이었던 마이크 아그루사라는 영화 제작자가 쿡의 노래가 일으켰던 집단 히스테리[87]를 떠올렸고,

86 사망이나 이사 등의 이유로 개인 물품을 집 전체에 늘어놓고 파는 일종의 중고 장터다. 주로, 돌아가신 조부모님 유품을 판매하거나, 노인들이 양로원에 들어가기 전 물건을 처리할 때 연다.
87 한 집단에 속한 많은 사람이 동시에 정신적 흥분과 경련, 실신 같은 히스테리 증세를 일으키는 현상을 일컫는다.

181

이에 영감을 받아 만든 것이었다. 아그루사는 2010년에 '몬스터 퀘스트 MonsterQuest'라는 TV 프로그램에 출연하여 쿡의 노래 덕에 "87년 여름이 즐거웠다"라고 말했다. 2007년이 '7'로 끝나는 해였기 때문에 이때 아그루사는 해당 영상을 제작하여 쿡에게 연락해 미시간 도그맨 전설을 계속할 의지가 있는지 물었고 쿡은 찬성했다. 그렇게 그들의 '2007년 여름도' 즐거웠다. 그후 이들은 해당 영상은 모두의 재미를 위해 만든 것이라고 직접 밝혔다.

미시간 도그맨의 시작은 농담과 장난, 고릿적 목격담이었지만 그 명맥은 훌륭하게 이어지고 있다. 〈몬스터퀘스트MonsterQuest〉와 〈미국의 몬스터와 미스터리Monsters and Mysteries in America〉 같은 다큐멘터리, 2012년 개봉한 영화 〈도그맨〉뿐 아니라 미시간주 노스우드Northwoods 야영장 모닥불에 둘러앉아 도란도란 나누는 이야기를 통해서도 말이다. 켄터키와 고블린이 한 몸이듯 미시간과 도그맨도 환상의 짝꿍이다. 그러나 미시간주는 이 크립티드 보물을 아직 완전히 받아들이지 못하고 있다. 물론 보인Boyne의 청소년 야구팀 '노던 미시간 도그맨'(빨간 셔츠에 흰색 반바지를 입은 늑대인간 비슷한 괴물이 마스코트)이란 훌륭한 예가 있긴 하지만, 미시간을 도그맨의 고향으로 완전히 못 박을만한 것은 아직 없다. 어쩌면 미시간주는 2027년을 기다리고 있는 걸까?

- 나인 루즈 -
NAIN ROUGE

디트로이트 데블

유형 :	최초 발견 :
휴머노이드	1707년
위치 :	주요 특징 :
미시간주 디트로이트Detroit, Michigan	붉은 얼굴

일 년에 딱 하루, 디트로이트는 지옥이 된다. 디트로이트의 거리 곳곳이 뿔 달린 붉은 얼굴의 악마들로 가득 찬다. 정말 대단한 광경이 아닐 수 없다.

크립티드는 이야기는 대체로 시골 마을의 전유물로 여겨져 왔다. 시골은 고립되어 놀거리가 없고 사람들이 순수해 크립티드 이야기가 생겨난다는 거다. 예를 들어, 그림자를 보고 뜬금없이 스널리개스터를 만들어 낸 사람도 촌사람들, 빅풋을 봤다는 사람들도 촌사람들, 호닥을 봤다는 사람들도 다 촌사람들이라는 거다. 그러나 항상 그렇지는 않다. 바로, 미시건주 디트로이트의 냉소적인 도시 속에서 300년 이상 존재해 온 이 악마, 나인 루즈를 보라.

나인 루즈는 '붉은 드워프[88]'라는 뜻의 프랑스어로, 나인 루즈 또한 루이 지애나주의 루가루(129쪽 참조)처럼 부분적으로 프랑스인 정착민들이 가져온 이야기이다. 당시 정착민들이 가져온 이야기는 루틴lutin이란 이름의 작은 집 요정 홉고블린hobgoblin[89]에 관한 것이었다. 나인 루즈 이야기의 기원은 지역 민속학자 마리 캐롤라인 왓슨 햄린의 1884년 저서 『르 데트루아의 전설

---

88 북유럽 신화에서 나오는 난쟁이 종족으로 키는 작지만, 단단한 근육이 특징이다. 주로 산악 지역이나 지하에서 살며 광산 작업에 탁월한 능력이 있다.

89 주로 영국과 아일랜드의 민간 전설에 등장하는 작은 요정이며 장난을 잘 치는 고약한 성미로 유명하다.

Legends of Le Détroit』에 기록되어 있다. 햄린의 기록에 따르면 프랑스 탐험가 앙투안 로메 드 라 모트 캐딜락은 자신이 디트로이트를 개척한 지 6년 후인 1707년에 나인 루즈를 마주쳤다고 한다. 햄린은 나인 루즈의 모습을 '상스러운 모습의 드워프였으며, 얼굴은 심하게 붉은 색이었고, 눈은 밝게 번쩍이고 있었으며, 날카롭게 뾰족한 이를 드러내며 씩 웃고 있었다'고 묘사했다. 캐딜락은 수년 전 점쟁이에게 바로 이 순간에 대한 경고를 받았지만 지팡이로 나인 루즈를 내리치며 "저리 비켜, 이 붉은 꼬마 악마같으니!"라고 소리 질렀다. 이 잔인한 행위로 인해 캐딜락은 몰락의 길을 걷게 되었다. 루이지애나로 추방되고, 신대륙에서 쫓겨나고, 결국 파리의 바스티유 감옥에 수감 되었기 때문이다. 햄린은 또한 패전과 도시 화재 사건 등 나인 루즈를 목격한 뒤 발생했던 다른 비극적인 사건에 대해서도 나열하고 있다.

작가 찰스 M. 스키너의 1896년 저서 『우리 땅의 신화와 전설Myths and Legends of Our Own Land』에는 나인 루즈로 인한 비극이 열두 개도 넘게 실려있는데, 여기에는 '미사 종소리를 참을 수 없던' 아메리카 원주민이 수도사를 살해한 이야기, 번개가 내리쳐 공장이 파괴된 이야기 등이 포함되어 있다. 스키너는 디트로이트 정착민들이 가장 두려워했던 존재가 바로 나인 루즈라고 말한다.

나인 루즈는 20세기 이후에도 여러 참사와 불행한 사건이 일어나기 전, 앞서 등장했던 것으로 보고되었다. '1967년 12번가 폭동[90]'과 도시를 마비시켰던 '1976

90 미국 역사상 가장 치명적인 도시 폭동 중 하나로, 디트로이트에서 발생했다. 폭동의 주요 원인은 흑인과 백인 간의 인종 갈등 및 경찰의 인종 차별과 경찰 폭력에 대한 불만이었다.

년 눈보라' 등 말이다. 이렇게 디트로이트에는 많은 비극과 불행이 있었다. 특히 악명높았던 디드토이트 경제 파산으로 나인 루즈는 참으로 바쁜 나날을 보냈다. 이에 디트로이트 주민들은 나인 루즈를 몰아내고 (잠깐이라도) 그의 공포 정치를 끝내기 위해 똘똘 뭉쳐서 계획을 하나 세웠다. 그렇게 2010년에 최초로 마르쉐 뒤 나인 루즈Marche Du Nain Rouge[91]라는 퍼레이드 행사가 열렸다. 이로써 디드로이트 주민들은 아무리 오래된 크립티드라도 언제든 행사를 열어 축하 행사(혹은 호통 행사)를 열 수 있다는 사실을 증명했다.

사실 이 퍼레이드에는 반전이 있다. 이 행진은 축'하' 행진이 아니라 축'출' 행진이라는 점이다. 참가자들은 이 행진을 통해 행진 후 1년간은 나인 루즈를 디트로이트에서 추방할 수 있다고 믿는다. 또한 많은 행사 참여자는 분장을 한다(무엇이든 해도 되지만 붉은 악마 분장이 압도적으로 많다). 분장을 하면 나인 루즈가 자기 궁둥짝을 부츠로 걷어차 내쫓은 사람이 누군지 모르기 때문에 복수할 수도 없기 때문이다. 때론 인형으로 만든 나인 루즈를 불태우는 퍼포먼스가 있기도 하다.

행사에는 매년 공식적으로 나인 루즈 역을 할 사람을 한 명씩 정하는데, 이들은 퍼레이드 시 공포 분위기를 조성하고 사람들을 겁주는 역할을 한다. 2016년, 일간지 〈디트로이트 메트로 타임스Detroit Metro Times〉에는 나인 루즈를 연기한 사람이 다음과 같이 소리쳤다는 기사가 실렸다. "나는 디트로이트의 전설 나인 루즈! 파멸의 전조前兆, 도시를 저지하는 모든 재앙의 화신化身, 도시를 박해하는 적자赤子, 캐딜락의 우둔, 희망의 파괴자이다!"

그러나 퍼레이드에 반발하는 사람도 있다. 이들은 사람들이 나인 루즈를 오해하고 있다고 생각한다. 즉, 나인 루즈는 디트로이트의 불행을 가져오는 저주가 아니라 오히려 디트로이트가 재앙을 피할 수 있도록 도움을 주는 경고 역할을 한다는 것이다. 이들은 다음과 같은 재치 있는 표현의 표지판을 들고 퍼레이드에 항의한다. '나인 루즈가 나인 것처럼 친절하게!' '나인을 나인辱이하지 말라!'[92]

91 '나인 루즈 행진'이라는 뜻이다.

92 원문은 'b nice 2 nain'과 'stop nain shame!'이다. 전자는 'Be nice to nine'을 재미있게 발음대로 표기함과 동시에 나이스와 나인의 두음도 맞추고 있다. 후자는 남을 비방한다는 뜻의 'name shame'이란 표현을 비틀어 nine shame이라고 표현했다.

이 책의 다른 부분을 본다면, 나인 루즈 지지자들의 말이 맞을지도 모르겠다. 나인 루즈를 추방하려는 사람들조차도 이 퍼레이드로 사람들이 즐거운 시간을 갖고, 이로써 공동체 정신도 길러지며, 도시는 홍보되고 관광 산업 또한 활발해지기 때문이다. 그러니 이 행사도 시간이 지날수록 축출 행사에서 축하 행사로 변하게 될지 모른다. 어쩌면 거기서 더 나아갈 수도 있다. 훗날 하트 플라자Hart Plaza에 있는 디트로이트 개척자 조각상 옆에 나란히 나인 루즈 조각상이 놓이고, 디트로이트의 애칭이 '모터 시티[93]'에서 '나인 루즈의 고향'으로 바뀔지도!

– 오자크 하울러 –
OZARK HOWLER

우리가 울고 싶어지는 울음소리

유형 :	최초 발견 :
고양잇과	1810년
위치 :	**크기 :**
미주리주 오자크 산맥	몸길이 1.2~1.5 미터
Ozark Mountains, Missouri	

    1810년, 유명한 개척자이자 민중의 영웅인 다니엘 분은 미주리주 쿠바 Cuba 외곽의 플랫 강Platt River 근처에서 사냥을 하고 있었다. 분은 70대 중반의 나이로 예전처럼 민첩하진 못했다. 그러나 어디까지 예전에 비해서였지 여전히 그는 여전히 아주 민첩한 전설적인 사냥꾼이었다. 그래서 분은 숲을 걷다 자신이 일평생 본 적 없는 뿔 달린 크고 검은 고양이를 발견했을 때, 침착하게 총을 들어 고양이에게 쏠 수 있었다. 일사천리였다. 분은 고양이를 죽이지는 않고 그저 상처입혀 쫓아냈다. 물론, 다니엘 분이 등장하는 이야기에 허풍은 필수이다. 굳이 괴물 고양이가 아니어도 말이다.

    오자크 하울러는 보통 몸길이 1.2~1.5미터 정도의 고양이로, 근육질에 어깨가 넓고 검은 털이 빽빽하고 수북하게 난 모습으로 알려져 있다. 설명만 들으면 정말 곰과 비슷하다. 다만, 곰과 다른 점은 고양이의 머리 꼭대기에는 한 쌍의 뿔이 솟아나 있다는 점이다. 뿔 달린 거대한 검은 고양이라니. 오토바이 가죽 재킷의 뒷면에 넣어도 손색이 없을 만한 멋진 디자인이다!

    이름에서도 알 수 있듯이 이 크립티드는 오자크 산맥의 우거진 산자락을 배회하며 송곳니가 난 주둥이 틈으로 극단적으로 무시무시한 울부짖는 소리를 내뿜는다[94]. 이 소리는 보통 늑대의 하울링과 엘크의 나팔 소리 같은 울음소리가 섞인 소리로 묘사된다. 이렇게 설명만 언뜻 들으면 그렇게 끔찍하게 느껴지지 않을 수도 있다. 하지만 유튜브에서 빠르게 엘크의 나팔 소리를 검색해 보면 이 소리가 얼마나 고통스럽고 끔찍한지 알 수 있다. 엘크의 장엄한 외모와는 전혀 어울리지 않게 영혼을 얼어붙게 하는 고음이다. 밤에 혼자 있거나, 하물며 대낮에 수많은 사람과 시끌벅적 생일 파티를 열고 있다고 해도 이 소리 하나면 순간 소름이 돋고 머리카락이 쭈뼛 서게 될 것이다.

허풍스러운 오자크 하울러 이야기 대부분은 현대적 빈티지라 할 수 있다. 인터넷 초창기 시절의 분위기를 담고 있기 때문이다. 오자크 하울러 이야기가 하나부터 열까지 허구라는 가장 큰 단서는 오자크 하울러하면 대표적으로 떠오르는 목격담이 없다는 것이다. 심지어 크립티드 목격의 전성기라 할 수 있는 20세기 중반을 포함한 어느 시절에도 오자크 주민들이 오자크 하울러를 쫓았다거나, 오자크 하울러에게 쫓겼다거나 하는 이야기가 없다. 그나마 있는 몇몇 이야기도 모두 누군가 밤에 이상한 뭔가를 들었다는 식의 귀로 들었다는 이야기뿐이다. 외전으로 테디 루즈벨트가 오자크 하울러의 영역을 보호하기 위해 국립공원 관리국 완전체를 설치했다는 이야기도 있지만, 오자크 하울러의 유일한 목격담으로 전해지는 이야기는 다니엘 분이 등장하는 이야기(이것 또한 인터넷이 등장하고 나서 나온 이야기인 듯하다)뿐이다.

결국, 오자크 하울러의 실체는 1998년 신비동물학계 전반에 퍼진 사기극으로 밝혀졌다. 최초로 유포하는 트롤 짓을 저지른 범인이 신비동물학 웹사이트에 목격담을 보내고, 저명한 여러 신비동물학자에게 이메일을 보내고, 심지어 오자크 하울러 전용 웹사이트를 만들기도 했던 것이다. 2006년, 신비동물학자이자 '국제 신비동물학 박물관' 설립자 로렌 콜먼(44쪽 참조)은 크립토문도Cryptomundo.com[95]에 게시물 하나를 통해 자신이 이 사기꾼의 행적을 추적한 내용을 공개했다. 다만, 이 사기꾼은 콜먼에게 솔직하게 털어놓는 대신에 익명을 요구했다고 한다. 최초 유포자는 조작한 크립티드로 순진한 크립티드 애호가들을 속이는 게 얼마나 쉬운지 보여주고 싶었다. 그리고 그는 성공

94 하울howl이 울부짖는다는 뜻이다.
95 로렌콜먼이 운영하는 신비동물학 전문 사이트이다.

했다. 요즘에도 여전히 오자크 하울러 이야기를 하는 사람들이 있으니 말이다. 쯧쯧. 그리고 그중 하나가 바로 나다.

　나는 왜 이 책에 오자크 하울러 이야기를 넣었을까? 나도 한 명의 크립티드 애호가로서, 이렇게나 가짜 크립티드에 속기 쉽다는 경고성의 이야기로 실은 면도 없지 않아 있다. 실제로 누구든 장난치려고 마음만 먹으면 가짜인지 아닌지 이미 애매모호한 괴물들 사이에 가짜 괴물을 끼워 넣는 건 일도 아니기 때문이다. SNS에 가짜 계정을 여럿 만들어 자동으로 게시물이 계속 올라가도록 설정하고, 무료 홈페이지 몇 개 만들어서 게시글 좀 올리고, 크립티드 위키 같은 곳에 글 좀 써주면 된다. 24시간 내내 시끄럽게 떠들어대는 미디어가 수천 개다. 그리고 이런 매체는 그저 맹목적으로 굶주려 있어, 아무 뉴스나 가리지 않고 다 먹어 치운다. 그러나 내가 오자크 하울러 이야기를 실은 진짜 이유는 그저 미주리주에서 다룰 수 있는 크립티드 중에 빅풋이 아닌 크립티드가 필요했기 때문이다(모모[96]야, 미안). 와, 정말 눈 씻고 찾아봐도 다른 크립티드는 없었다. 별명이 '증명해야 믿어주리[97]'인 미주리에서 크립티드로 살아남기란 힘든 일이 아닐 수 없다. 게다가, 가짜 크립티드도 진짜만큼 재밌다. 가짜인 걸 알아도 말이다.

《 ──────◆────── 》

96　미주리주 빅풋을 가리킨다.

97　영어로는 'Show Me the State'이며, 이는 1899년 미주리주 의원 윌러드 더비가 미주리주의 입장을 표명하며 사용한 표현에서 따왔다. 표현이 유래한 문장은 다음과 같다. "I'm from Missouri, and you've got to show me. (나는 미주리주 사람이고, 그러니 나는 증명해야 믿을 것이다)"

– 월그렌 호수 괴물 –
WALGREN LAKE MONSTER
악어냐, 코뿔소냐, 그것이 문제로다

유형:	최초 발견:
수생 생물	1921년
위치:	크기:
네브래스카주 헤이 스프링스	몸길이 12미터
Hay Springs, Nebraska	

　이런 건 듣도 보도 못했다. 호수 괴물은 있는데 호수는 없다고? 그런데 실제로 그런 일이 발생했다. 네브래스카주에서 말이다. 알칼리 호수Alkali Lake가 월그렌 호수Walgren Lake로 이름이 바뀌면서 덩달아 '알칼리 호수 괴물'이 '월그렌 호수 괴물'로, 즉 '알키'에서 '월리'로 이름이 바뀐 것이다.

　콘허스커주[98]처럼 평평하고 특징 없는 지형에서는 크립티드가 숨기 힘들다. 그러나 물 속이라면 이야기가 다르다. 이것이 바로 월그렌 호수 괴물이 눈에 띄지 않는 비결이다. 목격자들의 묘사에 따르면 알칼리, 아니 월그렌 호수 몬스터는 거대하고 통통하며 악어같이 생긴 파충류로 눈과 코 사이에 뿔이 하나 달려있다고 한다. 몸길이는 12미터부터 수십 미터에 달한다고 하니 이러한 월리는 그저 흔한 바다 서펀트가 아니다.

　월그렌 호수는 네브래스카주 북서쪽 끝에 위치한 헤이 스프링스라는 마을에서 남쪽으로 8킬로미터 정도 떨어져 있는데, 면적이 0.2제곱킬로미터에 불과하다. 1921년 7월 29일, 일간지 〈헤이 스프링스 뉴스Hay Springs News〉는 알칼리 호수(당시 이름)에서 '문어같이 생긴' 미지의 생명체가 여러 사람에 의해 여러 차례 목격되었다는 기사를 내보냈다. 이 괴물의 길이는 2.4미터 정도이

---

[98] 옥수수 탈곡기cornhusker를 뜻하는 말로, 옥수수 생산이 특징인 네브래스카주의 별칭이다.

며 머리는 '빨래용 대야'만 하다고도 보도했다. 그 뒤 1921년 9월 16일, 〈헤이 스프링스 뉴스〉는 그간 발생한 추가 목격을 다룬 기사를 냈지만 여전히 괴물의 정체에 대한 충분한 설명은 제공하지 못했다. 이들의 설명은 '(목격될 때마다) 매번 커지는 것 같다'는 것뿐이었다. 헤드라인은 다음과 같았다. '고래는 아니래도, 고래등 같이 큰 놈인 건 분명'

드디어 한 달 후, 마침내 괴물을 제대로 목격한 사람이 생겼다. 1922년 10월, J. A. 존슨, 프랭크 존슨, 존 오스본이라는 세 남자는 알칼리 호숫가에서 새를 사냥 중이었다. 세 사람은 일찍 일어나 호숫가를 살피고 있었는데, 20미터 안되게 떨어진 얕은 곳에 있는 무언가가 눈에 들어왔다. 몸길이는 12미터 정도였는데 물 밖으로는 1.8미터 정도 나와 있었다. 불쾌한 악취 또한 내뿜고 있었다. 괴물은 이들을 발견하곤 쉭쉭 소리와 함께 더 깊은 물 속으로 힘차게 들어갔다. 이들은 괴물을 잠시 멀리서 바라봤다. 그러자 물속에서 미친 듯이 철썩대는 이 괴물의 거대한 꼬리 덕에 수면이 소용돌이치고 있었다. 1923년 7월, J. A. 존슨은 지역 신문에 편지를 보내 근거리에서 자신이 직접 목격한 바를 자신 있게 전달하며 최근에 발생한 목격담들에 힘을 보탰다.

존슨이 신문을 통해 괴물이 실재한다는 사실을 열심히 주장했던 같은 달, 네브래스카에 사는 조지 로크와 밥 쿡, 그리고 텍사스 출신의 다른 두 남성은 호숫가 진흙탕에 차가 빠져 꼼짝 못 하는 사고를 당했다. 이들은 차를 빼내기 위해 몇 시간이지만 애썼지만 결국 포기하고 차 안에서 하룻밤을 자기로 했다. 그러던 새벽 2시, 이들은 물속에서 들리는 소란스러운 소리에 깜짝 놀라 잠에서 깼다. 네브래스카주 민든Minden의 지역 신문 〈민든 쿠리어Minden Courier〉에 따르면, 이들 네 명은 거대한 머리와 뿔을 가진 이 괴물이 앞다리를 들고 일어서 '기린만큼 커진' 몸으로 차를 향해 다가왔는데, 콧김이 안개처럼 대단해 모습이 금방 사라졌다고 한다. 현장에서 탈출한 이들은 3킬로미터 넘게 달려 몸을 숨길만한 농가를 발견할 수 있었다.

사람들의 공포는 점점 커졌고, 헤이 스프링스 주민들은 조치를 요구하고 나섰다. 이들은 포경 총과 작살 구입을 논의했다. 호수의 물을 뺄 계획도 세웠지만, 호수 소유주가 4,000달러의 임대료를 요구하면서 계획은 차질을 빚게 되었다. 그 뒤, 전 세계 언론이 이 괴물에 관해 기사를 쓰게 되면서 헤이

스프링스라는 네브래스카의 이 작은 마을이 런던과 파리에까지 알려지게 되었다.

그러나 "이 괴물에 대해 뭔가 조치를 취해야 한다"는 식의 분위기만 있었던 것은 아니다. 괴물 덕에 즐거워한 이들도 많았다. 지역 상인들은 잠재 고객의 눈길을 사로잡기 위해 괴물을 이용했는데, 심지어 어떤 상점의 경우 괴물의 아들이라며 박제된 작은 머드퍼피[99]를 쇼윈도에 전시하기도 했다. 또한, 네브래스카주에서 열린 퍼레이드 중 최소 두 개의 행사에서 괴물 모형의 행진용 수레가 등장했다. 해당 지역 재향 군인회는 호수에서 '바다 괴물 보트 경주'라는 대회를 열기도 했다.

그렇게 월그렌 호수 괴물은 1920년대를 군림했으나 그 뒤 괴물에 대한 목격담은 잦아들었다. 하지만 완전히 잊힌 것은 아니었다. 1985년, 헤이 스프링스는 100주년을 맞았고, 주민들은 이를 기념하며 괴물 모형을 만들어 호수에 띄우고 티셔츠와 배지를 만들었으며, 마을 환영 표지판에 괴물을 그려 넣었기 때문이다.

월그렌 호수 괴물이 사라진 이유에 대해 어떤 이들은 처음부터 괴물이 존

재하지 않았으며 E. G. 마허의 사기극이었기 때문이라 주장했다. 그는 사업가로, 대중을 상대로 장난을 쳤던 이력이 있는 사람이기 때문이다. 또 어떤 이들은 사실 처음부터 엉뚱한 동물을 해당 괴물로 착각했기 때문에 괴물이 사라진 것처럼 보이는 것이라 말했다. 실제로, 1931년에 헤이 스프링스의 한 사냥꾼이 자동차 보닛만 한 비버 한 마리를 잡은 적이 있었기 때문이다. 이들은 이것으로

---

99 북아메리카의 담수 서식 환경에 사는 아가미를 가진 수생 양서류로, 긴 몸체와 넓은 머리, 짧은 다리를 특징으로 한다.

호수 괴물에 관한 미스터리가 해결되었다고 생각했다. 그렇지만 크립티드 마을의 괴물이 영영 사라지는 일은 없다. 그저 잠깐 자리를 비울 순 있어도 말이다.

- 썬더버드 -
THUNDERBIRD
끝내주게 크고, 끝내주는 새

유형:	최초 발견:
비행 생물	선사시대
위치:	크기:
노스다코타주 North Dakota	양 날개를 펼쳤을 시 몸길이 21미터

괴물 이름이 빅풋, 즉 '왕발'이라니 성의가 없는 느낌이긴 하다. 도그맨은 왠지 학창 시절 별명이 거머리처럼 대학까지 따라붙은 느낌이고, 뭐, 우드부거는 말해 뭐하겠는가. 하지만 이 크립티드는 다르다. 이름이 너무 멋진 나머지 대중문화에 녹아들어 온갖 멋진 것의 이름이 되었다. 유명한 미국 공군의 유명 제트기 전투단과 1960년대에 슈퍼히어로를 다뤘던 영국 TV 프로그램, 그리고 포드의 상징적인 스포츠카가 이 이름을 썼다. 바로 썬더버드다.

썬더버드의 핵심은 크기이다. 무서울 만큼 큰 새, 그게 바로 썬더버드의 정체성이다. 조지 M. 에버하트의 중요 저서 『괴생명체: 신비동물학으로의 안내서 Mysterious Creatures: A Guide to Cryptozoology』에 따르면, 썬더버드가 양 날개를 쫙 펼칠 경우 그 길이가 무려 21미터에 달한다고 한다. 이에 비해, 북미에서 가장 큰 새인 콘도르는 3미터, 세계를 떠도는 가장 큰 새 앨버트로스는 3.6미터이다. 이보다 더 큰 새를 찾으려면 선사시대로 거슬러 올라가야 하는데, 일부 테라톤의 경우 6미터라고 한다. 썬더버드는 심지어 비행기보다 큰 경우도 있다.

이렇게 썬더버드가 뜨면 어느 주든 온 하늘을 검게 물들일 수 있는 정도인데도 썬더버드를 찾기 어렵다는 점은 놀랍다. 썬더버드는 미 대륙 전체에서 그 흔적이 발견되는데 그 유래는 수많은 원주민 부족의 신화와 믿음으로, 이들은 이 썬더버드의 모습을 바위에 새기고 토템폴[100]에 조각했다. 다른 부족도 많지만, 코만체, 치페와, 만단 부족의 전설 속에서 썬더버드는 폭풍의 근원이었다. 두 눈으로는 번개를 쪼개고 날개로는 천둥을 일으켰다. 또한 썬더버드는 인간에게 자애로웠지만 그렇다고 온순한 존재는 아니었다. 썬더버드는 커다란 뱀에서부터 범고래에 이르기까지 온갖 거대 동물과 격렬한 싸움을 벌였다.

몸은 검은색에, 머리는 밝은색이고 때로는 목에 흰 깃털이 빙 둘러져 있다는 썬더버드는 독수리나 콘도르와 비슷한 모습으로 묘사되는 때가 많다. 하지만 이들이 우아하고 신비롭게 날갯짓이나 하고 다니는 것은 아니다. 이들은 때로 납치까지 저지르는데, 대개 그 대상은 송아지나 개 같은 작은 동물이지만 가끔 사람 아이를 납치하는 경우도 있다. 현대로 넘어와 가장 악명높았던 썬더버드 납치(혹은 납치 미수)사건 중 하나는 일리노이주 론데일Lawndale에서 일어났던 어린이 납치 사건이었다.

1977년 7월 25일 오후 8시쯤, 열 살인 말론 로우가 집 뒷마당에서 놀고 있었고 어머니인 루스는 부엌에서 청소를 하던 중이었다. 그러던 중 아들의 비명 소리를 듣고 밖으로 뛰어나간 루스는 충격적인 장면을 목격했다. 양 날개를 펼친 길이가 2.7~3미터 정도인 거대한 새 두 마리가 로우의 머리와 어깨를 쪼아대더니 그 중 한 마리가 25킬로그램인 로우를 10미터 높이로 들어올리고 있었다. 결국 이 두 새는 인간 사냥을 포기하고 사라졌다. 신비동물학자들은 해당 사건에 주목했고 이를 썬더버드의 공격으로 파악했다. 흥미로운 점은 론데일은 피아사 버드의 서식지인 일리노이주 올튼에서 북쪽으로 불과 2시간 거리에 있다는 점이다.(164쪽 참조) 그러나 일리노이주는 거대한 새 두 마리가 하늘에서 내려와 아이를 납치할 뻔했던 이 사건을 축하하거나 기념하지 않았다. 이렇게 썬더버드 소유권에 공백이 생겼고, 그 기회를 잡은 곳은 노스다코타주였다.

노스다코타주는 해당 주가 보유한 고대부터 현대에 이르기까지 풍부한 아메리카 원주민 예술을 통해, 썬더버드 소유권에 있어 한발 앞서고 있다.

---

100 아메리카 원주민 사회에서 토템의 상象을 그리거나 조각한 기둥을 일컫는다.

주 북서쪽 모퉁이에 위치한 몬타나주와 캐나다 사스카치완Saskatchewan의 경계 지역에 있는 라이팅 록스 주립 역사 유적지Writing Rocks State Historic Site에는 천막 아래 철근 장벽으로 보호받으며 소박한 한 쌍을 이루고 있는 각각 약 1.2미터 너비의 작은 화강암 두 개가 있는데, 이 위에 300년에서 천년이 넘은 것으로 추정되는 썬더버드의 암각화가 새겨져 있다.

한편, 남동쪽으로 차로 네 시간 거리에 있는 주도 비스마크Bismarck에는 현대적인 아메리카 원주민 미술 설치작품이 썬더버드의 명맥을 이어가고 있다. 미주리 강Missouri River의 킬보트 공원Keelboat Park에는 폭풍우가 몰려오는 듯한 회색을 띠는 실물 크기의 썬더버드 머리 네 개로 구성된 높이 6미터, 지름 3미터의 조각상이 있다. 이 험상궂은 썬더버드들은 비스마크에 위치한 유나이티드 트라이브스 테크니컬 칼리지United Tribes Technical College 학생 일곱 명의 작품으로, 바짝 세운 발톱과 번개가 번쩍이는 눈에, 위엄있는 곡선을 그리고 있는 부리를 하고 폭풍 구름 위에서 빛을 받아 번쩍이고 있다. 바다 괴물이든 거대한 뱀이든 아무런 주저없이 맞서 싸울 준비가 되어있는 모습이다. 이 옆으로는 미국의 다양한 지역에서 유래한 아메리카 원주민의 썬더버

드 전설과 '론데일 사건'과 같은 예스러운 크립티드 이야기가 적힌 현판들이 있다.

과거와 현재라는 양 끝의 책꽂이 안에 꽂힌 헤아릴 수 없는 세월과 경험, 그리고 그 위로 끝없이 펼쳐지는 하늘이 더해져 있는 곳, 바로 이 노스다코타야 말로 완벽한 썬더버드 주이다.

― 달 빅풋 ―
DAHL BIGFOOT

사스콰치 VS 미국 최고 역대 4대 대통령

유형:	최초 발견:
조각품	2020년
위치:	**크기:**
사우스다코타 키스톤	6.95미터
Keystone, South Dakota	

사우스다코타는 빅풋 목격지로 유명한 곳은 아니지만, 이곳에 가면 지구상에서 가장 큰 빅풋 중 하나를 볼 수 있다.

사우스다코타의 빅풋에 관한 역사부터 시작하자. 사우스다코타에도 빅풋이 목격되었냐고? 물론이다. 빅풋 목격담은 없는 주가 없다. 그리고 아무리 평지가 많고 상대적으로 숲이 없는 사우스다코타라도 예외는 아니다. 하지만 '빅풋 필드 리서치 기구'의 기록에 따르면, 사우스다코타의 빅풋 목격 건은 19건에 불과한데, 이는 50개 주 중 밑에서 공동 8위인 숫자다. 그나마 중요하다고 볼 수 있는 사례도 1970년대 매크로플린-리틀 이글McLaughlin-Little Eagle 지역에서 목격된 타쿠히Taku-He인데, 말하기 뭣하지만, 타쿠히는 코트에 실크해트까지 곁들인 빅풋이었다. 이 이야기에 대해 더 자세히 알고 싶어도 알려진 건 이게 다다. 그는 그저 멋쟁이 빅풋이었을 뿐이다.

기본적으로 사우스다코타는 상대적으로 빅풋 불모지였을 뿐 아니라 크립티드 자체의 불모지였다. 하지만 코로나19 사태가 터지면서 상황이 바뀌었다. 2020년 가을, 여행 및 관광 산업이 황폐화된 상황에서 사우스다코타의 전기톱 아티스트인 재럿 달과 조단 달 형제는 한 가지 아이디어를 냈다. 전세계가 폐쇄된 팬데믹 상황에서 관광객들이 군이 위험을 무릅쓰고 전기톱 아트 숍을 하나 보러 사우스다코타를 방문하도록 할 강력한 방법은 무엇일까? 답은 명확했다. 바로, 전기톱으로 전 세계에서 가장 큰 빅풋을 조각하는 것이었다. 그렇게 빌리라는 이름의 조각상이 탄생했다.

빌리는 6.95미터이다. 하지만 캘리포니아주에 있는 윌로우 크릭-차이나 플랫츠 박물관Willow Creek-China Flats Museum에 있는 붉은 삼나무로 만든 빅풋은 7.62미터이고, 워싱턴주 터틀Toutle의 노스 포크 서바이버스 기념품 가게North Fork Survivors Gift Shop에 있는 시멘트 빅풋은 8.5미터이다. 오클라호마주 이다벨Idabel에 있는 가스콰치Gasquatch 주유소에 있는 표지판 속 2D 빅풋은 9미터이다. 모두 빌리보다 큰 것 같다. 하지만 실제로 이들보다 빌리가 더 크다. 바로 '높이'라는 함정 때문이다.

빌리의 6.95미터라는 높이는 바닥에서 빌리의 정수리까지 측정된 길이인데, 빌리는 앉은 자세이므로 이 높이는 빅풋의 엉덩이부터 머리까지의 길이이다. 실제로, 이 길이는 이 조각상의 절반 정도에 불과하다. 빌리는 오른쪽 다리는 무릎을 살짝 구부리고 있고, 왼쪽 다리는 쭉 내민 채 나른하게 앉아 있는데, 2.1미터의 왼발(달스 전기톱 아트Dahl's Chainsaw Art라는 글자가 새겨져 있음)이 포토존이 되어준다. 빌리의 오른손은 검지만 먼 곳을 향해 뻗은 채 나머지 손가락으로는 휘날리는 성조기가 달린 나무 몸통 굵기의 깃대를 쥐고 있으며, 오른팔은 뒤로 기대어 빌리의 엄청난 몸무게(재럿은 13.6톤으로 추정)를 지탱하고 있다. 달 형제는 이 거대한 크립티드를 만들기위 해 폰데로사 소나무, 삼나무, 미루나무를 사용했으며, 몸통 전체에 지붕널처럼 나무 조각을 겹겹이 쌓아 털 같은 질감을 부여했다. 형제는 팀원들과 함께 8일에 걸쳐 영화〈해리와 헨더슨Harry and the Hendersons〉 속 빅풋같이 생긴 빌리를 만들었는데, 크기만 따지면 빅풋보다는 킹콩에 가까울 정도다.

현재, 빌리는 키스톤Keystone에 있는 '달스 전기톱 아트'의 주차장 변두리에 아무렇게나 놓여있다. 그리고 빌리 주변으로는 전기톱 예술품과 텐트들까지 어수선하게 널려 있다. 빌리는 제 역할을 톡톡히 하고 있지만(빌리를 더 가까이 보기 위해 16A번 국도를 역주행하는 사람들에 관한 신고가 들어올 정도다), 우리의 영광스러운 빌리에게는 블랙 힐스Black Hills 깊은 곳 어딘가에 있는 숲속이나 고층 빌딩의 안뜰같이 좀 더 장엄한 배경이 어울릴 것 같다.

그래도 빌리를 위한 축하 행사가 전혀 없었던 것은 아니다. 빌리가 완성되었을 때, 키스톤 사람들은 빅풋 축제를 열어 마을의 새로운 관광명소의 탄생을 축하하고 빌리의 크기를 공식적으로 기록했다. 또한, 앞으로 더 많은 빅풋 축제를 열 것을 기약하기도 했다.

물론 키스톤은 기본적으로 다른 조각품으로 더 유명하다. 산정의 바위에 새겨져 있는 네 개의 거대한 대통령 얼굴 말이다. 조각이 있는 러시모어 산 Rushmore Mountain은 '달 빅풋'에서 불과 5분 거리에 있다. 결과적으로 키스톤에는 '꼭 봐야 할 조각품'을 두 개나 보유한 마을이 되었다. 둘 중 뭐가 더 볼만한 가치가 있는지는 생각해 볼 만한 가치가 있는 문제이다. 이 자리를 통해 밝히자면, 나는 대통령 쪽은 건너뛰었다.

- 러브랜드 프로그맨 -
LOVELAND FROGMAN
검은 늪지대의 해리포터[101]

유형 :	**최초 발견 :**
양서류 휴머노이드	1955년
위치 :	**크기 :**
오하이오주 러브랜드Loveland, Ohio	0.9~1.2미터

　　러브랜드 프로그맨은 보기 드문 사건이다. 경찰이 그저 깊은 밤, 공포에 질린 10대들이 횡설수설하며 한 신고에 대응하는 역할로 등장하는 것이 아니라, 직접 첫 목격자로서 사건에 바로 참여하기 때문이다. 1972년 3월 3일 새벽 1시, 오하이오주 러브랜드에서 근무하던 경찰 레이 쇼키는 운전 중 리버사이드 드라이브Riverside Drive에서 헤드라이트 불빛에 비치는 이상한 생명체를 발견했다. 키는 0.9~1.2미터에 피부는 가죽 비슷했고 양서류 모양의 머리에는 커다란 두 눈이 달려 있었는데, 두 발로 길을 건너는 중이었다. 그러다 반대편 도로의 가드레일을 폴짝 뛰어넘고는 사라져 버렸다. 이는 대수롭지 않게 넘길 수도 있는 목격이었다. 밤늦은 시간과 업무의 압박감 때문에 일어난 일이라 치부하면서 말이다. 하지만 이곳은 러브랜드였다. 양서류 휴머노이드들이 나타났던 전례가 오랜 세월 도시 전설이 되어 전해지고 있는 바로 그곳 말이다. 이 목격은 그 여러 러브랜드 프로그맨 중 한 마리의 귀환을 알리는 것 같았다.

　　이야기는 한 사업가가 차를 타고 러브랜드를 지나가던 1955년 어느 날 밤

101　원문은 Harry Potter from the Black Lagoon으로, 이는 1954년의 유명한 공포 영화 〈검은 늪지대의 생명체The Creature from the Black Lagoon〉를 패러디한 표현이다.

으로 거슬러 올라간다. 이 남성이 러브랜드 주민인지 아니면 지나가던 외지인인지도 알려진 바가 없다. 그는 오하이오 강Ohio River의 지류로서 러브랜드의 한가운데와 여러 다리를 지나쳐 흐르는 리틀마이애미 강Little Miami River을 따라 운전하던 도중 도롯가에서 서너 개의 덩이가 한데 모여있는 듯한 형태를 보았다. 그리고 그 형상이 사람이 아니라는 사실을 깨닫자, 충격으로 차를 세웠다. 그들은 칙칙한 가죽 같은 피부에 물갈퀴가 달린 발과 손을 하고 양서류의 얼굴을 한 0.9~1.2미터의 이족보행 생명체였다. 다시 말해, 개구리 인간이었다. 아마 내 생각으로는 이들은 랭킨/배스 프로덕션에서 만든 애니메이션 〈호빗The Hobbit〉에 나오는 골룸과 비슷한 모습이었을 듯하다.

아무도 이 도시 전설의 기원을 모르지만, 이 이야기는 프로그맨이 크립티드로 분류되느냐, 아니면 외계 생물로 분류되느냐에 따라 몇 가지 버전으로 나뉜다. 전자에 속하는 이야기에서는 사업가가 인간형 개구리의 존재만으로도 겁에 질려 다시 차 안으로 뛰쳐 들어간다. 후자에서는 사업가의 시선을 느낀 이들이 서로의 귀에 뭐라 속삭이더니 그중 하나가 마법의 지팡이를 들고 불꽃과 번개를 쏘기 시작한다. 해리포터처럼 말이다. 이에 깜짝 놀란 사업가는 갑자기 벌어진 이 연극 같은 상황에서 벗어나기 위해 무대 뒷문을 찾아 급하게 퇴장해 버린다.

수십 년 된 도시 전설이 유력한 생명체를 목격한 지 2주 후, 쇼키는 경찰 동료 중 한 명을 자기편으로 얻게 된다. 같은 경찰이던 마크 매튜스는 늦은 밤, 러브랜드에서 같은 지역을 지나던 중 도로에서 뭔가 한 데 구겨져 있는 형태를 발견했다. 동물 사체라고 생각한 그는 사체로 인해 교통사고가 나지 않도록 수습하기 위해 차를 세웠다. 가까이에서 보이 사체는 약 0.9~1.2미터 길이의 파충류였다. 파충류를 보자 매튜스는 쇼키의 말이 떠올랐다. 그리고 쇼키의 말은 사실로 드러났다. 사체인 줄 알았던 파충류가 벌떡 일어나더니 도로를 건너 가드레일까지 개구리처럼 두 다리로 뛰어갔기 때문이다. 매튜스는 총을 꺼내 쐈지만, 이 괴물은 가드레일을 넘어 도망쳤다. 그리고 여기서 끝날 뻔한 이야기는 2010년대 중반, 미국에 포켓몬 고Pokémon Go[102] 열풍이

---

102 나이엔틱과 닌텐도가 개발해 2016년 출시한 증강현실 게임으로, 플레이어가 스마트폰을 이용해 실제 세계에서 포켓몬을 찾아 모으고, 훈련하고, 전투하는 방식으로 진행된다.

불면서 다시 이어지게 되었다.

2016년 8월 3일(포켓몬 고 출시 후 한 달) 밤, 샘 제이콥스라는 이름 한 청년은 자신의 여자친구와 함께 리틀마이애미 강 옆 이사벨라 호숫가에서 포켓몬을 찾아다니고 있었다. 그러던 중 이들은 호수 수면 위로 떠오르는 무언가를 목격했고, 그것은 두 발로 얕은 물가를 걸어 나왔다. 키는 1.2미터 정도에 두 눈에서는 빛이 나오고 있었다. 가상 현실 속 포켓몬을 담으려 했던 그의 스마트폰에 진짜 몬스터가 담긴 것이다. 그는 사진도 찍고 동영상도 촬영했다. 불분명한 사진과 어두운 영상에는 울퉁불퉁한 몸통에 거대한 두 눈이 빛나는 형태가 담겼다. 그는 NBC 계열의 한 지역 방송국과 가진 인터뷰에서 이 생명체가 '프로그맨이든 단순히 거대한 개구리든, 확실히 평범한 크기를 넘어섰다'고 말했다.

놀라운 반전은 이렇게 '러브랜드 프로그맨' 모험담에 새로운 장이 열리면서 이것이 이전 장의 마무리를 도왔다는 점이다. 신문에 제이콥스의 목격담과 사진이 실리면서 1972년에 발생한 경찰들의 목격담 또한 언급되는 경우가 많았다. 그때, 플로리다주에서 은퇴하여 살고 있던 마크 매튜스가 이 기사를 접했고, 신문에 실린 자신들의 이야기를 바로잡기 위해 나서게 되었다. 매튜스는 이야기 대부분이 사실이지만, 결론이 다르다고 밝혔다. 그때 자신이 그 총을 쏜 건 사실이나, 괴물은 이미 추위로 반쯤 죽은 상태였다는 것이다. 사체를 수습하면서 보니 사체의 정체는 꼬리가 없는 커다란 이구아나였다. 매튜스는 쇼키에게 사체를 보여줬고, 쇼키는 그 사체가 자신이 본 것이 맞으며, 이로써 자신이 러브랜드 프로그맨을 목격했다는 정신 나간 경찰로 책에 기록될 일이 없을 거라고(아이고, 실망을 안겨드려 죄송) 안심했다 한다. 매튜스는 누군가가 반려동물로 키우던 이구아나가 탈출해 인근에 있던 토츠Totes라는 부츠 공장과 연결된 배수관 주변에 달라붙어 체온을 유지하던 것이 아닐까 추측했다. 매튜스는 이미 자신의 모든 이야기를 오하이오의 전설 모음집을 집필하던 한 작가에게 들려줬지만, 그가 이 중요한 결말 부분을 생략해 버렸다고 한다.

매튜스의 고백으로 인해 1972년 목격담 속 프로그맨은 가짜로 밝혀졌지만, 그럼에도 프로그맨은 여전히 러브랜드의 도시 전설 중 하나로 명맥을 이어가고 있다. 아직 러브랜드에 프로그맨 전용 박물관이나 조각상, 그리고 프로그맨을 기리는 연례 축제는 없다. 그러나 러브랜드에 가면 여기저기서 프로그맨을 볼 수 있다. 러브랜드에서 매년 열리는 '러브랜드 프로그맨 경기'는 개구리처럼 수륙을 오갈 수 있는 최고의 선수를 뽑는 철인 3종경기이다. 또한, 티셔츠에도, 심지어 근처 신시내티Cincinnati에서 열리는 뮤지컬 공연에서도 소재가 된 프로그맨을 볼 수 있다. 이제 거의 다 됐다. 이제 리틀마이애미 강가에 역사 현판 하나면 된다. 그거 하나면 프로그맨은 러브랜드의 공식마스코트가 될 것이다.

– 페닌슐라 비단뱀 –
PENINSULA PYTHON
페스티벌 비단뱀

유형:	**최초 발견:**
파충류	1944년
위치:	**크기:**
오하이오주 페닌슐라Peninsula, Ohio	4.5~5.5미터

비단뱀은 크립티드가 아니다. 비단뱀은, 그러니까, 음, 그냥 비단뱀이다. 비단뱀은 동네 펫샵에서도 살 수 있다. 그러나 비단뱀이 자연 서식지가 아닌, 있으면 안 될 곳에서 발견되어 사람들을 공포에 떨게 한다거나 활발히 번식 중인 미발견 동물 집단이라는 가능성이 있을 때, 이들은 크립티드의 하위 집합이 되어 웁스OOPS; Out of Place Species라는 웃긴 별칭을 얻게 된다. 웁스란 '제 서식지를 벗어난 종'이란 뜻이다. 미국에서 가장 유명한 웁스의 사례 중 하나가 오하이오주의 '페닌슐라 비단뱀'이다.

페닌슐라는 클리블랜드Cleveland와 애크론Akron 사이에 있는 작은 운하 마을로, 쿠야호가 강Cuyahoga River이 마을을 가운데에서 이분하며 흐르고 있는 곳이다. 사실 반도[103]는 아니지만, 구불구불한 강줄기가 마을의 중심부를 통과하며 흘러 땅 일부가 마치 반도의 돌출부처럼 보이기 때문에 이러한 이름이 붙었다. 그러나 1944년 여름, 구불구불한 모양으로 페닌슐라를 지나간 것은 비단 쿠야호가 강만이 아니었다. 한 거대한 비단뱀이 몇 달간 이곳을 휩쓸며 페닌슐라 주민들을 공포에 떨게도, 동시에 즐겁게도 했다.

6월 8일, 농부 클라렌스 미첼은 자기 옥수수밭을 뚫고 나간 구렁이의 흔

---

103 페닌슐라peninsula는 '반도'라는 뜻의 영어단어이기도 하다.

적을 발견하며 최초 목격자가 되었다. 하지만 이 뱀은 단순한 구렁이가 아니었는데, 미첼은 이 뱀의 길이를 4.5에서 5.5미터 사이 어디쯤으로 추정했다. 6월 10일, 폴과 존 살레이 형제도 자신의 밭에서 이와 비슷한 구불구불한 모양의 흔적을 발견했는데, 폭은 타이어 자국 너비와 비슷했다. 하지만 6월 12일, 상황은 단순한 무단 침입 사건을 넘어 심각해졌다. 로이 본 부인은 울타리를 비집고 나가려는 비단뱀을 발견했는데, 비단뱀은 몸 일부가 혹처럼 튀어나와 있어 힘겨워하고 있었다. 부인은 후에 자신이 키우던 닭 한 마리가 없어졌다는 것을 발견했다.

신문은 비단뱀 기사를 실었다. 클리블랜드 동물원Cleveland Zoo과 콜롬버스 동물원Columbus Zoo 모두 도움을 주겠다고 답했다. 수많은 사냥꾼이 이 움스에 속하는 비단뱀을 찾아 이리저리 헤매고 다녔다(비단뱀의 생모가 중요해 총기는 모두 집에 고이 모셔놓았지만 말이다). 뱀의 흔적이 발견된 적도, 다른 뱀이 발견된 적도 있었지만, 해당 비단뱀이 발견되진 않았다. 그렇지만, 한 차례 사냥에 참여한 일간지 〈애크론 비컨 저널Akron Beacon Journal〉 기자는 다음과 같이 썼다. "페닌슐라 주민들은 진지하게 비단뱀의 존재를 믿고 있다."

6월 27일, 폴린 홉코는 자기 소들이 동요하고 있는 모습을 발견했다. 하지만 홉코도 같이 동요하고 마는데, 근처 나뭇가지에서 거대한 비단뱀이 천천히 아래로 기어 내려오고 있었기 때문이다. 같은 날, 한 무리의 동네 아이들 역시 이 뱀을 목격했다. 6월 29일에는 랄프 그리핀 부인이 자기 집 마당에서 공중으로 머리를 1.6미터 정도 쳐들고 있는 뱀을 발견했다. 어니스트 레이몬드는 자신의 밭에서 전에 없던 그루터기 하나를 발견했다. 그러나 그루터기는 움직이기 시작했고 그제야 레이몬드는 그것이 똬리를 틀고 있던 비단뱀이라는 것을 깨달았다.

신고를 해도 경찰은 늘 비단뱀이 떠난 뒤에 도착한 모양이었다. 그 뒤로도 여름이 다 지나 신고가 잦아들 때까지 경찰은 늘 뒤늦게 도착했다. 비단뱀을 잡을 수 없었던 마을 사람들은 비단뱀이 오하이오의 겨울을 견딜 수 없다는 것을 알았기 때문에, 스스로 나올 때까지 기다리기로 했다. 날씨가 추워졌고 사람들은 똬리를 튼 채 백설에 얼어붙어 딱딱해졌을 뱀고기 덩어리를 찾아 헤맸지만, 결국 비단뱀은 나타나지 않았다. 배를 까뒤집은 모습이든, 그 어떤 모습으로도 말이다.

비단뱀 사건은 그저 집단 히스테리였을까? 아니면, 비단뱀이 겨울을 나는 방법이라도 찾은 걸까? 그것도 아니면 따뜻한 남쪽으로 이동이라도 한 걸까? 비단뱀이 어디로 간 건지, 혹은 어디서 온 건지 아무도 아는 사람이 없었다. 그러자 사고 난 서커스 열차에서 탈출한 것일 거란 도시 괴담이 생겨나기도 했다(크립티드에 관해서라면 서커스단이 동네북인 경우가 많다).

또 다른 가설로는 이 비단뱀이 4년 전 마을에서 북쪽으로 몇 킬로미터 떨어진 곳에 문을 연 크레이치 쓰레기장Krejci Dump에서 나온 돌연변이라는 설이 있다. 당시에는 아무도 몰랐지만 40년 후, 소유주가 불법 화학 폐기물을 수용하고 있다는 사실이 밝혀지면서 이 땅은 유해 산업 폐기물 처리 기금 지원 지역으로 분류되었다. 하지만 대부분은 이 비단뱀이 탈출한 반려동물일 거로 생각했다. 비록 아무도 직접 입 밖으로 꺼내진 않았지만 말이다.

이러한 움스에 속하는 대형 비단뱀은 다른 마을에도 출현했다. 2016년 메인주 웨스트브룩Westbrook에서는 여름 내내 2.7미터짜리 아나콘다가 산발적으로 목격되었는데, 이 중에는 비버를 입에 물고 프리섬프스콧 강Presumpscot River에서 헤엄치는 모습을 봤다는 목격담도 있었다. 이 뱀도 자취를 감췄지만 허물은 남겼는데, 이는 현재 포틀랜드의 국제 신비동물학 박물관에 전시되어 있다(44쪽 참조).

하지만 페닌슐라만큼 자기 마을의 움스 크립티드를 존중하는 곳은 없다. 페닌슐라 주민들은 수십 년간 페닌슐라 비단뱀의 날Peninsula Python Day을 기념하고 있는데, 이날 이들은 크리스마스 때 줄 전구를 달 듯 집과 사업장에 가짜 뱀을 단다. 퍼레이드가 뱀처럼 마을을 이리저리 통과하는데, 거대한 비단뱀 모형이 선두를 이끄는 모습을 볼 수 있다. 또한, 이들은 30센티미터 길이의 비단뱀 모양 핫도그를 먹고, 실제 비단뱀 여러 마리를 동원하고, 전반적으로 정말 비단뱀을 위한 파티를 열어 즐긴다.

나는 한 달 차이로 '비단뱀의 날'을 놓친 상태여서, 페닌슐라를 통과하는 동안 현관이나 공원 나무에 가짜 뱀이 감겨있는 모습은 보지 못했다. 내가 본 유일한 흔적은 마을 도서관이었다. 도서관 외벽에 페닌슐라 비단뱀의 벽화가 있던 것이다. 하지만 처음에 페닌슐라 비단뱀 자체인 줄 알았던 것이 알고 보니 심하게 구불대는 쿠야호가 강이었다. 그러나 실망할 겨를도 없이 나는 도서관 내부에서 페닌슐라 비단뱀을 발견했다. 실제 페닌슐라 비단뱀만큼이나 커다란 뱀 그림이 세로로 우뚝 솟아 있었다. 페닌슐라 비단뱀이 가짜든 아니든 상관없다. 마을에 자기 이름을 새기는 건, 사람이든 뱀이든 진짜 대단한 거다.

웁스, 아이 크립티드 어게인[104]

신비동물학의 가장 위대한 약어를 소개한다. 바로, OOPS다. 이는 Out Of Place Species의 약자로, 과학적으로 증명된 동물군이 제 서식지를 벗어났거나 물리적으로 불가능한 곳에 살며 활발히 번성하고 있는 경우를 말한다.

한 예로 유령 캥거루phantom kangaroo가 있다. 캥거루는 원래 호주에서만 서식지만, 그럼에도 미국 전역, 특히 중서부 지역에서 캥거루 목격이 보고된 사례가 있다. 또한, OOPS 동물은 OOTS도 포함할 수 있는데, 이는 멸종된 지역에서 목격이 보고된 동물들을 나타내는 Out Of Time Species의 약어로 거의 사용되지 않는 용어이다. 멸종된 지역에서 목격이 보고된 퓨마, 재규어, 심지어 아메리카 사자 등 거대 고양잇과 동물이 이에 속한다. 퓨마는 1800년대 말까지 뉴잉글랜드에서 자유롭게 살았고, 아메리카 사자는 1만 1000년 전에 북미를 배회하고 다녔다. 이러한 장소에서 목격되는 거대 고양잇과 동물의 경우 ABC, 즉 큰 외계 고양이alien big cats로도 알려져 있다. ABC는 신비동물학에서 OOPS에 버금가는 약어이다.

캥거루와 사자가 미국 특정 지역에 사는 것은 물리적으로 가능하다(동물원이나 반려동물로 길러지던 동물들이 탈출했을 거라 의심받는 경우가 많다). 하지만 다른 유형의 OOPS는 더욱 특이하다. 예를 들어, 맨해튼의 차갑고 오염된 하수구에는 오랫동안 악어가 살았다는 도시 전설이 전해져 내려오고 있다. 오클라호마 옥토퍼스(155쪽 참조) 또한 오클라호마 주의 담수 호수에 서식하는 것으로 알려졌지만 현재 알려진 문어 종 중 담수에서 생존할 수 있는 종은 없다. 오하이오의 페닌슐라 비단뱀도 물리적으로 페닌슐라의 혹독한 겨울을 견딜 수 없다. 그러나 페닌슐라에서는 매년 이 페닌슐라 비단뱀을 기념하는 축제를 연다.

그래도 상상해 보면 정말 멋진 일이다. 저 위의 신이 어느 날엔가 창조의 날을 갖고 동물을 만들어 각각 맞춤 설계한 환경에 정성스럽게 배치한 다음, 실수로 캥거루 한 무리를 엉뚱한 미대륙에 떨어뜨려 버린 것 아닌가. 그리고 신은 말씀하셨느니라. "웁스."

---

104 유명한 팝가수 브리트니 스피어스가 2000년에 발매한 곡의 제목 'Oops!..I Did It Again(이런, 같은 실수를 또 해버렸네)'을 패러디한 제목이다.

- 언더워터 팬서 -
UNDERWATER PANTHER
교외의 마운드 크립티드

유형: 수생 생물	최초 발견: 선사시대
위치: 오하이오주 그랜빌Granville, Ohio	크기: 누런 털 혹은 누런 비늘, 뿔

　나는 오하이오주 그랜빌의 브린 두 드라이브Bryn Du Drive보다 더 소름 끼치는 지역을 본 적이 없다. 이 컬드색[105]에 있는 집들은 하나같이 멋지고 잔디밭도 깔끔하게 가꿔져 있어 따로 보면 비교적 눈에 띄는 점이 없다. 하지만 전체를 아울러 보면 이 집들은 무언가를 둘러싸고 있다. 그 정체는 바로, 현대 동물학은 인정하지 않는 사악한 괴물인 언더워터 팬서의 모습 닮은 천년 묵은 마운드다. 이 마운드를 중심으로 원을 그리고 있는 이 집들은 마치 팬서의 출현을 기다리는 숭배 집단이 세심하게 배치한 듯한 모양으로 자리 잡고 있다.

　'에피지 마운드'란 고대 아메리카 원주민의 의식용 마운드로, 주로 350년에서 1300년 사이에 만들어진 것으로 추정된다. 마운드는 동물이나 사람, 상징물 등의 모양을 하고 있다. 현재 수천 개의 에피지 마운드가 미 중서부 전역에 흩어져 있지만 가장 큰 마운드와 가장 무서운 마운드, 이 두 개는 오하이오주에 있다. 바로, 앨리게이터 에피지 마운드Alligator Effigy Mound와 그레이트 서펀트 마운드Great Serpent Mound이다.

---

[105] 표기는 'cul-de-sac'이며 불어로 '막다른 골목'을 뜻한다. 주택이 작은 골목의 끝부분에 몰려있고 입구나 출구가 하나만 있는 형태의 주거단지를 일컫는다.

피블스Peebles에 있는 그레이트 서펀트 마운드는 미국에서 가장 큰 에피지 마운드이다. 뱀이 달걀 모양의 뭔가를 삼킨 모양으로 411미터에 걸쳐 구불구불하고 유려한 곡선을 자랑한다. 이를 감상하려면 입장료를 낸 뒤, 작은 박물관 안에서 시간을 좀 보내다가 마운드 주변을 돌아본 뒤 뱀의 모습을 완벽하게 조망할 수 있는 탑으로 올라가면 딱 맞다. 그레이트 서펀트 마운드를 본 뒤 나는 비슷한 경험을 할 수 있으리라 생각하며 앨리게이터 마운드로 향했다. 이곳에서 190킬로미터 정도 떨어진 콜럼버스 외곽에 있었다. 하지만 브린 두 드라이브에 도착했을 때 나는 깜짝 놀라고 말았다. 그곳엔 어떠한 해설 박물관도, 탑도 보이지 않았기 때문이다. 풀이 무성한 둥근 언덕 하나가 그냥 개인 주택가의 한 가운데에 솟아 있었다. 외롭게 서 있는 역사 현판만이 그 언덕 꼭대기에 60미터의 에피지 마운드가 있다는 것을 알려주고 있었다.

앨리게이터 마운드가 놀라운 점은 주변 환경뿐만이 아니다. 이 마운드는 이름과 달리 악어 모양이 아니다. 땅에서는 마운드의 전체 모양을 볼 수 없다. 해당 언덕을 오르면(그리고 지나는 곳마다 집 창문 블라인드 틈새를 벌리는 인기척을 무시하면), 언덕 꼭대기에서는 다른 곳보다 원 모양으로 더 높게 올라와 있는 곳들이 보인다. 하지만 애써도 그게 다다. 전체 모양은 항공샷으로 찍은 사진에서만 볼 수 있다. 그러나 그 모습은 둥근 머리에 네 다리를 벌린 모습, 그리고 아치형 꼬리로, 앨리게이터, 즉 악어와는 전혀 다른 모습이다. 연구자들은 아메리카 원주민들이 유럽 탐험가들에게 이 마운드를 보여주면서 알려준 이름을 유럽인들이 잘못 번역한 것이라 생각하고 있다. 마운드를 만든이들이 설명한 것은 수중 괴물이었을 가능성이 있는데, 이를 당시 유럽인들이 악어로 오해했다는 것이다. 그러나 오하이오에는 악어가 서식하지 않는다. 언더워터 팬서가 서식할 뿐이다.

언더워터 팬서는 온몸이 짧고 누런 털, 혹은 비늘로 덮인 네 발 달린 생명체다. 긴 꼬리가 달려있고 머리에는 뿔이 나 있다. 고대와 현대 속 언더워터 팬서의 모습은 대개 고양이와 파충류가 섞인 모습에 사악한 성격으로 묘사된다. 중서부의 여러 원주민 부족에 내려오는 전설에 따르면, 언더워터 팬서는 자비로운 썬더버드(194쪽 참조)의 천적으로, 인간을 물속으로 끌고 가 익사

시킨다. 일부 연구자들은 일리노이주 올튼에 있는 피아사 버드 벽화(164쪽 참조)의 원래 모습이 언더워터 팬서였으며, 이 원본 그림에 현대 예술가들이 양 날개를 그려 넣어 지금의 피아사 버드가 되었다고 믿기도 한다. 여기에 위스콘신주의 귀염둥이 호닥 또한 언더워터 팬서에서 비롯되었을 가능성이 있다(225쪽 참조).

그레이트 서펜트 마운드와 마찬가지로 앨리게이터 마운드 또한 정확한 건설 목적과 건설자는 알려지지 않았지만 추측은 존재한다. 한때는 호프웰Hopewell 주민들이 만든 것으로 여겨졌으나 요즘에는 포트 에인션트[106] 문화의 유물이라는 의견이 지배적이다. 또한 앨리게이터 마운드는 확실히 고분은 아니지만(누가 봐도 아니다), 의식이나 친목을 위해 이용되었을 가능성이 있다.

앨리게이터 마운드 곁에 있는 역사 현판에는 작은 글씨로 해당 마운드가 악어 모양이 아니라는 사실을 인정하는 내용이 담겨있다. 동시에, 해당 마운드가 주머니쥐나 (육지) 팬서 모양일 수 있다고 언급한다. 그러나 이 대단한 어둠의 숭배 집단이 단순히 사악한 주머니쥐 하나 부활시키자고 이를 중심으로 집을 지었을까? 그건 아니지 싶다.

❮❮ ———◆——— ❯❯

---

[106] 기원후 1000년에서 1750년경까지 오늘날의 오하이오 남부, 켄터키 북부, 인디애나 남동부, 웨스트버지니아 서부 지역에서 번성했던 아메리카 원주민 문화로, 에피지 마운드로 유명하다.

− 도슨 노움 −
DAWSON GNOME
마을을 마구 휩쓴 마성의 요정

유형:	최초 발견:
조각상	1989년
위치:	크기:
미네소타주 도슨Dawson, Minnesota	90센티미터

　마을 공원에 90센티미터 노움이 삼삼오오 여기저기 많이 모여있는 모습은 깊은 감흥을 주기에는 부족할 수도 있다. 하지만 만약 이 노움들이 한때는 인간이었으며, 실제 마을 주민들을 작게 만든 뒤 머리에 고깔모자를 씌워 전시한 것이라면 어떨까? 거짓말하지 말라고? 미네소타주 도슨에서는 진짜다.

　노움은 유럽에서 유래한 작은 휴머노이드 생명체로 고블린, 드워프, 레프러콘[107]과 한데 묶인다. 노움이란 이름은 '땅에 사는 사람'이라는 뜻의 라틴어 제노모스genomos에서 유래했다. 이들은 땅속에 살며 우리가 공기를 뚫고 이동하듯 이들은 흙을 뚫고 이동하며 귀금속과 보석이라는 보물을 수호한다. 적어도 예전에는 이렇게 알려져 있었다. 오늘날 미국에서 이들은 그저 주로 뾰족한 모자에 흰 턱수염을 기른 흔한 정원 장식물로 쓰이지만 말이다. 그러나 사실 이건 수백 년 전 독일에서 시작된 전통으로, 그 이름은 가르텐츠베르게Gartenzwerge였다. 그리고 이후 영국 귀족들은 이 장식물을 귀족이라는 신분의 상징으로 사용했다. 이렇듯, 정원 노움은 경박한 장식품이 아니라 원래 경건한 예술품이었던 것이다.

　그러나 도슨(자칭, 미합중국 노움타운Gnometown, USA)은 정원용 노움에 대해 완전히

107　아일랜드 신화에 등장하는 구두장인 요정이다. 코트와 모자를 착용하고 수염이 난 남성으로 묘사된다.

독특한 접근 방식을 취한다. 도슨은 사우스다코타주 경계 근처에 있는 인구 1,400명의 작은 마을이다. 도슨은 1989년부터 매년 주민 한 명(혹은 여러 명)을 선정하고 있다. 다행히 셜리 잭슨 소설 속에 나올법한 공포의 제비뽑기[108]는 아니고, 도슨을 위해 봉사한 주민을 뽑아 그 공로를 기리는 것이다. 그리고 이때 마을은 수상자의 모습을 노움으로 표현해 만든다. 도슨의 노움은 일반 적인 정원용 노움과 달리 모자가 구부러져 있고 소매에 하트가 하나 그려져 있지만 이때 제작되는 노움은 매번 독특한 옷차림, 소지품, 자세를 갖추고 있 으며 세심한 디테일까지도 수상자를 나타내는 상징적 요소로 꾸며진다. 예를 들어 농구 코치인 수상자의 노움은 농구공을 든 채 유니폼을 입고 있고, 음악 감독인 수상자의 노움은 지휘봉을 흔들고 있으며, 의사인 수상자의 노움은 흰색 코트에 청진기 목걸이를 하고 있다. 미국의 다른 지역에서는 노움으로 표현되는 것이 모욕일 수 있으나 이곳 도슨에서는 최고의 영광이다.

도슨이 노움과 사랑의 열병에 빠진 데에는 한 자매의 공이 컸다. 1987년, 도슨의 의회는 도슨의 인지도를 높일 수 있는 무언가를 찾고 있었다. 도슨 에 필요한 것은 이웃 마을 다윈Darwin이 대대적으로 자랑하던 거대한 끈 공[109] 과 같은 어떤 '물건'이었다. 도슨 주민이었던 알타 로쉬와 루스 솔렘은 쇼핑 을 하며 이런 상황에 대해 이야기를 나눴고, 그러던 중 마을 도서관 사서였 던 로쉬가 당시 오랫동안 읽어오던 유럽의 노움 이야기를 꺼냈다. "도슨은 '미합중국의 노움타운'이 되는거야!" 이 자매는 도슨의 의회에 해당 아이디 어를 냈고, 아이디어는 채택되었다. 또 다른 주민이자 이들의 친구였던 샤릴 린 베이츠는 이 아이디어에 반해 도슨 시민들에게 노움 인형으로 존경을 표 하자는 아이디어를 내놓았다. 이 세 명의 여성은 이 전통을 탄생시켰을 뿐만 아니라, 오랜 세월 전통의 길잡이 역할도 해왔다.

도슨은 매년 리버페스트Riverfest 행사에서 수상자와 그에게 바치는 노움을 선보이며 리버페스트를 개최한 바로 다음 해, '미합중국 노움타운'으로 자처

---

108 「제비뽑기The Lottery」라는 이름의 단편 소설로, 한 작은 마을에서 매년 거행되는 '제비뽑기' 행사를 다루고 있다. 마을은 풍요를 위해 매년 한 사람을 무작위로 뽑는데, 알고 보니 뽑힌 마을 주민을 나머지 주민들이 살 해하기 위한 것이었다는 내용이다.

109 프랜시스 존슨이 만든 지름이 약 3.7미터에, 무게가 약 7,900킬로그램인 끈 공을 말한다. 실제로 이 공은 그가 1950년 3월부터 29년 동안 매일 4시간씩 끈을 감아 완성했다.

하기 시작했다. 새롭게 공개된 노움은 오크 스트리트ₒₐₖ Street 동쪽에 있는 공원에 설치되며 대부분 '도슨 방문을 환영합니다' 표지판 근처에 배치된다. 또한 수상자 노움의 전기는 우화 형식으로 제작되어 온라인에서 접할 수 있다. 행사 초반에 만들어진 노움의 경우 나무로 제작되어 현재는 비바람으로부터 보호하기 위해 지역 도서관 내에 전시되어 있다. 현재 제작되는 노움은 콘크리트로 만들고 페인트 옷까지 입으므로 미네소타의 혹한도 끄떡없이 견뎌낼 수 있다.

현재 노움타운에 있는 노움 개수는 약 45개다. 2020년에는 코로나19 팬데믹으로 리버페스트 행사가 취소되었는데 도슨은 이에 맞춰 2021년 행사에서 새로운 시도를 했다. '팬데믹 트롤을 이겨내자'는 아이디어를 중심으로 행사를 진행한 것이다. 그 해, 도슨은 주민 노움을 만들던 전통은 잠시 내려놓고 코로나19 바이러스를 '코비디우스 퓨트리드 이블슨 19세Covidius Putrid Evilson the 19th[110]'이라는 이름의 못생긴 트롤로 만들었다. 그리고 이를 노움들 곁에 세워 도슨 주민들이 힘든 시기에 힘을 합쳐 이 트롤을 물리쳤다는 점을 기념하고자 했다.

만약 여러분이 도슨을 방문할 일이 있다면 적어도 이 세 노움에게는 꼭 경의를 표하길 바란다. '미합중국 노움타운'이 2012년에 제작한 알타와 루스, 샤릴린의 노움말이다. 정말, 이들 세 여성이야말로 노움이란 아이디어로 마을을 찢어'노움'!

⟪ ◆ ⟫

---

110 해석하면 '코비드 썩은 악마 19세'정도 된다.

- 웬디고 -
WENDIGO
혹한의 혹독한 식인 크립티드

유형 :	**최초 발견 :**
휴머노이드	선사시대
위치 :	**주요 특징 :**
미국 중서부 북부Upper Midwest US,	식인
위스콘신주 윈디고 호수Lake Windigo,	
미네소타Wisconsin; Minnesota	

웬디고 전설의 시작은 현재 캐나다와 미국 북부에 거주하는 알곤킨
Algonquin족이었다. 그 뒤, 이곳으로 이주한 정착민들이 웬디고를 받아들였다.
그리고 그 뒤, 알곤킨족과 정착민 모두 웬디고로부터 달음박질쳤다.

웬디고(윈디고라고도 씀)는 수 세기에 걸쳐 변태하였고 세 가지 해석으로 분화
되었다. 그래도 세 화신 모두 무시무시한데, 그 이유는 이들이 근본적으로
무언가를 상징하기 때문이다. 온라인 사전인 오지브웨 민족 사전Ojibwe People's
Dictionary에 따르면 웬디고의 초기 형태는 '겨울 식인 괴물'이었다. 어느 언어
에서도 가장 무서운 세 단어가 아닐 수 없다. 키 또한 거대하다. 3미터에서
북부 숲의 소나무보다 더 높게 솟아올랐다는 말도 있다. 사람처럼 생겼으나
동상에 걸려 얼굴을 까맣고 입술과 두 뺨이 없어 야윈 모습인데, 이는 웬디
고가 인간의 살점에 대한 굶주림을 못 참고 자기 살을 뜯어 먹었기 때문이
라고 한다. 조지 M. 에버하트는 자신의 저서 『괴생명체: 신비동물학으로의
안내서』에서, 웬디고의 식습관에 대해 다음과 같이 간결하게 설명하고 있다.
"인간, 특히 아이를 잡아먹음." 한 마디로 웬디고는 북미의 겨울 황무지를 차
갑게 덮는 얼음과 굶주림, 추위와 죽음, 그리고 낙담과 절망이 의인화된 모
습이라 할 수 있다.

그러나 웬디고가 은유하는 것은 단순히 이곳의 무자비한 풍토만은 아니다. 신뢰와 협력이 생존에 필수적인 환경에서 남을 해칠 수 있는 탐욕과 살인의 경향이 있어 한 공동체를 망가뜨릴 수 있는 괴물 같은 인간을 은유하기도 한다. 웬디고 원본 이야기의 연장선에 있는 이러한 해석의 웬디고는 자신의 생존 욕구를 다른 사람의 생존 욕구보다 우선시하며 인육을 먹어(혹은 유혹을 느껴) 인간이 '웬디고로 변한' 경우이다. 웬디고의 영혼에 사로잡힌 이들의 심장과 척추는 두꺼운 얼음으로 둘러싸여, 이들의 가슴에 귀를 댈 경우 얼음이 터지고 갈라지는 소리가 들릴 정도라 한다. 이러한 '웬디고 병'을 치유하는 유일한 방법은 웬디고로 변한 사람의 목구멍에 뜨거운 곰의 기름을 부어 얼음을 녹여버리거나 변한 사람을 죽여버리는 것뿐이다.

1897년 12월, 미네소타의 일간지 〈세인트 폴 글로브Saint Paul Globe〉는 매니토바Manitoba의 베렌스 강 보호구역Berens River Reserve에 사는 한 아메리카 원주민 여성이 장티푸스에 걸린 사건에 대해 보도했다. 해당 여성은 장티푸스 영향으로 이상 행동을 보였지만, 아내가 웬디고병에 걸렸다고 생각한 남편이 아내의 머리채를 잡아 목을 부러뜨렸다는 것이다. 결국 남편은 살인 혐의로 체포되었다. 그러나 이 사건과 달리 진짜 웬디고병에 걸린 사람들의 사례가 있다. 가장 악명 높은 사례로는 '스위프트 러너 사건'이 있다.

때는 1878년 겨울에서 1879년으로 넘어간 직후, 앨버타주에서 일어난 일이었다. 마을 사람들과 친분도 있고 인기도 많았던 스위프트 러너라는 한 크리Cree족 남성이 겨울에 가족과 함께 캠핑을 떠났다가 혼자 돌아온 후, 이상 행동을 보이기 시작했다. 러너는 가족들이 모두 기아로 사망했다고 했지만, 그는 아홉이나 되는 나머지 가족의 목숨을 앗아간 혹한을 이겨낸 사람 치고는 상태가 꽤 좋아 보였다. 수상함을 느낀 노스웨스트 기마경찰North West Mounted Police은 러너에 대해 조사하기로 했다. 그 뒤 경찰은 사람 뼈가 흩어져 있는 캠프장을 발견했다. 뼈 가운데 일부는 갉아먹은 흔적도 있었다. 스위프트 러너는 학문 용어로 '식인 풍습,' 즉 쉬운 말로 사람을 잡아먹었다고 자백했다.

러너는 자신이 이상한 꿈에 시달렸고 한 영혼이 나타나 자신에게 자기 가족, 즉 아내와 형, 어머니, 그리고 여섯 명의 자녀("인간, 특히 아이를 잡아먹음"이란 설명이 생각나는 대목이다)를 먹으라고 명령했다고 한다. 그렇게 러너는 웬디고가 되었다. 겨울은 혹독했지만, 가족을 먹어야 할 정도는 아니었다. 러너는 심지어 자기 범죄에 대한 목격자가 없도록 마지막으로 남은 아들까지 죽이고 먹었다고 스스로 인정했다. 그리고 1879년 12월, 그는 끔찍한 살인을 저지른 혐의로 포트 서스캐처원Fort Saskatchewan에서 교수형에 처해졌다. 이런 잔악한 행동의 동기가 진정 무엇이었는지 앞으로도 완전히 밝힐 수는 없겠지만, 20세기의 초 몇십 년간 일부 정신과 의사들은 '웬디고 정신병'을 문화권증후군[111]으로 진단하고 처방했다.

현대 대중문화 속 웬디고는 순화된 겨울의 정령인 모습을 하고 있다. 뿔달린 휴머노이드 사슴이나, 머리가 사슴 혹은 엘크의 해골인 유령의 모습인데, 눈 오는 밤 숲속에서 마주친다면 그 자체로 무서울 생김새긴 하다. 한편 혹독한 겨울이 정신적, 육체적으로 어떤 부담을 주는지 잘 알고 있는 캐나다와 인접한 여러 주에서 웬디고를 지역 전설에 통합시켰다. 가장 두드러진 예로는 미네소타주와 이웃 위스콘신주가 있으며, 특히 위스콘신의 경우 공식적으로 웬디고 소유주로 인정받기 위해 애쓰고 있다.

위스콘신주의 스토턴Stoughton에 가면 안심살과 베이컨이 들어있는 '식인버거'를 선보이는 레스토랑, '웬디고'가 있다. 그리고 위스콘신주의 매니토웍Manitowac에서는 매년 10월 할로윈 축제로 윈디고 페스트Windigo Fest가 열리는데, 이곳에 가면 여러 명소에서 출몰하는 유령과 오싹한 퍼레이드, 그리고 라이브 음악과 특별 공연까지 즐길 수 있다.

미네소타는 위스콘신처럼 웬디고를 품으려는 노력을 하진 않지만, 윈디고 호수Lake Windigo라는 기이한 자연 지형 자체를 보유하고 있다. 이 호수의 규모는 0.8제곱킬로미터로, 카스 호수Cass Lake라는 호수 한 가운데에 있는 별 모양 섬에 있다. 즉, 윈디고 호수는 호수 안에 있는 호수이다.

20세기 후반, 캐롤 크로퍼드 라이언이라는 학자는 윈디고 호수에 관한 현지인들의 이야기를 수집했는데, 그중 일부는 수백 년 전까지 거슬러 올라가는 듯한 이야기였다. 라이언은 웬디고가 호수 안쪽의 얼음물에 산다는 이야기를 들었다. 호수가 얼면 그 얼음 위로 커다란 어떤 존재 혹은 존재들의 발

---

111 특정 민족이나 문화 집단에서 정신 질환 및 비정상적인 행동의 패턴을 보이는 현상을 가리킨다.

자국이나 구멍을 뚫고 탈출한 흔적이 발견된다는 것이다. 또 이런 이야기도 있었다. 예전에 이 호수 자체가 식인 거인 무리가 인간을 삶을 때 쓰는 커다란 솥이었으며 한 아메리카 원주민 추장이 이 섬으로 모험을 떠났다가 돌아오지 못했다는 이야기 말이다.

그러니까 윈디고 호수는 웬디고 조각상을 세우기에 딱 좋은 곳이라고 생각한다. 아니면 역사 현판이라도 좋다. 최소한 경고 표지판이라도 있어야 할 것 아닌가?

미네소타냐 위스콘신이냐, 둘 중 이 책에서 가장 무서운 크립티드 중 하나인 웬디고를 가져갈 주는 어디가 될까? 보면 알겠지.

– 비스트 오브 브레이 로드 –

BEAST OF BRAY ROAD

위스콘신의 늑대인간

유형:	**최초 발견:**
갯과 휴머노이드	1989년
위치:	**크기:**
위스콘신주 엘크혼Elkhorn, Wisconsin	길이 1.8~2.4미터, 몸무게 68킬로그램

신비동물학자와 인터뷰를 해보자. "학자님, 좀비가 있나요?", "할로윈 때나 보는 거죠.", "그럼, 뱀파이어는요?", "미신이 판치던 때 얘기입니다.", "그럼, 부활한 미라는요?", "공포영화 찍나요?", "그럼, 늑대인간도 없겠네요?", "…", "학자님?"(고개가 약간 기울어진다) "단정짓긴 어렵군요."

브레이 로드는 위스콘신주 월워스 카운티Walworth County에 있는 6.5킬로미터의 직선 도로이다. 엘크혼(인구 만 명)의 변두리와 11번 국도를 이으며 아늑하게 뻗은 이 도로 양옆으로는 옥수수밭이 있다. 농장도 있다. 군데군데 작은 숲도 있다. 그리고 늑대인간도 있다.

1991년 12월 29일, 월워스 카운티의 주간지 〈더 위크the Week〉는 "비스트 오브 브레이 로드'를 추적하다"라는 헤드라인의 기사를 실었다. 기사와 함께 실린 삽화 속 늑대인간은 손, 혹은 앞발로 죽은 동물을 쥐고 웅크린 자세를 한 모습이었다. 그리고 이 기사는 센세이션을 일으켰다.

기사는 엘크혼의 청소년들 사이에서 암암리에 주고받던 이야기를 한 버스 운전기사가 우연히 엿들으면서 시작됐다. 그가 신문 만화가이자 떠오르는 저널리스트였던 린다 S. 고드프리에게 이야기를 전달한 것이다. 고드프리는 즉시 조사에 착수했는데 그러던 중 엘크혼의 동물 관리국 담당자와 인터뷰하게 되었다. 담당자는 '늑대인간'이라 적힌 폴더를 꺼내 보여주었다. 고드프리는 자신이 대단한 사건을 만났음을 직감으로 알았다. 하지만 자신의 미래에 대해선 알지 못했다. 앞으로 자신이 이 문제에 대해 평생 매달리게 된다는 사실 말이다.

해당 폴더에는 지난 몇 년간 사람들이 브레리 로드라는 그 짧은 구간의 도로에서 겪었던 늑대인간 목격담이 담겨있었다. 1989년, 로리 엔드리지는 새벽 1시 30분쯤 운전 중이었는데, 그때 도로 옆으로 뭔가 둥글게 솟아 있는 것을 보았다. 가까이 다가가 보니 그 모호했던 형체의 정체는 바로 약 70킬로그램 정도의 사람 형체를 한, 짙은 회갈색 털로 뒤덮인 짐승이었다. 짐승은 그 자리에서 앞발로 로드킬 사체를 붙잡고 꿀꺽거리며 먹고 있었다. "발톱이 길었어요." 엔드리지가 고드프리에게 한 말이다. 차에 올라탄 엔드리지는 속력을 올렸고 짐승이 사라져 보이지 않을 때까지 액셀을 밟았다.

1991년 안개가 자욱한 할로윈 밤, 고등학교 3학년이었던 도리스 깁슨은 브레이 로드를 운전하던 중 자신의 차에 뭔가 살짝 쿵하고 부딪히는 소리를 들었다. 깁슨은 차를 세우고 혹시 자신이 차로 뭔가를 친 건 아닌지 확인하기 위해 차에서 내렸다. 바로 그때, 이족보행의 거대한 털짐승이 자신을 향해 달려오는 모습이 보였다. 깁슨은 급하게 다시 차에 뛰어들었다. 그리고 힘차게 액셀을 밟았는데, 트렁크가 발톱에 긁히는 소리가 들렸다. 후에 깁슨은 고드프리에게 그 긁힌 자국을 보여주었다. 또 안개가 자욱한 어느 날 밤, 마찬가지로 차를 몰고 가던 다른 10대 청소년도 어두운 형체를 보았다고 한다. 하지만 자세한 생김새는 확인할 수 없었고, 차량을 싹 긁어버린 거대한 발톱 자국만 확인할 수 있었다.

이는 고드프리가 보도를 위해 발굴한 지난 몇 년 동안의 수많은 이야기 중 일부에 불과하다. 〈더 위크〉에 '비스트 오브 브레이 로드' 기사가 실리자, 고드프리는 독자들로부터 더 많은 제보를 받게 되었다. 일반적으로 붉은 눈에 송곳니가 있고, 검은 털에 늑대 머리(때로는 독일산 셰퍼드 머리)를 한 모습이었다. 하지만 이 짐승이 늑대인간으로 간주되는 이유는 털이 수북한 1.8~2.4미터인 몸이 인간 몸의 형태였으며 이족보행을 하는 생명체였기 때문이다.

평소에 한적했던 브레이 로드가 순식간에 라스베이거스 카지노처럼 시끌

벅적해졌다. 늑대인간 사냥꾼 꿈나무들이 손전등과 총을 들고 인근 농장들을 배회하고 다녔다. 6.5킬로미터에 불과한 이 짧은 도로에 고속도로나 감당할 수 있을 만한 양의 차가 쏟아져 나왔다. 다들 자신의 헤드라이트에 이 털 난 괴물들이 포착되길 바라면서 말이다. 관광버스도 느릿느릿 줄지어 지나갔다. 브레이 로드에 늑대인간 출몰 지역을 알리는 표지판이 세워졌다. 근처 공터에는 합판으로 만들어 오려낸 늑대인간 모형이 설치되었다. 한편, 엘크혼은 발 빠르게 늑대인간 모양의 쿠키와 티셔츠, 그리고 '실버불렛[112] 특별 패키지'를 판매하였다. 덩달아 고드프리도 유명해졌다. 늑대인간에 대해 자세히 알고 싶어하는 언론사들이 전국 각지에서 고드프리에게 연락을 해왔기 때문이다. 일부 언론에서는 이 괴물의 이름을 '위스콘신 늑대인간' 또는 '월워스 카운티 늑대인간'이라 내보냈지만, 결국 늑대인간의 이름은 고드프리가 쓴 '비스트 오브 브레이 로드'로 굳어졌다.

　기사가 나간 직후에 고드프리는 한 지역 신문사의 편집자로부터 한 통의 전화를 받았다. 그의 이름은 조 샤켈만으로, 그는 고드프리에게 자신의 아버지 마크 샤켈만의 이야기를 들려주었는데, 여기에는 이 늑대인간의 기원에 관한 신비로운 이야기가 담겨있었다. 1936년, 마크 샤켈만은 인근 제퍼슨 카운티에 있는 성 콜레타 특수아동 학교St. Coletta School for Exceptional Children의 야간 경비원으로 일하고 있었다. 어느 날 밤 자정, 그는 순찰 중에 학교 사유지 내에 있는 여러 고대 아메리카 원주민 고분 중 한 고분 위에 뭔가가 있음을 발견했다. 이 짐승은 썩은 고기 냄새를 풍기며 맹렬히 땅을 파헤치고 있었다. 샤켈만은 손전등을 비쳤고, 그 빛에 짐승의 정체가 드러났다. 움직임을 멈추더니 두 발로 도망치던 짐승의 목 위로 털 난 늑대 얼굴이 드러났기 때문이다. 다음 날 자정에도 샤켈만은 같은 장소를 찾았고 그 짐승이 같은 고분 위에서 똑같이 땅을 파는 모습을 발견했다. 하지만 이번에 짐승은 두 발로 선 뒤 다음과 같은 말을 남기고 도망갔다. "가다라Gadara." 고드프리는 이 말을 성경 복음서에 등장하는 '가다라 돼지의 기적'과 연결했다. 이는 가다라라는 도시 출신인 한 남자가 악령에 사로잡히자 예수가 악령을 쫓아내 돼지 떼에

112　은총알이란 뜻으로, 영어 문화권에서 은총알은 늑대인간을 잡는 데 쓰이는 무기이다. 또한, 특효약이나 묘약이라는 의미로도 쓰인다.

들어가도록 했고, 그 즉시 돼지들이 미쳐 호수로 뛰어들어 죽었다는 이야기였다. 그뿐만 아니라 고드프리의 의견에 신빙성을 더하는 근거가 하나 더 있었다. 바로 '성 콜레타'와 관련된 사제 중 한 명이 실제로 엑소시스트였다는 사실이었다.

악령에 사로잡혀 있던 존재였든 늑대인간이었든 간에, 비스트 오브 브레이 로드 열풍은 결국 사그라들었다. 목격담이 끊기고 굿즈 판매도 중단되었다. 엘크혼은 더 이상 공포영화 세트장이 아닌 미 중서부의 목가적인 마을의 모습으로 돌아갔다. 하지만 이것이 늑대인간의 마지막 목격은 아니었다. 이후 2003년, 고드프리가 『비스트 오브 브레이 로드: 위스콘신 늑대인간을 미행하다The Beast of Bray Road: Tailing a Wisconsin Werewolf』라는 책을 출간한 후 늑대인간 목격이 다시 증가한 것이다. 오늘날 브레이 로드가 한때 늑대인간 출몰 지역이었다는 유일한 증거는 도롯가의 한 주택 앞마당에 있는 1.8미터 높이의 나무 조각상뿐이다. 하지만 누가 알겠는가? 언젠가는 나무 조각상이 아닌 살아있는 늑대인간들이 이곳을 다시 찾을지, 그래서 브레이 로드가 또 한 번 '늑대인간으로 가득한 꿈과 모험의 나라'가 되는지 말이다.

− 호닥 −
HODAG
꿩보단 '닥'

유형:
포유류

최초 발견:
1893년

위치:
위스콘신주 라인랜더
Rhinelander, Wisconsin

주요 특징:
녹색 털; 등부터 꼬리까지 난 가시

2021년, 위스콘신주 주지사 토니 에버스는 5월 21일을 호닥의 날Hodag Day로 선포했다. 그는 축하사를 통해 다음과 같이 말했다. "호닥은 위스콘신뿐 아니라, 모든 미국인의 문화와 정체성, 유산에 있어 핵심 부분입니다." 세상에, 바로 그 호닥이 바로 우리 '크립티드'다.

호닥은 흑곰 정도의 크기에 녹색 털로 뒤덮여 있으며, 등부터 꼬리를 따라 뾰족하고 뻣뻣한 가시가 난 크립티드다. 위턱에 난 두 엄니는 머리 위로 솟은 한 쌍의 뿔, 그리고 긴 발톱과 조화를 이룬다. 벌목꾼들 사이에서 내려오는 민담을 재밌게 묶어낸 윌리엄 T. 콕스의 1910년 출간작 『벌목장의 무시무시한 괴물들Fearsome Creatures of the Lumberwoods』에서 콕스는 이러한 묘사를 인정하면서도 더 신빙성 있다고 느끼는 다른 모습의 호닥을 선보였다. 콕스 버전의 호닥은 코뿔소 크기에 얼굴에 삽이 달린 듯한 모양이며, 피부 무늬는 체크무늬였다. 말하자면, 벌목꾼들이 보고 바로 똑같은 무늬의 옷을 만들고 싶을 만큼의 멋진 럼버잭셔츠 패턴이었다. 그러나 위스콘신주 노스우스Northwoods의 중심부에 있는 라인랜더가 마스코트로 삼은 호닥은 가시 쪽이었다. 아니, 마스코트라는 말도 부족할 수 있다. 나는 라인랜더처럼 크립티드에 헌신을 다하는 지역을 본 적이 없다. 호닥에 대한 라인랜더의 열정에 비하면 아무리 큰 빅풋 열풍도 부끄러운 수준이다.

호닥 이야기의 기원은 아메리카 원주민이라는 주장이 있다. 뿔 난 호닥과 고대 언더워터 팬서가 뚜렷하게 유사성을 보인다는 것이다(210쪽 참조). 이 이야기는 전 문단에서 언급되었듯이 콕스가 20세기 초에 수집한 벌목꾼 민담으로 거슬러 올라간다. 라인랜더는 1882년 벌목 마을로 만들어졌고, 이곳의 건장한 나무꾼들은 인근 노스우즈에서 벌목에 힘썼다. 벌목꾼들은 호닥을 유령이나 영혼으로 생각했다. 평생 통나무를 끌고 다니다 죽은 소가 지상의 짐을 풀지 못하고 숲과 벌목장을 떠돌아다니는 유령이 되었거나, 혹은 그 소가 새로운 형태의 영혼으로 재탄생했다고 말이다.

사람들의 상상 속에만 있던 호닥을 현실로 끌어올린 사람은 진 셰퍼드라는 라인랜더의 한 사업가였다. 1893년 셰퍼드는 사람들에게 자신이 몇몇 동료와 함께 호닥을 사냥하고 찍었다는 사진을 보여주었다(어떤 이들은 셰퍼드가 호닥은 고약한 냄새를 풍기고 불을 뿜는 괴물이라 설명했다고 한다). 셰퍼드와 일행은 소총과 물 대신 독을 채운 물총으로 호닥을 잡으려 했지만 결국 다이너마이트까지 써야 했다. 1896년, 셰퍼드는 여기에서 한술 더 떠서 곰과 레슬링도 벌일 수 있는 선수들의 도움을 받아서 바위를 이용해 굴의 입구를 막아 호닥을 가뒀다고 주장했다. 그다음 막대기 끝에 클로로포름을 적신 스폰지를 달아 의식을 잃게 해 호닥을 쓰러뜨렸다는 것이다. 셰퍼드는 이때 잡았다는 호닥을 여러 카운티 박람회에 전시했다. 실제로 당시 전시된 호닥은 검은 털로 덮인 나무 인형으로, 선을 매달아 어두운 천막 안에서 조작하여 움직이게 한 것뿐이었다.

이 모든 노력 덕에 호닥은 라인랜더의 역사에 있어 확고하게 자리 잡았다. 오늘날에는 호닥을 보지 않고선 라인랜더를 통과하기가 불가능할 정도이다. 라인랜더 곳곳에 호닥의 조각상, 호닥을 테마로 한 상점들, 선물 가게(이곳에서만 파는 '호호호~호닥 크리스마스 스웨터'와 트리 장식품이 있다. 어머! 이건 사야 해!), 지역 박물관 전시, 환영 표지판, 가로등 현수막, 역사 현판을 볼 수 있다. 또한 호닥은 고등학교의 마스코트이기도 하다. 매년 5월에는 호닥 유산의 날Hodag Heritage Day(위스콘신주 주지사가 발표한 '호닥의 날'의 일환으로 시작)이라는 축제가 열리는데, 이는 호닥 컨트리 페스티벌Hodag Country Festival(1978년에 시작한 음악 행사)과 다른 행사다. 그리고 이 모든 호닥 관련한 것들의 그 중심에는 상공회의소 앞에 있는 호닥의 대형 조각상이 있다. 또한, 라인랜드 웹사이트인 'explorerhinelander.com' 은 말 그대로 호닥의 팬페이지이다. 이곳에 가면 호닥의 역사를 배우고, 비디오 게임을 즐길 수 있으며, 팬클럽 또한 가입할 수 있다. 단, 라인랜드에 관한 정보는 거의 없다.

　라인랜더는 여러모로 내가 가장 이상적으로 생각하는 크립티드 마을이다. 크립티드 마을이 모두 라인랜더처럼 크립티드를 기념했으면 좋겠다. 하지만, 동시에 "너무 과한 몰입은 해롭지 않을까?"라는 질문이 있을 수도 있다. 질문의 정답은 모르겠다. 그래도 확실한 것은 그 답이 무엇이든, 위스콘신주 라인랜더는 라인랜더만의 답을 찾았다는 거다. 모두들, 해피 호닥 데이!

− 라이넬라퍼스 −
RHINELAPUS
검비의 러브크래프트 버전

유형:	최초 발견:
조각상	1940년대 초
위치:	주요 특징:
위스콘신주 모니코Monico, Wisconsin	세 개의 촉수형 다리

이번 크립티드는 별나다. 너무 별난 나머지 편집자의 선택으로 삭제당할 뻔했다. 하지만 그럴 순 없지! 왜냐하면 라이넬라퍼스는 별난 크립티드라기보단, 메타적 개념에 속하는 크립티드이기 때문이다. 이것이 바로 내가 라이넬라퍼스를 아끼는 이유이다.

위스콘신주 모니코는 인구가 400명도 안 되는 작은 마을이다. 구글 지도에서도 아주 끝까지 확대해야만 이름이 겨우 보이는 곳이다. 바로 이곳에서도 8번 국도 옆에 닿아있는 모니코의 서쪽 끝, 키 큰 침엽수림 아래에는 특이한 '감옥'이 하나 있다. 그리고 주변이 철조망으로 둘러싸인 이 구조물 안으로 겨우 자리를 잡은 커다란 괴물 한 마리가 있다. 괴물은 녹색에, 호리호리하며 촉수 같은 다리를 세 개 갖고 있다. 그리고 그 아래로는 하얀 발에 검은 발톱이 달려있다. 뭉툭한 머리에는 구슬같이 붉은 두 눈이 있고 두개골 바로 뒤로 하얀 뿔 하나도 달려있다. 마치 H. R. 기거가 디자인한 크립티드 같다. 다시 말해, H.P. 러브크래프트[113]의 소설 속에 나올듯한 어떤 신이나 검

---

[113] 미국의 저명한 호러 및 공상과학 소설가로, 고대신과 외계인을 접목해 만든 '크툴루' 세계관을 담은 작품들로 잘 알려져 있다. 독특하고 기괴한 고대 신 이미지가 유명하다.

비[114]가 러브크래프트화 된 것 같은, 즉 악몽을 구현한 듯한 모습이다. 사실 이 끔찍한 외모는 이 책 어느 크립티드에게도 뒤지지 않는다. 그리고 공원의 작은 구조물 안에 있는 이 크립티드가 바로 라이넬라퍼스이다. 아니아니, 다시 말하지만 라이넬라퍼스 '상'이 아니라, 라이넬라퍼스 '본인'이다.

1940년대 초 어느 날이었다. 가이 데일리라는 이름의 한 지역 선술집 주인은 모니코 크릭Monico Creek근처에서 뿌리가 부풀어 올라 여기저기 뒤틀린 크고 신기한 모양의 소나무 그루터기를 발견했다. 범상치 않은 모양이었다. 다른 마을 사람들도 이 흥미로운 그루터기를 보고 싶지 않을까 생각한 데일리는 바로 이 SUV크기의 그루터기를 땅에서 뽑았고, 모니코에 있는 자신의 가게인 레이크 비너스 선술집Lake Venus Tavern으로 날랐다. 그리고 호기심에 이를 가게 현관에 설치했다. 데일리는 이 로르샤르 검사[115]용처럼 생긴 나무가 코뿔소와 코끼리, 문어를 합쳐놓은 것[116] 같다고 생각하여 라이넬라퍼스라고 불렀다. 결국 보존과 특색을 위해 라이넬라퍼스는 녹색으로 도색 되었고, 그렇게 '그린 몬스터'라는 또 하나의 이름이 생겨났다.

레이크 비너스 선술집 앞에 갑작스레 등장한 라이넬라퍼스는 60년간 입

114 미국 애니메이터 아트 클로키가 만든 캐릭터로 점토로 만든 뭉툭한 녹색의 휴머노이드이다.

115 잉크 얼룩 같은 도형을 해석하여 사람의 성격을 판단하는 검사이다.

116 영어 발음은 각각 코뿔소는 라이노, 코끼리는 엘리펀트, 문어는 옥토퍼스이다.

구를 지키며 사람들에게 공포와 즐거움, 당황스러움을 선사했다. 많은 이들이 라이넬라퍼스를 보려 이곳을 찾기도 했다. 아이들은 라이넬라퍼스 위에 올라타고는 했다. 관광객들은 사진을 찍었다. 옛 선술집의 모습이 담긴 엽서와 사진에는 지붕 달린 현관 아래에 있던 이 기이한 촉수 괴물이 찍혀있다. 비록 글귀에는 이상하리만큼 도대체 이것의 정체가 무엇인지 설명하고 있지 않지만 말이다. 라이넬라퍼스는 심지어 데일리보다 더 오래 살았다.

2002년, 라이넬라퍼스는 '멸종' 위기에 처했다. 최근 이 술집의 주인이 라이넬라퍼스를 없애고 싶어 한 것이다. 아마 무서워서였을 수도, 혹은 괴물을 테마로 한 식당이 누리는 이점에 대해 그다지 잘 알지 못해서였을 수도 있다. 이유가 뭐든 어쨌든 이를 없애고 싶었던 식당 주인은 동네 주민인 밥 발코스키에게 이 물건을 치우지 않으면 토막 내어 녹색 장작으로 만들어 버리겠다고 말했다. 아무렇게나 자란 모양의 이 나무 그루터기와 뿌리에 얼마나 많은 역사가 얽혀있는지 알고 있던 발코스키는 자기 친구이자 마을회장이었던 로버트 브릭스에게 전화를 걸었다. 브릭스는 굴삭기와 덤프트럭을 가져와 이 기이한 나무를 현재 위치인 모니코 타운 공원Monico Town Park으로 옮겼다. 그 과정은 〈쥬라기 공원Jurassic Park〉 첫 장면처럼 긴장감 가득한 순간이 아니었을까? 오늘날, 라이넬라퍼스는 여전히 공원 입구를 지키고 있다. 실제로 라이넬라퍼스는 모니코의 공식 보호 대상이 되었는데, 철조망에 붙어있는 표지판에 따르면 모니코가 '라이넬라퍼스의 관리와 사육을 책임'지고 있다고 한다.

어쨌든 최초의 자연 서식지에서 뽑혀 나가서 살았던 그 수많은 세월 동안, 이 크립티드는 어떠한 전설도 얻지 못했다. 그저, '뒤엉킨 모습의 소나무'라는 기원설이 끝이다. 또한, 옆 마을 라인랜더(불과 25킬로미터 떨어진 거리)에서 사랑받고 있는 호닥(225쪽 참조)처럼 모두의 인정을 받는 수준으로 올라가지도 못했다. 그저 모니코 혼자 일방적으로 라인랜더를 경쟁상대라 여기며, 라이넬라퍼스가 호닥을 잡아먹는다는 농담을 할 뿐이다. 그러나 이렇게 전설도, 화려한 축제도 없는 라이넬라퍼스이지만, 이 크립티드는 우리에게 주는 교훈만큼은 아주 진하다. 바로, 크립티드가 없는 마을이라면 그저 직접 하나 만들면 된다는 것이다.

– 호렙산 트롤 –
MOUNT HOREB TROLL

평범한 하이웨이가 트롤웨이가 되기까지

유형:	**최초 발견:**
조각상	1980년대
위치:	**크기:**
위스콘신주 호렙산Mount Horeb, Wisconsin	0.6~3.6미터

  트롤은 미끈거리는 괴물을 말한다. 종류는 오우거 같은 거인부터 아주 작은 드워프에 이르기까지 매우 다양하다. 또한 전통적인 모습의 트롤은 손가락과 발가락이 모두 네 개이며, 꼬리가 하나 달려있다. 여기에 햇빛을 쐬면 돌로 변한다거나, 인간의 살점을 먹는다는 이야기도 있다. 트롤이 유래한 곳은 스칸디나비아이지만, 요정과 엘프와 마찬가지로 서양 세계 전반의 신화와 이야기에 트롤로 볼 수 있는 비슷한 생명체들이 등장한다. 요즘 트롤도 있다. 실은 인터넷 용어인데, 자신의 비뚤어진 쾌락을 위해 문제가 될 만한 댓글을 익명으로 쓰는 악플러를 뜻한다. 그리고 사실 이들이야말로 가장 무서운 괴물이라 할 수 있다.

  위스콘신주 호렙산에 사는 트롤은 거인도, 인간을 잡아먹는 식인 트롤도, 인터넷 악플러도 아니다. 이들은 60센티미터부터 성인 사람만 한 크기까지 다양하며 만화 같은 이목구비에 예스러운 옷을 입고 있으며 소박한 모습을 하고 있다. 하지만 이들이 마을의 원주민인 것은 아니다. 호렙산은 원래 19세기 중반에 영국인들이 정착한 곳이다. 하지만 위스콘신주 내 다른 지역과 마찬가지로 이곳에도 수십 년 동안 노르웨이 이민자들이 대거 유입되었다. 그러나 트롤들이 호렙산에 정착하게 된 배경에는 재밌는 요소들이 겹쳐

있다. 한 선물 가게, 트럭 운전사들, 그리고 이들의 장모님 농담 '대유행 시대'가 그것이다.

1966년, 메인스트리트의 예스러운 빅토리아풍 건물에 오픈 하우스 수입품 가게Open House Imports가 개점했다. 스칸디나비아 상품 전문점이었다. 몇 년 후, 이곳은 트롤 조각상을 몇 개 수입해 앞마당에 세워 놓았다. 정원에 흔히 세워두는 노움처럼 말이다. 이쯤 되면 '어쩌다 이 트롤이 인기를 끌면서 호렙산에서 트롤 축제가 열리게 되었다'라는 이야기가 펼쳐질 것으로 예상하겠지만, 이야기는 그보다 더 '계산적으로' 전개되었다. 바로, 이곳 상인들이 트롤을 이용해 앞으로 닥칠 경제적 재앙에 대한 대응책을 마련한 것이다. 1980년대에 호렙산을 직접 통과하던 주 고속도로가 마을 주변으로 우회하도록 변경되었다. 호렙산 상인들은 우회로로 인해 호렙산이 정말 '우회만 당할까 봐' 우려하여 머리를 맞댄 채 다시 운전자들을 호렙산으로 유인할 방법을 모색했다. 그때, 이들의 머릿속에 바로 트럭 운전사들이 떠올랐다.

주 고속도로가 호렙산의 메인 스트리트Main Street를 관통하던 시절, 그곳을 지나가던 트럭 운전자들은 오픈 하우스 수입품 가게 앞에 있는 트롤을 도로 표지처럼 사용하며 무전기에 대고 장난스럽게 말했다. "나 방금 18/151번 고속도로에 있는 너희 장모님 지남." 호렙산 사람들은 트롤이 장시간 운전에 주변의 경치나 변화에 무감각한 상태인 트럭 운전사들의 관심을 끌 수 있을 정도라면, 외부인을 호렙산으로 유인하는 것도 가능할 거로 생각했다. 게다가 트롤은 호렙산의 노르웨이 유산을 존중하며 기리는 하나의 방법이므로, 하나의 트롤로 두 마리의 새를 잡을 수 있는 '일롤이조'의 방법이기도 했다.

호렙산 마을 원로들은 마이클 피나라는 지역 예술가에게 나무로 된 트롤 조각상을 의뢰하기 시작했다. 크기도 다양했고, 정원사, 양계장 주인, 악기 연주가 등 직업도 다양했다. 시장 트롤은 손에 호렙산 열쇠를 들고 있고, 행상 트롤은 자신의 키만큼 큰 보따리를 등에 짊어지고 있다. 또 다른 트롤은 손에 아이스크림콘을 들고 있어 한 입 베어 물면 금방이라도 머리가 띵해질 것 같다. 아코디언을 연주하는 트롤의 경우 예전에 버스 한가득 탔던 노르웨이 아코디언 연주자들이 이곳을 지나며 즉흥으로 연주했던 20분간의 세레

나데를 선사 받기도 했다. 이러한 트롤들은 메인스트리트에 있는 상점들의 안팎으로 배치되어 있는데, 마치 진짜로 살아있던 트롤들이 햇빛을 받아 돌로 변한 듯한 모습이다. 마을은 이 거리의 이름을 트롤웨이Trollway로 바꿨고, 마을에는 관광객이 찾아와 활기를 띠기 시작했다.

현재 트롤웨이에는 30여 마리의 트롤들이 살고 있다. 이곳 마을 웹사이트 (가상 트롤 사냥 체험 가능)에는 '트롤 보러 왔다가 호렙산의 매력에 빠져보세요'라는 문구가 자랑스럽게 걸려 있다. 호렙산에는 매년 트롤을 테마로 한 다양한 행사가 열린다. 시내에서 열리는 행사 중에는 트롤이 테마가 아닌 행사도 많지만, 시내 곳곳에 트롤이 많기에 사실상 트롤 행사처럼 느껴진다. 요르겐 더 트롤Jorgen the Troll이라는 이름의 캐릭터로 분장한 모습들도 거리에 자주 나타난다. 심지어 세계 트롤 수도Troll Capital of the World라는 문구도 상표권 등록이 되어있는 상태다. 하지만 마을 사람들의 노력은 현재진행형이다. 호렙산은 요즘도 관광객 유치를 위해 정원 트롤이 되어 트롤웨이에 새로운 나무 조각상을 정기적으로 추가하고 있다.

4부

서부

———◦———

빅풋은 이 책을 쓰는 내내 나의 골칫거리였다. 어느 주, 어느 카운티를 가든 빅풋이 목격되지 않은 곳이 없었고, 훨씬 흥미롭고 훨씬 특이한 크립티드를 보유한 지역들도 그저 빅풋만 기념하고 있었다. 아니 왜 조지아, 매사추세츠, 웨스트버지니아 같은 곳에 굳이 빅풋 박물관이 있냐는 말이다. 하지만 우리는 이제 드디어 빅풋에 대한 집착이 가장 정당한 지역, 서부에 도착했다. 서부는 빅풋이라는 이름을 지었고, 빅풋을 스타로 만들었으며, 빅풋이 나타나거나 안 나타나거나 우선 기념부터 하고 보는 곳이기 때문이다. 서부의 빅풋 박물관은 그 수가 하도 많아서 빅풋 박물관들을 위한 '빅풋 박물관 소개 박물관'이 따로 있어야 할 정도다. 그러나 길쭉한 털북숭이 다리로 서부의 숲을 활보하는 매력적인 크립티드로 소개할 수 있는 것에 빅풋만 있는 것은 아니다. 여기에는 외계인, 소형 생명체, 걸어 다니는 바지, 토끼와 사슴의 잡종, 인간 박쥐에 심지어 공룡까지 있다. 이들 모두 서부의 태양 아래, 자신의 볕 들 날을 맞이할 자격이 있는 크립티드들이다. 하지만 역시, 서부하면 빅풋을 빼놓을 수 없다.

- 캘리포니아 빅풋 -
CALIFORNIA BIGFOOT

빅풋, 그 전설의 시작

유형:
휴머노이드

최초 발견:
1958년

특징:
키 1.8~2.4미터, 몸무게 130~180킬로그램
이족보행, 검은 털

빅풋 팩트:
빅풋의 발자국이 최초로 발견된 곳은
캘리포니아주이다.

캘리포니아, 특히나 캘리포니아 북부 지역은 환영 표지판에 빅풋 주The Bigfoot State라고 쓸 자격이 있다. 세 가지나 말이다. 캘리포니아는 빅풋을 발견했고, 빅풋이란 이름을 지었고, 빅풋을 영상으로 찍었다. 정말이지, 강력한 이유가 아닐 수 없다.

거대 털북숭이 영장류인 현재 형태의 빅풋은 비교적 새로운 형태이다. 야만인과 거대 유인원의 이야기야 대부분 문화권의 역사와 전설에 스며들어 있지만, 이중 그 어느 것도 우리가 잘 알고 있는 모습은 아니다. 우리가 사랑하는, 육포 포장지 모델까지 꿰찬 그 빅풋의 모습 말이다. 게다가 오늘날처럼 빅풋이 항상 비공식 크립티드 마스코트였던 것도 아니다. 20세기 초중반, 크립티드계에서는 히말라야의 예티/설인 괴물이 큰 인기를 끌었다. 그러나 예티는 가까이하기엔 너무나 먼 괴물이었다. 대담무쌍한 모험가 혹은 탐험가나 되어야 보러 갈 수 있는 존재였다. 물론 미국 반대편에서도 그 대항마로 북미 사스콰치가 언론 여기저기에 소개되긴 했지만 그 중심은 주로 캐나다 서부로 한정되었고, 그때의 사스콰치는 거대한 유인원의 모습보다는 말하고 옷을 입고 마을에서 생활하는 커다란 인간의 모습으로 묘사되었다.

하지만 단 한 사람의 목격으로 빅풋이 기존 사스콰치의 모습에서 거대한 털북숭이 유인원으로 바뀌게 된다. 그 주인공은 윌리엄 로였다. 1995년 가을, 앨버타 숲에서 하이킹을 하던 로는 어떤 커다란 생명체와 마주쳤다. 그괴물은 키는 180센티미터 정도에 몸무게는 140킬로그램에 달했고, 얼굴을 포함하여 온몸에는 끝에 은빛이 도는 짧고 검은 털이 나 있었다. 2년 후, 로가 서명한 진술서에는 '동물 같기도, 사람 같기도 했다'고 적혀 있었다. 또한, 가슴도 달려있었다고 한다. 공터에 웅크려 앉아 나뭇잎을 먹던 중이었다. 하지만 이때도 아직 빅풋이란 이름은 없었다.

이름을 받게 되는 건 1958년이다. 캘리포니아주 유레카Eureka의 일간지 〈홈볼트 타임스The Humboldt Times〉 기자 앤드류 젠졸리는 같은 주 블러프 크릭 Bluff Creek에서 도로 공사를 하던 벌목꾼들이 작업장 주변에 널려있던 흙에서 사람의 것처럼 보이는 커다란 발자국을 발견했다는 제보를 받았다. 젠졸리는 해당 발자국에 대한 기사를 쓰면서 인부들이 이 생명체를 '빅풋'이라 부른다는 사실을 같이 적었다. 그렇게 새로운 스타가 탄생했다. 오랫동안 무명이었을 이 생명체에게 주어진 이 새로운 이름은 빅풋 자신뿐 아니라 크립티드라는 개념 자체에 새로운 이미지를 선사했다. 히말라야 설산이나 스코틀랜드 호수처럼 아주 먼 곳까지 가야지만 볼 수 있는, 거리감 느껴지는 생명체로 여겨졌던 크립티드가 동네 숲에서도 볼 수 있는 존재로 그 인식이 바뀐 것이다. 빅풋이란 이름 자체도 그렇게 무섭지 않고 친근하게 느껴졌다.

그리고 그 후, 빅풋의 모습이 영상으로 찍히게 된다. 1967년 10월, 카우보이였던 로저 패터슨과 밥 김린은 빅풋을 찾아 카메라에 담겠다는 구체적인 목표를 갖고 10년 전 빅풋의 발자국이 발견되었던 장소인 블러프 크릭 주변 숲으로 가기 위해 말에 올라탔다. 그리고 둘은 실제로 빅풋의 모습을 포착했다. 진위는 관점에 따라 다를 수 있지만 말이다. 1분 분량으로 흔들려 찍힌 해당 16mm 영상에는 가슴이 달린 큰 털북숭이 빅풋이 블러프 크릭을 따라 성큼성큼 걷다가 어깨 너머로 단 한 번 이들의 존재를 인지하는 모습이 담겨 있다.

이때 촬영된 영상으로 미국 문화 속 빅풋의 이미지와 정체성이 정해졌다 (빅풋이 수컷으로 바뀌긴 했지만 뭐, 그럴 수밖에 없었을 것이다). 그리고 이렇게 정해진 빅풋의 이미지는 다시 윌로우 크릭Willow Creek의 이미지와 정체성을 만들었다. 윌로우

크릭은 빅풋 목격지에서 약 40킬로미터 떨어진 곳으로, 패터슨과 김린이 현상을 위해 필름을 우편으로 부쳤던 장소였다. 패터슨과 김린의 영상이 촬영된 지 55년, 빅풋이라는 단어가 사용된 지 65년을 맞은 지금, 윌로우 크릭은 빅풋의 중심지가 되었다.

윌로우 크릭-차이나 플랫 박물관The Willow Creek-China Flat Museum은 엄밀히 따지면 지역 역사박물관이지만, 그 역사에 빅풋이 포함되어 있어 사실상 빅풋이 박물관의 주인공이라 할 수 있다. 박물관 앞으로는 나무로 만든 7.6미터에 달하는 빅풋 조각상이 있고, 내부에는 빅풋의 발자국을 본뜬 모형, 빅풋 사진 등 빅풋과 관련된 모든 것이 가득하다. 하지만, 사실 마을 전체가 빅풋 박물관이라 할 수 있다. 특히 매년 열리는 빅풋 축제인 빅풋 데이즈Bigfoot Daze 기간에는 더욱 그렇다.

아, 그리고 윌로우 크릭의 모든 상점이 마치 법에 정해져 있기라도 한 것처럼 하나같이 빅풋에 대한 존중을 표하고 있다. 빅풋 스테이크 하우스에, 빅풋 모텔, 빅풋 버거, 빅풋 잔디깎이 가게도 있다. 심지어 가게 이름 앞에 빅풋을 붙일 수 없는 프랜차이즈 상점들도 다른 식으로 빅풋을 앞세워 홍보하고 있다. 예를 들어, 윌로우 크릭에 있는 에이스 하드웨어[117]Ace Hardware의 경우 둥글게 펼쳐진 건물 외관 벽에 농사짓고 집 짓는 인간들을 돕고 있는 빅풋의 모습을 그려 넣었으며, 패트리어트Patriot 주유소에는 빅풋 조각상과 벽화가 있다. 윌로우 크릭에서는 숲 근처에 가지 않고도 마을 내 빅풋 관광으로 일주일은 거뜬할 것이다.

윌로우 크릭의 빅풋만 이야기해도 이 정도다. 아마 캘리포니아주만 따져도 빅풋을 다 보여주려면 책 한 권을 전부 할애해야겠지만, 나는 이 크립티드의 독주를 막아보려 한다. 물론, 책이 끝날 때까지 아직 몇 명의 다른 빅풋 선수가 출전 대기 중이긴 하다.

---

117 세계 최대 규모의 미국 집수리 전문 브랜드 중 하나다.

− 프레스노 나이트크롤러 −
FRESNO NIGHTCRAWLER
이 바지는 걸으라고 있는 거야[118]

유형:	**최초 발견:**
외계인	2007년
위치:	**크기:**
캘리포니아주 프레스노Fresno, California	90센티미터

자, 모두 오래 기다렸다. 이번 참가자는 이 책을 통틀어 가장 별난 크립티드다. 뉴햄프셔주의 데리 페어리와 아이오와주의 밴미터의 방문자를 합친 것보다 더 기이하다. 이 정도로 기이하다면 어떤 식으로든 기념되어야 할 것 같다. 이야기의 주인공은 바로 프레즈노 나이트크롤러이다. 이 미지의 생물체는 21세기에 등장한 크립티드로, 유일한 증거인 해당 비디오 영상은 그 유명한 패터슨-김린 빅풋 영상에도 뒤지지 않는다. 물론 유명세로는 뒤지지만, 적어도 오싹함에 있어서는 최고라고 할 수 있다.

해당 영상은 보안 카메라 영상으로, 저해상도에, 픽셀이 거칠고, 흐릿하며, VHS[119] 방식에 야간 투시경으로 찍은 것이 분명해 보이는 영상이다. 프레임 하단에는 12:41:33부터 시작해서 시간이 기록되는 디지털 카운터가 있다. 영상은 울타리로 둘러싸인 앞마당 잔디밭 일부를 비추고 있는데 프레임 왼쪽으로는 나무 한 그루가 서 있다. 그리고 이 나무 너머로 움직임이 보인다. 하지만 처음에는 알아차리기 어렵다. 영상의 결함으로 움직임을 유발하는

---

118 미 팝가수 낸시 시나트라의 1966년 발매곡 '이 부츠는 신고 걸으라고 있는 거야These Boots Are Made For Walkin'의 패러디이다.

119 Video Home System의 약자로, 가정용 비디오 방식을 뜻한다.

정체가 명확히 보이지 않고, 그저 움직임이 발생하는 주변으로 화면이 왜곡되고 휘는 것처럼 보이기 때문이다. 그리고 곧 그 움직임은 하나의 형상으로 분명해진다. 약 90센티미터의 가늘고 흰색인 기둥 하나가 자신과 똑같이 가느다란 모양의 어두운 그림자 하나를 드리우며 등장한다. 그리고 이 이상한 형체는 잔디밭을 대각선으로 가로지르는데, 해상도가 낮아 자세한 움직임은 보이지 않는다. 그러고는 프레임 하단에서 잠시 멈추더니 그 너머로 자취를 감춘다. 5초 후, 12:46:47에 비슷한 형체가 같은 패턴으로 움직인다. 다만, 이번에는 더 빠르고, 기둥 아래로 흰색의 두 다리가 가느다랗게 갈라져 있다. 뭐 더 없느냐고? 이게 끝이다. 몸통도, 머리도, 팔도 없다. 그저, 두 개의 다리만이 어정쩡하게 으스대며 프레임을 가로지른다. 이 살아있는 듯한 다리의 겉은 헐렁한 흰색 천 혹은 흰색 피부로 덮여 있는 것처럼 보인다. 전체적으로 닥터 수스의 『내가 무서워한 것은 무엇일까? What Was I Scared Of?』에 나오는 유령 바지가 떠오르는 모습이다.

이 영상은 2007년에 촬영된 것으로, 성 없이 호세라는 이름만 알려진 한 남성이 촬영한 것이다. 호세는 캘리포니아주 프레즈노에 있는 자신의 짚 앞마당에 폐쇄회로 보안 카메라를 설치했는데, 집에 도둑이 들었던 경험 때문이었다. 설치한 당일 밤, 호세는 동네 개들이 미친 듯이 짖어대는 소리를 듣고 혹시 개들을 심란하게 만든 것의 정체가 카메라에 잡혔는지 확인해 보았다. 그리고 확인해 보니 정말로 그 정체가 카메라에 잡혀있었다. 하지만 이제는 그 정체 때문에 개뿐만 아니라 호세도 심란해졌다.

호세는 텔레비전 방송국 유니비전Univision에 전화를 걸어 영상에 대해 이야기했다. 방송국에서는 제작진을 보내 영상을 확인했지만, VCR에서 녹화 테이프를 꺼낼 수가 없었다. 결국 이들은 방송국 카메라로 비디오 화면을 다시 찍었는데 이로써 영상의 화질이 더 낮아졌다. 그런 다음, 제작진은 이 기이한 바지가 외계 생명체이길 바라는 마음으로 지역에서 활동하는 초자연현상 전문가인 마이클 반티를 호출했다. 반티는 영상 속 정체에 대해 확실한 결론을 내리지는 않았지만, 조사는 계속했다. 그는 영상을 복사했고, 해당 영상을 한 학술대회에서 프로젝터로 재생했다. 여기서 다시 한번 해당 프로젝터 영상이 녹화되었고 결국 유튜브에까지 올라갔는데, 여러 번 녹화되는 과정에서 영상의 중요한 정보와 세부 사항은 모두 손실된 상태였다.

엄연하게 이족보행 크립티드로 볼 수 있는 이 기이한 생명체에 대해 관심이 높아진 계기는 2010년 사이파이Syfy 채널에서 방영한 프로그램 '진실 혹은 거짓: 초자연현상 사건 파일Fact or Faked: Paranormal Files'이었다. 프로그램의 한 에피소드에서 이 크립티드를 다뤘기 때문이다. 프로그램은 크립티드에게 '프레즈노 나이트크롤러'라는 이름을 붙였다. 두 '바지' 모두 네발로 기지 않고 두 발로 걸었는데 말이다[120]. 또한, 해당 프로그램은 호세의 집 마당에서 이불을 두른 인형과 이불을 두른 아이로 원본 영상을 재현하려는 시도도 해보았다. 그래도 이들은 호세 영상의 '진실 혹은 거짓'을 밝혀낼 수 없었다.

해당 에피소드가 방영된 후, 더 많은 프레즈노 나이트크롤러 관련 영상들이 수면 위로 떠올랐다. 대부분은 명백한 장난이었지만, 요세미티 국립공원Yosemite National Park에서 보안 카메라로 촬영된 것으로 추정되는 한 영상에서는 반토막 난 휴머노이드같은 모습의 프레스노 나이트크롤러가 성큼성큼 걷는 모습이 선명하게 담겨있다. 하지만 더 선명한 화질의 이 영상에도 이들에 대해 더 알 수 있는 사실은 없다.

120 crawl은 '(네발로) 기다'라는 뜻이다.

현재, 호세의 원본 영상은 사라진 상태다. 그리고 호세는 영상이 찍힌 뒤 몇 년 후 사망했다. 이제 프레즈노 나이트크롤러에 관한 남겨진 이야기는 방송국 제작진이 녹화했던 그 흐릿한 영상이 전부다. 프레즈노 나이트크롤러에 관한 어떠한 도시 전설도, 고대 전설도 없다. 사건 파일에 추가할 만한 물리적인 만남도 없다. 이쯤에서 우리가 얻을 수 있는 교훈은 딱 하나다. 바로 닥터 수스가 옳았다는 것, 즉, 살아있는 '바지'는 정말로 무섭다는 것이다.

— 코디악 공룡 —
KODIAK DINOSAUR

너희 주에는 이렇게 큰 크립티드 없지?

유형: 수생 파충류	**최초 발견:** 1969년
위치: 알래스카주 코디악 군도 Kodiak Archipelago, Alaska	**크기:** 60미터

　알래스카는 미국에서 가장 큰 주이기 때문에 빅풋보다, 썬더버드보다, 심지어 호수 괴물보다 더 큰 크립티드가 있을 것만 같다. 물론, 알래스카의 광활한 자연 속에 숨어있는 크립티드는 크기뿐 아니라 그 종류가 특이하고 다양한 것으로 유명하다. 하지만 역시나 크기 면에서 절대 뒤지지 않는 곳 또한 이곳 알래스카다. 그 이유는 바로, 아주아주 커다랗고, 엄청나게 거대하고, 말도 안 되게 초대형이고, 무지막지하게 육중한 크립티드, 즉 전미 크립티드 지도를 통틀어 가장 큰 크립티드일지 모를 코디악 공룡이 이곳 알래스카에 있기 때문이다.

　1969년 4월 15일, 20미터 크기의 새우잡이 배 마일락_{Mylark}호는 작은 갑각류를 잡기 위해 알래스카주 남부 해안에 있는 코디악 군도의 라즈베리 해협을 지나며 트롤 어업[121]을 하고 있었다. 배의 선장은 쳇 피터슨이었는데, 피터슨과 그의 선원들은 그곳에서 어딜 봐도 절대 새우라 할 수 없는 무엇인가를 발견했다.

　수중음파 탐지기 알람이 울렸고 수심 55패덤_(100미터) 아래에서 무언가가 감지되었다. 뭔가 큰 놈이었다. 몸길이가 60미터에 육박했다. 해당 지역은

---

121 어선이 이동하면서 물속에 매달린 낚싯줄을 사용하여 물고기를 잡는 어업 방법이다.

지구상에서 가장 큰 생물인 흰긴수염고래의 서식지였지만, 흰긴수염고래의 최대 크기도 60미터의 절반 정도밖에 되지 않았다. 따라서 아래에 있는 생명체는 그 무엇이 되었든, 흰긴수염고래를 2위로 밀어낸 셈이었다. 게다가 음파탐지기에 나타난 형태는 고래가 아니었다. 네 다리처럼 쭉 뻗어있는 물갈퀴 지느러미, 기다란 목 끝에 달린 뭉툭한 모양의 머리, 점점 가늘어지는 모양의 긴 꼬리로 볼 때, 이는 이미 '유통기한'이 한참 지난, 수백만 년 전에 멸종된 거대 수생 파충류인 것 같았다.

코디악 공룡의 크기를 가늠해 보자. 네브래스카의 월그렌 호수 괴물은 약 12~30미터, 버몬트주/뉴욕주의 챔플레인 호수에 있는 챔프는 4.5~15미터, 스코틀랜드의 네스호 괴물은 3~14미터로 추정된다. 이에 비해 코디악 공룡은 축구장 길이의 3분의 2에 해당하는 길이로, 위 호수 괴물이 서식하는 일부 호수에 겨우 몸을 구겨 넣을 수 있을 정도이다.

밀락호 선원들은 육지로 돌아와 이 이야기를 전했고, 지역 일간지 〈코디악 미러Kodiak Mirror〉가 이를 기사로 실었다. 그렇게 이 이야기는 이반 T. 샌더슨의 귀에 들어가게 되었다. 샌더슨은 영국의 생물학자이자 초자연현상 연구가로, 후에 신비동물학 창시자 중 한 명이 될 인물이었다. 샌더슨은 음파탐지기 그래프 인쇄본을 두 눈으로 확인하자마자 즉시 이 목격담의 전도자가 되었다. 샌더슨은 우선 이 인쇄본을 노르웨이의 수중음파 탐지기 제작사로 가져갔다. 해당 수중음파 탐지기는 Simrad EH2A 모델로, 슈퍼바이저스 인코퍼레이티드Supervisors, Incorporated라는 해당 제작사의 자회사를 통해 미국으로 수입된 혁신적인 장비였다. 하지만 제작사는 해당 그래프가 조작되었다고 주장했다.

그러나 샌더슨은 이에 굴하지 않고, 다른 해양 기술 전문가 십여 명에게 찾아가 해당 그래프가 조작되지 않았음을 검증받았다. 샌더슨은 해당 그래프가 역사적으로 중요한 증거라고 생각했다. 선사시대부터 존재해 현재까지 살아남은 진짜 괴물이 있다는 걸 증명하는 근거 말이다. 그리고 그의 이야기를 다룬 기사 '알래스카의 바다 괴물'은 잡지 〈아르고시Argosy〉의 1970년 6월호 표지 기사가 되었다. 그는 이 기사에서 다음과 같은 결론을 내렸다. "나 샌더스 자신은 다음을 확신한다. (1) 해당 수중음파 탐지기에는 결함이 없다. (2) 해당 음향 그래프에는 한치의 조작도 없다. (3) 알래스카 남부 해안의 빙해 어딘가에서 긴 목을 한 해양 괴물이 적어도 한 마리는 헤엄치고 있다. 그것도 최소한 한 마리다.

이후 알래스카 근처에서는 더 작은 바다 괴물로 추정되는 생명체들이 몇 차례 목격되었지만, 코디악 공룡으로 추정될 만큼 큰 괴물은 발견되지 않고 있었다. 그런데 반세기 후 목격이 일어났다. 이번에는 수중음파 탐지기가 아니라 (공포로 인해 두 눈을 부릅뜨고 얼어붙은 채로 발생한) 맨눈 목격이었다. 2002년, 데이브 리틀, 톨레프 몬센, 그리고 또 한 명의 다른 선원, 이렇게 세 명의 선원이 코디악 섬 근처 해역에서 그물로 연어를 낚기 위해 6.6미터 길이의 소형 보트에 올랐다. 낮이었으므로 이들은 선박 좌현에서 갑자기 어떤 거대한 머리가 물살을 가르고 나타나 솟구치는 모습을 똑똑히 볼 수 있었다. 코디악 해양 박물관Kodiak Maritime Museum에 따르면, 몬센은 해당 광경에 대해 다음과 같이 설명했다고 한다. "목과 머리가 어마어마하게 컸다. 손으로 감쌀 수 있는 정도가 아니었다. 팔로 둘러야 할 크기였다." 리틀은 괴물에 대해 시커먼 무언가가 움직이는 것을 봤다고 했지만, 배의 조종대를 잡고 있었기 때문에 자세히 보지 못했다. 게다가 괴물은 모습을 드러내자마자 바로 다시 잠수해 버렸기 때문에 재차 볼 기회도 없었다.

마지막으로, 코디악 공룡을 처음 감지했던 제품의 회사 대표 존 칼슨은 후에 샌더슨의 기사가 나간 이후로 해당 기기의 주문이 기하급수적으로 늘었다는 점을 인정했다. 바다 괴물을 찾을 수 있다는데, 탐내지 않을 사람이 어디 있겠는가? 하지만 회사는 안타깝게도 제품 마케팅에 바다 괴물을 활용하지 않았다. 그렇다고 마일락 호의 음파탐지 그래프에 대한 사람들의 판독을 적극적으로 막지도 않았다(오히려 장려했을 가능성도 있다).

하지만 바다 괴물을 활용한 마케팅이 필요한 쪽은 정작 따로 있다. 바로 알래스카다. 알래스카가 보유한 이 거대한 괴물을 감춰둘 이유가 없다. '너희 주에는 이렇게 큰 크립티드 없지?'라는 범퍼 스티커는 어떨까? '전 세계에서 가장 큰 크립티드의 고향'이라는 환영 표지판은? 수중음파 탐지기 그림이 인쇄된 티셔츠는 또 어떨까? 세계에서 가장 큰 크립티드인 코디악 공룡을 두 팔로는 안아줄 수 없겠지만, 두 팔 벌려 환영은 가능할 것이다. 바로, 알래스카의 공식 크립티드로 말이다.

❮ ———◆——— ❯

− 스킨워커 −
SKINWALKER
늑대인간 마녀

유형:	최초 발견:
갯과 휴머노이드	선사시대
위치:	**주요 특징:**
미국 남서부, 특히 애리조나주	변신
Southwest US, particularly Arizona	

"이 문은 서로 다른 세계를 연결하는 문입니다. 우리 부족민은 우리가 이런 문을 통해 현재의 세계로 들어왔다고 믿어요. 그리고 이는 스킨워커들이 세계를 이동하는 방법이기도 하죠. 스킨워커는 우리 부족민의 부기맨같은 존재에요." 나는 가이드의 설명을 듣고 있었다. 라이언이란 이름의 그는 젊고 느긋한 성격의 나바호Navajo족 청년으로, 대학에서 음악 이론을 전공하며 여행가이드로도 일하고 있었다. 그는 우리를 데리고 애리조나의 어퍼 앤텔로프 캐니언Upper Antelope Canyon을 돌아다니며 투어를 진행했다. 투어가 끝난 뒤, 나는 저 완벽한 네 문장이 만들어 낸 아름다움에 걸맞은 팁을 냈다.

스킨워커는 동물, 주로 늑대로 변신하는 인간을 말한다. 이런 이유로 정착민들은 스킨워커를 공포 소설에 나오는 늑대인간이나 크립티드 중 도그맨/울프맨과 비슷하다고 생각했다. 같은 존재라도 스킨워커로 볼 것이냐, 늑대인간으로 볼 것이냐는 이들이 목격된 주(스킨워커는 남서부 전역에서 유명하다)마다 다르며 해당 지역의 나바호족의 인구 규모에 따라서도 다르다. 그러나 스킨워커는 공포 소설 속 늑대인간처럼 자신의 의지와 달리 늑대의 모습으로 변한 존재도 아니며, 크립티드 늑대인간처럼 원치 않는 진화 과정을 겪어 늑대인간이 된 생명체도 아니다. 스킨워커는 자신이 원해서, 자신의 의지로 괴물이 되고 싶은 생명체다.

나바호족 전설 속 스킨워커는 사악한 마녀이다. 이들은 흑마법을 사용하는 인간 마법사로, 자기 가족을 살해하는 등 특정 잔혹 행위를 저질러 마녀의 지위를 얻는다. 스킨워커의 가장 큰 특징은 여우나 코요테와 같은 다른 동물로 변신할 수 있다는 점이나, 이들은 대부분 늑대로 변한다. 하지만 스킨워커는 보통의 늑대인간과는 달리 마법의 문을 통해 여러 세계로 오갈 수 있는데, 그 문 중 하나가 바로 어퍼 앤텔로프 캐니언에 있다.

앤텔로프 캐니언은 애리조나주 나바호족 땅 위에 200미터 이상의 길이로 뻗어있는 슬롯 캐니언[122]으로, 이곳으로 물이 흘러 지금의 가느다란 통로 모양이 만들어졌다. 이곳은 나바호족 가이드의 안내를 받아야만 출입할 수 있다. 상부 협곡 입구는 약 37미터 높이의 사암 노두에 있는데, 절벽 표면으로는 수직으로 길게 베어진 듯한 모양의 무시무시한 구멍이 있다. 입구로 들어가면 구불구불한 통로가 이어지고, 그 너비가 크게는 몇 미터에서 작게는 가슴 폭 정도까지 다양하다. 바닥에는 고운 모래가 얕게 깔려있다. 그리고 위쪽으로는 바위 틈새로 작은 빛줄기가 들어오는데, 구부러진 암벽 때문에 가려질 때가 많다.

아름다웠다. 바위틈으로 들어오는 적당한 빛은 아늑하며 신비로운 분위기를 연출했고, 벽의 경우 질감은 부드럽게 느껴지면서도 그 모양은 화려했는데, 마치 케이크 아이싱 도구로 부드러운 사암을 어루만진 듯한 파도 모양의 벽들이 그곳에 얼어붙어 분홍빛과 주황빛으로 빛나고 있었다. 그리고 이 모든 조각은 물의 작품이었다. 내가 방문한 날은 습기 하나 없이 매우 건조했지만, 이곳은 돌발성 홍수에 극도로 취약한 곳이다. 꼭 늑대인간 마녀가 아니더라도, 밀실 공포증을 유발할 듯한 이런 공간에 물이 들어차는 상상은 끔찍했다. 이곳에 갇혀 천지사방의 아름다운 물결 무늬 바위벽과 노두에 부딪히게 될 테니 말이다. 하지만, 이는 불가능한 편집증적 생각만은 아니었다. 실제로 이곳 앤텔로프 캐니언에서 익사 사건이 있었다. 1997년 돌발 홍수로 열한 명이 사망한 것이다. 다행히, 2010년 돌발 홍수 때는 모두 안전하게 대피해 사망자는 없었지만, 사람들은 물이 빠질 때까지 이곳에 꼼짝없이

122 폭이 아주 좁고 깊은 종류의 캐니언을 일컫는다.

갇혀있어야 했다.

라이언이 설명해 준 흥미로운 스킨워커 문은 벽에 박힌 약 1.8미터 높이의 평평한 바위 조각으로, 윗부분이 둥글었다. 혼자서는 눈치채지 못했겠지만, 설명을 한번 듣고 나니 손잡이만 있으면 완벽한 문이 될 것 같았다. 하지만 현대판 스킨워커 이야기에는 세계를 넘나드는 이 문에 관한 이야기가 빠져있다. 물론 그저 라이언이 순진한 관광객을 놀려먹은 것일 수도 있지만, 여기에는 사실 이유가 있다. 많은 나바호족 사람이 스킨워커라는 주제를 금기시하는데, 특히 외부인과는 이에 관해 이야기하는 것을 꺼리기 때문이다.

스킨워커가 대중적으로 유명해진 시기는 1987년으로, 애리조나주 플래그스태프Flagstaff에서 벌어진 살인 사건 변론 중 스킨워커가 피고 측의 방어 전략으로 사용되면서부터이다. 당시, 사라 사가니초라는 이름의 40세 나바호족 여성의 시신이 발견되는 사건이 벌어졌는데, 장소는 그녀가 근무하던 병원 뒤였다. 이 사건으로 노던 애리조나 대학교Northern Arizona University의 전 영어교수였던 조지 애브니가 기소되었고, 그는 체포된 후 재판에 넘겨졌다. 변호인은 사가니초가 나바호족이고, 사가니초의 목구멍에 부러진 막대기가 관통되어 있었으며, 사가니초의 트럭 근처에 묘지 잔디가 한 덩이 발견되었다는 것을 근거로 스킨워커가 살인범이라고 주장했다. 막대기와 잔디 덩이가 스킨워커 의식의 증거라는 것이었다. 첫 재판에서 애브니는 유죄 판결을 받았지만, 1년 후 무죄 판결을 받았다.

스킨워커에 대한 사람들의 상상은 그 이후에도 계속되었다. 2021년에는 틱톡에 해골처럼 생긴 괴생명체가 들판을 뛰어다니는 한 영상이 올라왔다. 이 영상은 600만 조회수를 기록했고, 괴물의 정체가 스킨워커일 것이라는 댓글이 수도 없이 달렸다. 실제로 틱톡에서는 스킨워커를 해시태그로 단 영상들이 총 10억 회 이상의 조회수를 기록했는데, 그중 대부분은 나바호족 크리에이터인 존 소토의 영상이었다. 소토는 2020년 가을, 애리조나주에 있는 자신의 땅에서 스킨워커를 찾는 영상 시리즈를 찍어 올렸고, 이것이 바이럴로 확산되며 수백만 이상의 조회수를 기록했다. 이로 인해 스킨워커의 인지도가 올라가게 되었다.

고대 악마, 공포를 자아내는 존재, 크립티드, 틱톡 밈, 이것이 바로 스킨워커의 놀라운 능력이다. 스킨워커는 이렇게나 다재다능하다. 스킨워커를 찾고 싶은가? 기꺼이 여러분을 스킨워커 문 앞으로 대령하겠다.

❮ ━━━━◆━━━━ ❯

− 슬라이드록 볼터[123] −
SLIDE-ROCK BOLTER

산사태가 고래라니 이게 무슨 사태?

유형:	최초 발견:
고래류	19세기
위치:	**주요 특징:**
콜로라도주 로키산맥	갈고리 모양의 꼬리
Rocky Mountains, Colorado	

산 위쪽으로는 우르르 쾅쾅 소리가 들려오고, 땅에서는 대지를 뒤흔드는 진동이 느껴진다. 이내 마음을 비우고 운명을 순순히 받아들인다. 그리고 뒤를 돌아본다. 내가 살아서 마지막으로 볼 광경이 이것이구나. 무너져 내리는 바위들 사이로 질식할 듯한 흙먼지가 절망스러운 구름으로 피어나는 바로 이 모습이구나. 아, 이곳이 나의 무덤이며, 저것들이 나의 무덤 돌이구나. 그런데 그때, 뭔가가 산에서 미끄러져 내려오고 있다. 가만있어봐, 지금 저게… 고래인가? 그래도 죽는다. 그냥 궁금한 게 하나 생긴 채로 죽는다. 자, 이제 내가 여러분이 죽을 때까지 못 푼 그 궁금증을 풀어주겠다. 여러분을 삼킨 것은 산사태가 아니다. 바로 슬라이드록 볼터다.

이 콜로라도주 크립티드 이야기의 출처는 윌리엄 T. 콕스의 1910년 출간작 『벌목장의 무시무시한 괴물들』이다. 여기에서 몇 번 언급되기도 했던 이 책은 콕스가 이대로 멸종해 버릴까 우려했던 종들, 즉 벌목꾼들과 특히 이들이 벌목 중에 어둡고 고립된 숲에서 보았던 괴생명체와 괴물들에 관련된 이야기를 보존하고자 집필되었다. 이 책에는 스무 가지 생명체가 등장하는데, 실제 벌목꾼들이 들려준 이야기는 몇 마리뿐이다. 물론, 콕스가 다 상상으로

---

123 볼터bolter는 체질하는 사람을 뜻한다.

만들었다는 건 아니지만, 스무 개 중 대부분이 이 책에 처음 등장하는 괴생물체이다. 그리고 거대한 슬라이드록 볼터도 이 중 하나이다.

슬라이드록 볼터는 거대한 육식성 육상 고래로, 작은 눈에 넓은 입, 그리고 산비탈에 몸을 고정하는 데 쓰는 갈고리 모양의 꼬리를 가진 크립티드다. 피부색과 피부 질감은 주변 환경에 완벽하게 어울려 산비탈과 똑같은 모습으로 은신할 수 있다. 이 괴물은 먹이를 발견하면(콕스에 따르면 주로 관광객이다) 산에서 떨어져 나오는데, 이때 슬라이드록 볼터의 무게, 산의 가파른 경사, 그리고 슬라이드록 볼터의 입에서 흘러나오는 윤활유 같은 침, 이 모든 것이 더해져 괴물의 몸에 가속이 붙게 된다. 그렇게 산사태가 일어난 것처럼 괴물은 우르릉 쾅쾅 내려가는 것이다. 이렇게 나무를 쓰러뜨리고 바위를 부수며 내려가는 슬라이드록 볼터는 바다 고래들이 입을 벌리고 바닷물을 빨아들여 크릴 같은 작은 먹이를 걸러 먹듯, 아주 쉽게 육지의 먹이를 떠서 먹는다. 그리고 그 뒤 하프파이프를 타는 스케이트보더처럼 관성을 이용해 경사로를 따라 제자리로 올라간 다음, 몸을 뒤집어 꼬리를 고정하고 다음 먹이를 기다린다.

콕스의 책에 실린 슬라이드록 볼터에 대한 구체적 사건은 하나뿐이다. 콜로라도주 남서쪽 끝에 있는 산, 리자드 헤드Lizard Head 경사면에서 한 숲 관리원이 슬라이드록 볼터 중 한 마리를 죽였다는 이야기다. 해당 관리원은 마네킹 하나를 관광객처럼 꾸며(고급 코트에, 옆구리에는 관광 안내서까지 찔러넣은 완벽한 관광객의 모습이었다) 그 안을 폭탄으로 가득 채운다. 그렇게 슬라이드록 볼터는 이 미끼를 덥석 물었다. 순식간에 슬라이드록 볼트[124]가 되어 산비탈을 내려와 마네킹을 삼켰던 것이다. 그 뒤 폭발로 슬라이드록 볼터는 산산조각이 나버렸고, 그 기름진 살점이 여기저기 흩뿌려졌다. 그리고 이 조각에 맞아 인근에 있던 작은 도시인 리코Rico의 절반가량이 파괴되었다.

리코는 19세기에 주로 금과 은을 캐 생계를 유지했던 작은 광산 도시였다. 리코가 파괴된 이유가 크립티드의 살점 때문이라는 역사적 기록은 없다(하지만 아니라는 기록도 없다). 그러나 광산이 고갈되며 더 이상 금과 은을 캘 수 없게 되자, 리코의 많은 건물은 폐허가 되어 잔해로만 남게 되었다. 일각에서

---

124 bolt는 번개를 뜻한다.

는 슬라이드록 볼터와 리코 사이에 실제로 연결점이 있다고 보기도 한다. 바로 벌목꾼들이다. 추측인즉슨, 이주해 온 벌목꾼들이 광산업으로 환경이 파괴된 여러 흔적을 목격했고 그중 하나가 산 여기저기에 있던 넓은 돌무더기 길이었는데, 그 길이 슬라이드록 볼터가 다니는 길과 굉장히 닮아있다는 것이다.

이쯤에서 짚고 넘어갈 사실이 있다. 바로, 윌리엄 T. 콕스는 그저 하릴없는 공상가가 아니라 자연환경과 숲 전문가였다는 사실 말이다. 실제로, 콕스는 미네소타주에서 산림청장과 환경보호청장을 역임했으며, 미국, 캐나다, 브라질 전역의 산림관리를 위해 한평생 정부와 일한 분이었다.

어떤 주에서도 이와 비슷한 크립티드는 없다. 산사태 크립티드라니, 이런 크립티드는 오로지 드높고 가파른 산이 있는 콜로라도에서만 가능하다. 물론, 콜로라도 베일리Bailey에 사스콰치 아웃포스트 박물관Sasquatch Outpost Museum이 있긴 하다. 하지만 정작 이렇게나 독특한 크립티드는 방치되고 있다. 물론, 콜라로도 로키산맥의 봉우리들 사이에서 산비탈을 따라 깨끗하게 깎여진 길이 있다면 그건 전화선이나 스키 슬로프 공사용이었을지 모른다. 혹은 산사태로 인해 말끔히 씻겨 내려간 흔적일 수도 있다. 그래도 만에 하나, 슬라이드 볼터가 활동한 흔적일 수도 있다. 그러니 만약에 대비해 뒤를 조심하길.

≪ ——◆—— ≫

- 메네후네 -
MENEHUNE

엘프 엔지니어

유형:	최초 발견:
휴머노이드	선사시대
위치:	크기:
하와이주 카우아이Kauai, Hawaii	대개 60~90센티미터이지만 15센티미터 정도로 작은 것도 있음

유럽 민담에서는 엘프와 브라우니[125]를 비롯한 작은 요정들이 인간의 집에서 장난감과 신발을 만들고 집안일을 돕는다. 착하고 귀여운 이들은 행복한 동화의 소재로 딱 알맞은 신비한 존재이다. 그러나 하와이에 사는 섬 요정들은 결코 평범한 구두장이나 가정부가 아니다. 이들은 정교한 건축가에다 기술자이다. 그리고 뒤끝이 세다.

하와이 원주민 민담에 따르면 메네후네는 키가 60~90센티미터 정도로 작지만, 15센티미터 정도로 매우 작은 것도 있다고 한다. 이렇게 크기에 대해 서로 말이 다른 이유는 아무나 이들을 볼 수 없기 때문이다. 메네후네가 흥얼거리며 일하는 소리는 누구나 들을 수 있어도, 메네후네의 모습은 하와이 원주민의 자손들만 볼 수 있다고 한다. 이들의 기원에 관한 설도 모두 다르다. 어떤 이들은 이들이 하와이 제도의 원주민이었으나, 1100년경 훨씬 더 규모가 큰 타히티인 정착민들에 의해 쫓겨나 숨어 살게 되었다고 말한다(메네후네는 타이티어로 '평민'을 뜻한다). 또 어떤 이들은 이들이 항상 하와이 제도의 숲과 동굴, 언덕에 살았던 초자연적인 존재라고 말한다. 심지어 어떤 이들이 유다 지파라고 주장한다(하와이 민담과 성경 이야기 사이에는 흥미로운 유사점이 있다). 하지만 메네

---

125 북부 영국 스코틀랜드 전설에 등장하는 꼬마 요정으로 집안일이나 농장 일을 도와준다고 알려졌다.

후네의 기원이 무엇이든, 이들에게 예를 갖춰 청하고 제대로 대접한다면 이들은 하룻밤 만에 다리와 사원을 지어줄 것이다. 실제로 이들은 밤에만 일하며 하룻밤 안에 마무리하지 못할 일은 시작도 하지 않는다(방해만 받지 않는다면 무엇이든 하룻밤 안에 끝내는 것이 메네후네의 능력이다).

이러한 실력에 대한 증거는 거의 카우아이에 몰려있다. 카우아이는 하와이 제도의 주요 여덟 개 섬 중 중간 크기의 섬으로, 이곳에는 화산암으로 만들어진 천 년 된 댐, 알레코코 양어장Alekoko Fishpond이 있다(메네후네 양어장이라고도 한다). 길이 275미터에 높이 1.5미터인 이 댐은 후레이아 강Huleia River에서 받은 물로 활꼴 모양을 이루고 있다. 이 양어장이 지어진 목적은 하와이 왕족에게 물고기를 공급하기 위해서였다고 한다. 하지만 이 댐에는 군데군데 틈이 있는데, 이야기에 따르면 메네후네 왕실의 한 남매가 이들의 작업을 염탐하며 공사를 방해했기 때문이라고 한다. 메네후네는 이 남매를 돌기둥으로 바꿔버리고 댐을 완성하지 않은 채 현장을 떠났다.

이와 달리, 키키아올라 도랑Kikiaola Ditch 작업 때에는 훼방꾼이 없었나 보다. 어떠한 사상자도 내지 않은 채 도랑이 완성되었기 때문이다. 와이메아 강Waimea River과 연결되어 있는 키키아올라 도랑은 양 벽을 돌로 마감했는데, 이는 정말 보기 드문 형태이다. 하지만 적어도 13세기에 만들어진 이 도랑은 현재 일부만 남아있다. 메네후네가 지은 것 중에는 폴리아후 헤이아우Poliahu Heiau 사당도 있는데, 현재는 폐허가 되었다. 메네후네의 작업물은 대부분 카우아이섬에 있지만, 다른 섬에서도 일부 찾아볼 수 있다. 예를 들어, 오아후Oahu섬에는 고대 사원인 울루포 헤이아우Ulupō Heiau가 있으며, 네커 섬Necker Island(타히티 정착민들에게 쫓겨난 메네후네가 마지막 피난처로 삼은 곳이라 알려져 있다)에는 석조 구조물과 조각상 등이 있다.

하지만 하와이가 메네후네를 역사 유적지와 연결 짓는 것은 그저 이들을 상업적으로 이용하려는 것이 아니다. 다시 말해, 하와이 관광객 목에 냅다 꽃 화환부터 걸어 이들을 포박한 뒤, 이들을 조금이라도 더 붙잡아 둘 요량으로 메네후네로 관광 해설로 시간을 끄는 게 아니라는 말이다. 하와이는 그저 이 작은 건축가들의 공로에 걸맞은 인정을 표하는 것이다. 이러한 맥락에서 메네후네가 지은 건축물이 있는 유적지 대부분에서는 해당 건축물이 메네후네의 작품임을 기록한 역사 명판이 함께한다.

2003년, 메네후네를 비롯한 전 세계 소인 크립티드 전설이 주목받은 적이 있다. 당시 인도네시아 플로레스Flores섬의 한 동굴에서 키 90센티미터의 인류 조상 해골이 발견되었기 때문이다. 학명은 호모 플로레시엔시스Homo floresiensis였지만, 애칭도 있었다. 하지만 안타깝게도 애칭은 메네후네가 아닌 '호빗'이 되었다. 당시 전 세계가 피터 잭슨의 〈반지의 제왕Lord of the Rings〉 영화 3부작의 마지막 편에 푹 빠져있었기 때문이다.

하지만 그런 건 메네후네에게 있어 아무 상관 없다. 이들은 심지어 이들의 업적을 기리는 명판에도 욕심 없다. 이들에게 중요한 것은 작업뿐이기 때문이다. 메네후네가 원하는 것은 오직 단 하나다. 작업할 때 나를 방해하지 말 것!

- 워싱턴 빅풋 -
WASHINGTON BIGFOOT
빅풋 최대 밀도 지역

유형:
휴머노이드

빅풋 팩트 1:
빅풋 목격이 가장 많이 발생한 곳은
워싱턴주이다.

빅풋 팩트 2:
미국에서 가장 큰 빅풋 조각상이 있는
곳도 워싱턴주이다.

앞서 캘리포니아가 빅풋이란 작명과 빅풋 영상에 대한 공을 가져갔다. 그럼, 태평양 연안 북서부에 있는 나머지 주들은 무엇을 챙겨갈 수 있을까? 여기, 워싱턴주는 남부럽지 않게 많다. 우선, '빅풋 필드 리서치 기구'에 따르면 워싱턴주는 2,032건이라는 미국 전역에서 가장 많은 목격 건수를 보유하고 있는데, 이는 캘리포니아주보다 약 400건 더 많은 수치이다. (참고로 캘리포니아주는 당구대 구멍처럼 구석에 적게 자리 잡은 워싱턴주보다 두 배 이상 면적이 넓다) 하지만 하이라이트는 따로 있다. 그것은 바로 세계에서 가장 큰 빅풋 조각상과 가장 무서운 빅풋 이야기가 워싱턴 주에 있다는 점이며, 여기에 화룡점정으로 영화〈해리와 헨더슨Harry and the Hendersons〉까지 있는 곳이 바로 워싱턴주이기 때문이다.

조각상 이야기부터 시작해 보자. 이 조각상은 투틀Toutle의 노스 포크 생존자 선물 가게North Fork Survivors Gift Shop 바깥에 있다. 이는 미국에서 통틀어 가장 큰 빅풋 조각상으로, 높이가 8.5미터이다. 1980년 인근 세인트 헬렌스Mount St. Helens 화산 폭발로 생긴 화산재에 시멘트를 섞어 만들었다. 빅풋 얼굴에는 미소가, 손에는 나무 한 그루가 있다. 어떤 이들은 이를 빅풋 기념비Bigfoot Memorial라고 부른다. 세인트 헬렌스 화산 폭발(같은 폭발로 배츠콰치가 풀려났다. 263쪽 참조)로 해당 빅풋이 죽었다는 전설 때문이다. 이 조각상을 만든이는 비벌리 로버츠라는 예술가인데, 만든 시기는 1990년대 초다. 그리고 조각상에서 몇 걸음만 걸으면 A자형 집이 보일 것이다. 다만, 이 집은 화산 폭발 당시 강에서 범람해 이곳을 덮친 진흙과 화산재에 반쯤 묻혀있다. 아, 빅풋과 반쯤 묻힌 집이라…. 관광객으로서 더 이상 바랄 것이 없는 조합이다.

어느 주든, 가장 무서운 빅풋 목격담 속 장소에는 정작 조각상이 없다. 세인트 헬렌스 산 동쪽에는 에이프 캐니언Ape Canyon이 있는데, 그 이름은 1924년 이곳에서 일어난 끔찍한 전투에서 유래했다. 당시 금 채굴자 한 무리가 금광을 찾는 동안 이곳 협곡에 오두막을 하나 세웠는데, 이 무리에는 프레드 벡과 게이브 레피버, 존 피터슨, 매리언 스미스, 그리고 스미스의 아들 로이도 있었다. 그러던 어느 날, 이들은 숲속을 걷던 중 180킬로그램에 2미터가 넘는 검은 털 짐승 세 마리와 마주치게 된다. 벡은 소총을 발사해 세 마리중 한 마리를 명중시켜 절벽에서 떨어뜨렸다. 그렇게 그들은 그곳을 빠져나왔다. 그리고 그날 밤, 오두막에서 잠을 자던 무리는 세차게 흔들리는 오두막 때문에 잠에서 깼다. 누군가 바위로 오두막을 내리치고, 또 오두막에 몸을 던져 세게 부딪히고 있었다. 밝혀진 이들의 정체는 복수하러 온 빅풋들이었다. 이들은 심지어 지붕까지 뜯고 오두막 안으로 돌을 던져댔다. 이 돌에 흠씬 두들겨 맞은 벡은 정신까지 잃었다. 하지만 이들 무리는 총이 있던 덕에 무사히 버텼다. 그리고 아침이 되자 빅풋들은 포기하고 숲으로 돌아갔다. 무리는 재빨리 자리를 떴다. 하지만 다른 버전의 이야기도 있다. 이 이야기에서는 빅풋들이 아무 이유 없이 오두막을 둘러싸고 공격한다. 이 이야기에서는 벡이 빅풋을 먼저 공격한 적이 없고, 오두막으로 갑자기 들이닥친 빅풋을 향해 처음 총을 들게 된다.

어느 쪽 이야기가 맞든 간에, 여하튼 채굴자 무리는 자신들이 겪은 이야기를 당국에 신고했다. 그리고 해당 신고로 미국 산림청 소속의 두 명의 산림 관리자인 J. H. 허프먼과 윌리엄 웰치가 조사를 위해 오두막을 방문하게 되었다. 하지만 이들은 오두막 현장을 보고 별것 아니라고 생각했다. 채굴자 무리가 일부러 습격 사건을 연출하기 위해, 오두막 주변에 바위를 배치하고 발자국을 위조했다고 보았다. 그런데도 이 이야기는 널리 퍼졌고, 그 장소에는 '유인원의 협곡,' 즉 에이프 캐니언이란 이름이 붙었다.

이보다 훨씬 무섭지 않은 (하지만 훨씬 유명한) 빅풋 이야기도 있다. 바로, 영화 〈해리와 헨더슨〉이다. 1987년 존 리스고와 멜린다 딜런이 헨더슨 부부로, 케빈 피터 홀이 빅풋인 해리 역으로 출연한 이 코미디 영화는 부부가 차로 빅풋을 친 후 빅풋을 입양하게 되는 이야기를 다루고 있다. 이 영화는 모두 워싱턴에서 촬영되었다. 관객들은 약간 모자란 듯하면서도 착한 이 빅풋의 매력에 푹 빠져버렸고, 영화는 오스카상을 수상한 뒤 텔레비전 시리즈로까지 제작되었다. 또한, 해리의 높고 큰 이마, 커다란 이빨, 그리고 턱수염은 사우스다코타의 달 빅풋 조각상(198쪽 참조)을 비롯한 수많은 조각상에 영감을 주었다. 영화 속에서 빅풋 사냥꾼들(리스고와 돈 아메쉬가 연기)이 대화를 나눴던 마을 골드바Gold Bar에 있는 작은 오두막집의 경우, 밖에 4미터 이상의 빅풋 나무 조각상을 세워 함께 기념되고 있다.

에이프 캐니언의 난폭한 빅풋부터 다정한 털북숭이 영화스타 빅풋까지, 어마어마한 스펙트럼이다. 역시, 미국 전역에서 가장 많은 목격 건수를 보유한 주가 되려면 이 정도는 되어야 하는구나 싶다.

« ———◆——— »

모두 다 빅풋인데 이름은 십억 개 ♬

미국의 모든 주에는 빅풋이 있지만, 이름은 대부분 빅풋이 아니다. 뉴햄프셔주에서는 빅풋같이 커다랗고 털 난 유인원을 '우드 데블'이라고 부른다. 미주리주에서는 '모모(미주리 몬스터의 줄임말)'이다. 오하이오에는 '잔디맨'이고, 앨라배마주에서는 '화이트 쌩White Thang'이다. 루이지애나에서는 '허니 아일랜드 스웜프 괴물'이다. 또, 노스캐롤라이나에는 '노비Knobby', 뉴저지에는 '빅레드아이'다. 왜 이렇게나 이름이 제각각일까?

그 이유는 빅풋이란 이름이 처음 붙었던 때로 돌아간다. 빅풋이라는 용어는 1958년이 되어서야 등장했다. 그전에는 털 난 유인원은 북미의 것이 아니었다. 우선, 예티는 히말라야 산맥에 살았다. 물론 사스콰치라는 용어가 1920년대부터 태평양 연안 북서부와 캐나다 서부에서 사용되긴 했지만, 사스콰치는 털 난 유인원은 아니었다. 말을 할 수 있고, 옷을 입으며, 마을에 사는 거인인 이들의 이름은 할코멜렘Halkomelem족의 단어를 영어식으로 만든 말이었다.

그러다 1958년, 캘리포니아 블러프 크릭의 벌목꾼들이 벌목장에서 거대한 인간 발자국을 발견하는데, 앤드류 겐졸리아라는 한 기자가 이를 보도하게 된다. 당시만 해도 빅풋에 대해 알려진 것이라곤 발자국뿐이었기 때문에, 겐졸리아는 정체를 알 수 없는 이 존재에게 왕발, 즉 '빅풋'이라는 이름을 붙였다.

이후, 다른 주가 이 숲에 사는 털북숭이 거인을 의식하게 된 것은 1970년대였는데, 이때 일어난 20세기 후반의 모든 빅풋 목격담은 발자국이 아니라, 모두 빅풋 존재 자체를 목격하는 것으로 시작되었다. 거대한 근육질에 눈이 번뜩이는 검은 털의 괴물을 직접 봤는데 발 크기 따위가 눈에 들어올 리가 있겠는가?

만약 1958년, 캘리포니아 벌목꾼들이 목격한 것이 발자국이 아니라 괴물 자체였다면 어떻게 됐을까? 그럼, 괴물은 '빅풋'이 아니라 '블러프 크릭 몬스터'가 되었을 것이고, 그렇다면 빅풋이라는 이름은 세상에 존재하지 못했을 것이다. 세상에, 생각만 해도 세상을 다 잃은 것만 같다.

− 배츠콰치 −
BATSQUATCH
빅풋에 날개를 달아줘요

유형:	**최초 발견:**
비행 휴머노이드	1994년
위치:	**크기:**
워싱턴주 세인트 헬렌스산, 레이니어 산	2.7미터
Mount St. Helens and Mount Rainier, Washington	

    워싱턴주 사람들은 빅풋 그대로도 너무 사랑하지만, 빅풋의 한 군데를 고쳐 한 단계 업그레이드된 새로운 태평양 연안 북서부 마스코트를 만들기도 했다. 이들은 레드불[126], 리본 달린 크리스마스 종, 다이달로스[127], 라이트 형제로부터 영감을 얻어 빅풋에 '날개'를 달아준 다음, 환상적인 이름을 붙여주었다. 바로, '배츠콰치'다. 이 날아다니는 털북숭이 휴머노이드는 모스맨의 태평양 연안 북서부 버전이라고 할 수 있지만 훨씬 근육질이다. 그런데 이 배츠콰치는 사실, 워싱턴 사람들 전체가 아니라 한 10대 소년의 훌륭한 작품이었다.

    이미 예상했겠지만, 이 크립티드 이야기는 밤에 차를 몰던 한 10대 소년의 경험을 다시 한번 소환한다. 이번 이야기의 주인공은 자신의 픽업트럭을 몰던 18세의 브라이언 캔필드로, 때는 1994년 4월 9시 30분경, 장소는 타코마Tacoma 외곽의 한 외딴 지역이었다. 캔필드는 집으로 가는 길에 레이니어 산 산기슭에 있는 캠프 원Camp One이라는 곳을 지나던 중이었다. 이미 날은 저물어 사방이 어두웠고, 산은 어슴푸레 그 형체만 보였다. 그리고 바로

---

126 에너지드링크 브랜드로, '레드불, 날개를 달아줘요'라는 광고문구로 유명하다.
127 그리스 신화 속 유명 기술자로, 미노타우로스의 미로에서 탈출하기 위해 날개를 만든 인물이다.

그때 차가 고장 났다. 이렇게 밤에, 이렇게 외딴곳에서 차가 고장 나다니 곤란한 상황이었다. 그러니 다음 장면은 화난 캔필드가 욕하며 차 핸들을 마구 내리쳐야 맞았다. 하지만 그런 곤란함을 느끼거나 화낼 틈 따윈 없었다. 곧바로 훨씬 더 기막힌 상황이 발생했기 때문이다.

트럭이 고장 나 멈추자마자 그 앞으로 뭔가 크고 육중한 물체가 쿵 하고 떨어졌다. 그것은 덩그러니 커진 헤드라이트를 핀 조명처럼 받고 있었다. 떨어진 괴물은 2.7미터짜리 휴머노이드로, 넓은 어깨, 커다란 노란 눈, 입안에 가득 난 날카로운 이빨, 솜털로 뒤덮인 귀를 하고 있었다. 게다가 발에는 발톱이 달려있었으며 늑대같이 생긴 얼굴에는 푸르스름한 털이 나 있었다(캔필드는 이를 NBC 로고 공작새의 털 색깔에 비유했다).

캔필드는 며칠 후 타코마의 〈뉴스 트리뷴News Tribune〉과의 인터뷰에서 다음과 같이 말했다. "그냥 거기 서서 나를 쳐다보고 있었어요. 쉬는 것 같기도 했고, 본인도 뭘 어떻게 해야 할지 모르는 것 같기도 했어요. 무서웠어요. 머리카락이 곤두섰죠. 그런데 위협받는 기분은 아니었어요. 그저 서로 뻘쭘하고 어색했어요." 그렇게 몇 분간의 이상한 대치 끝에 괴물은 2차선 도로만큼 넓은 날개를 펼치고 밤하늘을 날아 레이니어 산 쪽으로 사라졌는데, 날갯짓에 세찬 바람이 불어 트럭이 흔들릴 정도였다. 그렇게 밤하늘이 괴물을 삼켰고, 그 뒤 트럭은 다시 움직였다.

캔필드는 급히 차를 몰아 집으로 갔고 부모님께 모든 사실을 털어놓았다. 혼비백산해 있던 아들의 모습이 걱정되어 부모님이 물어봤기 때문이다. 이 야기를 들은 캔필드의 아버지는 총과 카메라를 챙겨 동네 주민 한 명과 같이 해당 장소로 갔다. 하지만 이들이 발견한 것이라곤 쓸쓸하게 쭉 뻗은 어두운 도로뿐이었다. 하지만 괜찮았다. 캔필드가 괴물과 마주한 그 순간만으로도 괴물의 모습을 재현해 간직하기에 부족함이 없었기 때문이다. 캔필드는 자신이 목격한 장면을 스케치해 고등학교 친구들의 도움을 받아 배츠콰치라는 이름을 붙여주었다.

워싱턴에서 배츠콰치를 제대로 목격한 사례는 이것이 유일하다. 이외에 런다 S. 고드프리의 저서 『아메리칸 몬스터American Monsters』를 보면 2011년 7월 타코마에 사는 한 가족이 자신들의 사유지에서 커다란 박쥐를 여러 번 목격했다는 이야기가 있긴 하다. 날개를 쭉 폈을 때 1.2미터 정도의 길이였으며 매끈한 회색 피부를 하고 있었다는 이 박쥐는 밤에 원숭이 같은 울음소리를 내며 이 가족을 향해 활강했다고 한다. 물론 이 박쥐가 타코마에서 발견되었다는 점에서 주목할 만하다(날개 길이가 최대 1.5미터인 박쥐는 필리핀에서만 발견된다). 하지만 배츠콰치 새끼라서 모습이 다를 수도 있다면 모를까, 캔필드가 목격한 배츠콰치와는 생김새가 매우 달랐다.

그럼에도 불구하고, 이 단 한 번의 목격은 진화를 거쳐 완벽한 하나의 신화가 되었다. 이 크립티드(혹은 크립티드들)는 한때 세인트 헬렌스산에 살았다고 한다. 아마 동면 중이었거나 은둔 생활 중이었는데, 1980년 화산 폭발로 이곳을 떠나 새로운 보금자리인 레이니어 산으로 갔다는 것이다. 하지만 워싱턴주가 세인트 헬렌스산과 크립티드 이야기를 연결 지은 것이 이번이 처음은 아니다. 같은 화산 폭발로 산에 있던 모든 빅풋이 죽었다는 다른 이야기도 있다.

배츠콰치는(다른 날개 없는 평범한 빅풋처럼) 아직 주 정부 차원에서 기념하고 있지는 않지만, 워싱턴주는 서둘러 결단을 내려야 할 것이다. 캔필드의 목격으로 배츠콰치가 유명해진 이후 캘리포니아, 텍사스, 미주리, 펜실베이니아, 일리

노이, 위스콘신에서 배츠콰치와 유사한 괴물이 목격되었다는 이야기가 보고되었기 때문이다. 서두를 이유가 또 하나 있다. 구글에서 배츠콰치의 조회수 1위가 뭔지 아는가? 바로 로그 브루잉Rogue Brewing의 '배츠콰치 IPA'이다. 워싱턴주 '코앞에 있는' 오리건주에 본사를 둔 바로 그 회사의 맥주 말이다. 이렇게나 적은 가까이 있는 법이다!

– 샬리 –
SHARLIE
크립티드 리브랜딩 대작전

유형:	최초 발견:
수생 생물	1920년
위치:	**크기:**
아이다호주 맥콜McCall, Idaho	10미터

　버몬트주 챔플레인 호수의 챔프, 조지아주 알타마하 강의 알타마하-하, 메릴랜드주 체사피크 베이Chesapeake Bay의 체시 등, 대부분의 수중 괴물은 그들이 서식하는 곳의 이름을 따서 지어졌다. 그렇다면 아이다호 맥콜의 파예트 호수Payette Lake에 사는 괴물은 어떨까? 예상대로 패티일까? 천만의 말씀이다. 이 호수 괴물의 이름은 샬리, 바로 호수 괴물 샬리다. 참고로 '샬리'는 한 신문사에서 주최한 이름 공모전에서 뽑힌 이름이다. 그리고 여기에는 다른 지역보다 호수 괴물에 대해 유난히 실용적 태도를 보이는 맥콜 사람들의 사연이 묻어있다.

　맥콜은 훗날 근처 산과 숲이 파예트 국유림Payette National Forest이 될 정도로 나무가 많은 곳이다. 그도 그럴 것이 19세기 후반 벌목꾼들이 임시로 묵었던 벌목캠프에서 시작된 마을이기 때문이다. 그리고 때는 1920년, 한 벌목꾼이 파예트 호수의 맑은 물 위로 통나무 하나가 떠 있는 것을 목격했다. 그런데 통나무인 줄 알았던 그것이 갑자기 통나무답지 않은 움직임을 뿜내며 헤엄치기 시작했다. 그렇게 호수에서 목격된 이 커다란 서펀트 이야기는 호숫가 주변의 벌목캠프 사이를 돌며 전해졌다. 원시 시대 빙하수로 이루어진 이 22제곱킬로미터의 호숫가 주변을 둘러싸고 있는, 어두운 나무의 그림자가

드리워진 그 벌목캠프들을 말이다. 이후 맥콜은 관광객 유치에 특효약인 호수 괴물과 함께하며, 수십 년에 걸쳐 지역 경제 수입원을 벌목에서 관광으로 전환했다.

이 호수 괴물에게 이름이 처음으로 생긴 해는 1944년으로, 파예트 호수 안에 있는 내로Narrows 부근에서 한 무리의 사람들이 괴물을 목격하면서부터이다. 머리는 턱이 큰 공룡같이 생겼고 등에는 낙타 혹 같은 것이 나 있는 10미터짜리 괴물이라는 것이 이들의 공통된 설명이었다. 또한 '피부가 조개 껍데기 같았다'라는 증언도 있었는데, 아마 비늘을 가리키는 것으로 추정된다. 해당 목격담은 미 전역으로 퍼졌고, 〈타임〉지는 이 괴물을 소개하며 '쭉 빠진 찐득이Slimy Slim'라는 이름을 붙였다.

많은 이들이 맥콜로 몰려들었다. 열정적인 괴물 사냥꾼부터 맥콜의 아름다운 자연과 야외 레크리에이션에 매료된 일반 관광객까지 그 종류도 아주 다양했다. 그때부터 거의 매년 여름이 되면, 호수에서 '쭉 빠진 찐득이'의 혹이나 머리를 목격했다는 사람이 나왔다. 하지만 지역 주민들은 목격자들이 모두 한심한 관광객뿐이라며, 해당 목격은 '자연의 산물'이 아니라, (아이다호의 일간지 〈아이다호 스테이츠맨Idaho Statesman〉의 표현에 따르면) '음주의 산물'이라고 말했다. 하지만 실제 목격자들 가운데에는 지역 주민도 있었다.

그런데 '쭉 빠진 찐득이'라니. 이것이 파예트 호수 홍보에 도움이 되긴 했지만, 맥콜 주민들이 원한 게 과연 그런 '찐득거리는' 이미지였을까? 아무리 그래도 결국 파예트 호수는 맑고 깨끗한 빙하수와 주변에 그늘을 드리우는 상쾌한 향의 소나무로 유명한 곳이다. 주민들은 끈적이는 이미지를 원치 않았다. 그렇게 1954년, 지역 일간지 〈파예트 레이크 스타Payette Lakes Star〉는 호수 괴물에게 새로운 이미지의 새 이름을 지어주겠다는 결심하에 이름 공모전을 열었다. 지역 정치인과 기업가들이 심사위원을 맡았는데, 우승자에게는 40달러의 상금과 함께 '괴물 작명'이라는 엄청난 경력을 이력서에 쓸 수 있는 영예가 주어질 예정이었다. 그렇게 신문사에는 아이다호뿐 아니라 미 전역에서 보내온 약 200통의 편지가 도착했다. 응모작 중에는 노비 딕, 혹등이, 잠수쟁이 등, 차라리 '쭉 빠진 찐득이'가 나아 보이는 이름도 있었다.

최종 우승자는 아이다호주 출신으로 버지니아주에 거주 중이던 레이즐

헤네퍼 터리가 되었다. 터리가 제안한 이름은 '샬리'로 이는 1930년대에 유행했던 라디오 배우 잭 펄의 유행어를 변형해 가져온 것이었다. 잭 펄이 목소리 연기를 맡은 캐릭터의 이름은 바론 뮌하우젠Baron Munchausen이었는데, 바론은 허풍 섞인 이야기를 하다가 상대가 의심된다고 말하면 과장된 독일어 억양과 발음으로 이렇게 묻곤 했다. "Vas you dere, Sharlie (샬리, 자네 거기 있던 것 맞나)?" 처음에 말했듯이, 맥콜 사람들은 무엇이 돈이 될지 완벽하게 이해한 것이다. 유행어 말이다. 증거가 더 필요한가? 이름 공모전에서 2위를 차지한 이름은 분Boon으로 이는 '경제적으로 요긴하다' 할 때 '요긴'이란 뜻(이자 〈파예트 레이크 스타〉의 편집자 겸 발행인의 이름)이다.

요즘은 호수에서 샬리가 목격되는 일은 드물지만 그렇다고 완전히 사라진 것은 아니다. 그리고 호수 밖에서 목격되는 샬리까지 치면, 일 년에 두세 번은 목격된다. 예를 들어, 매년 열리는 맥콜 윈터 카니발McCall Winter Carnival에서는 샬리 모양의 눈 조각상과 퍼레이드용 조형물을 만나볼 수 있다. 또, 어떤 놀이터에 가면 플라스틱 샬리도 있는데, 일 년 내내 볼 수 있으니 맘껏 즐길 수 있다. 단, 주의할 점이 하나 있다. '쭉 빠진 찐득이'란 이름은 쭉 잊어줄 것!

— 슌카 와라킨 —
SHUNKA WARAK'IN

우리 애는 그냥 보통 늑대가 아니라고요!

유형:	**최초 발견:**
갯과	1886년
위치:	**크기:**
몬태나주 에니스Ennis, Montana	몸길이 1.2미터, 높이 71센티미터

수 세기 동안 몬태나 평원에서 가축을 잡아먹는 무언가가 있었다. 오랜 세월 이것의 이름은 다양했는데, 이름 중 대부분은 마이크로소프트 워드에 입력하면 단어 아래로 벌겋게 성난 구불구불한 선이 생기는 이름이다. 슌카 와라킨, 링도쿠스Ringdocus, 가이아스티쿠투스Guyasticutus 등 말이다. 하지만 개중에는 짐승, 로키산 하이에나 등 평범한 것도 있다. 사실, 그냥 늑대라고 불러도 되는데, 별 희한한 이름은 다 붙어도 늑대라는 이름은 없다. 아마도 20세기의 전반기에 몬태나주에서 늑대가 멸종되었기 때문일 수 있다. 하지만 이 반세기는 수백 년간 펼쳐진 슌카 와라킨의 '공포 정치' 기간에 비하면 극히 짧은 시간에 불과하다. 이들은 개와 소, 양을 울타리라는 접시 위에 차려진 음식으로 생각하고 공격하는 것으로 유명하지만, 이들의 정체가 무엇인지는 모른다. 사체 하나만 있어도 단박에 알아낼 수 있을 텐데 말이다.

아, 잠깐. 그런데 사체가 있다. 몬태나주의 한 박물관에 말이다. 1886년, 몬태나주 메디슨 벨리Madison Valley의 이스라엘 암몬 허친스라는 한 정착민은 한 가지 문제를 겪고 있었다. 허친스가 키우던 동물과 근처의 다른 농장 및 목장주들의 가축을 공격하는 사건이 지속해서 발생 중이었기 때문이다. 밤마다 개와 닭은 시커먼 무언가가 생전 들어본 적 없는 소리로 울어댔다. 그리고 어느 날 아침, 허친스는 개 짖는 소리에 잠에서 깨어 헐레벌떡 밖으로 나가 보았다. 그리고 바로 한 맹수가 자기 거위를 쫓고 있는 장면을 목격했다. 맹수는 검은 털에, 어깨는 솟아 있고 등은 굽은 모습이었다. 허친스는 마침내 놈을 향해 방아쇠를 당겼지만, 빗나간 총알은 애꿎은 소 한 마리를 죽였다. 하지만 허친스는 다시 한번 방아쇠를 당겼고, 이번 총알은 소가 아니라 맹수 크립티드를 죽였다.

허친스는 이 사체를 조셉 셔우드라는 사업가에게 팔았다. 새 소와 교환하는 조건이었다. 박제업자이기도 했던 셔우드는 이 맹수를 박제해 아이다호주 헨리 호수Henry Lake에 있는 자신의 식료품점 및 박물관에 전시했다. 이유는 알 수 없지만 셔우드는 이 박제를 링도쿠스라고 불렀다. 링도쿠스는 셔우드보다 오래 살아 적어도 1980년대까지 전시되었다. 그리곤 자취를 감췄다. 크립티드는 죽은 것이나 산 것이나 찾기 힘든 것은 매한가지다.

박제된 링도쿠스가 실존했다는 유일한 물리적 증거는 처음 맹수를(그리고 소도 함께) 살해했던 이스라엘 암몬 허친스의 손자이자 동식물 연구가인 로스 허친스가 1977년 출판한 자서전에 있는 흑백 사진 한 장뿐이다. 사진에서 이 괴물은 늑대 같아 보이지만 늑대는 아니다. 얼굴의 윤곽이나 굽은 등의 모양이 늑대와 다르기 때문이다. 사진을 설명하는 부분에 있는 이름은 가이아스 티쿠투스인데, 어떤 이들은 이것이 그저 사람들의 이목을 끌기 위해 장난스럽게 만든 이름이라고 말하기도 했다.

괴물과 사체의 안타까운 실종에 관한 이야기는 계속해서 퍼졌다. 한편, 유적자 보존가이자 초자연 현상 애호가, 아이오와이Ioway 부족원인 랜스 포스터는 이 맹수를 슌카 와라킨으로 추측했다. 덧붙여, 이 맹수는 아메리카 원주민 민담에 등장하는 갯과 짐승으로 늑대가 아니며, 인간이 사는 곳에 밤에 몰래 숨어들어 개들을 데리고 달아나는 존재라고 말했다(슌카 와라킨이라는 이름의 뜻은 '개를 가져간다'이다). 한번은 아이오와이 부족이 슌카 와라킨과 치열한 전투를 벌인 끝에 승리해 슌카 와라킨의 가죽을 벗겨 전투 시에 착용하는 신성한 꾸러미에 같이 묶었다고 한다. 스스로 슌카 와라킨 만큼 죽이기 힘든 존재가 되기 위해서였다. 그 뒤 로렌 콜먼이 슌카 와라킨이란 이름을 자기 저서 『신비동물학의 하나부터 열까지Cryptozoology A to Z』에 실으면서, 해당 이름은 급격히 인기를 얻었다.

결국 이스라엘 허친스의 또 다른 손자인 잭 커비가 이 일에 뛰어들었다. 커비는 셔우드의 박물관이 폐관한 후에 박제 소장품 전체가 포카텔로Pocatello 에 있는 아이다호 자연사 박물관Idaho Museum of Natural History에 기증되어 모두 수 장고에 보관되어 있다는 사실을 알게 되었다. 그리고 얼마 후, 그는 먼지 쌓인 시트 아래에 있던 수많은 박제 짐승을 뒤져 슌카 와라킨을 찾아냈다. 슌카 와 라킨은 몸길이 1.2미터에 어깨 길이 71센티미터, 진회색 털에 머리가 낮고 등 이 경사져 위로 솟은 모습이었다. 양 옆구리에 희미한 줄무늬도 보였다.

커비는 박물관 측을 설득하여 슌카 와라킨을 대여했고 이를 몬태나주 에 니스에 있는 매디슨 밸리 역사 박물관Madison Valley History Museum에 가져왔다. 현 재 슌카 와라킨은 이곳에 10년 넘게 전시되어 있다. 커비는 직접 슌카 와라 킨을 옮겼는데 박물관에 가져가기 전, 할아버지의 무덤에 들러 이제는 신비 동물학의 전설이 된 두 철천지원수의 재회를 성사하기도 했다. 오늘날 슌카 와라킨은 박물관에서 가장 인기 있는 전시물이다. 사람들은 이 괴물을 더 비 스트The Beast라고 부른다.

하지만, 이것의 정체가 뭐란 말인가? 전설의 슌카 와라킨? 돌연변이 개? 늑대와 개의 혼종, 혹은 코요테와 개의 혼종, 그것도 아니면 하이에나, 혹은 하이에나와 개의 혼종? 프렌치 퍼그를 보면 알겠지만, 개는 다른 종과 매우 융통성 있게 교배할 수 있는 종이다. 그것도 아니면, 그저 박제가 잘못된 걸 까? 사실, DNA 검사면 진실은 쉽게 밝혀질 것이다. 하지만 그 누구도 나서 지 않는다. 그건 슌카 와라킨의 미스터리는 이미 너무 오래전 일이라 누구도 이 문제에 대해 괜히 긁어 부스럼을 만들고 싶지 않기 때문이다.

- 자이언트 스카이 클램 -
GIANT SKY CLAM

비행접시 크립티드

유형:	최초 발견:
비행 외계인	1925년
위치:	**크기:**
네바다주 배틀 마운틴	지름 2.4~9미터
Battle Mountain, Nevada	

신비동물학은 잠시 접어두고, UFO에 관한 이야기를 할 시간이다. 여러분은 UFO를 믿는가? 밤하늘의 수상한 불빛들이 비밀 군용기나 습지 가스, 혹은 천체 현상을 오해한 현상이 아니라고 생각하는가? 그렇다면, 여러분은 'UFO 고급반'이다. 하지만 이제부터 내가 할 질문은 여러분의 확고한 믿음을 위태롭게 할지도 모른다. 자, 만약 밤하늘에 떠 있던 비행접시 모양의 빛이 실제로 커다란 비행 조개라면 어떨 것 같은가?

1959년, 〈플라잉 소서스Flying Saucers〉지 10월호의 독자 제보란에는 끝내주는 편지가 하나 게재되었다. 그리고 편지를 보낸 이도 이 편지가 끝내준다는 것을 알았던 것 같다. 그래서인지 해당 독자는 잡지에 자신의 이름이 공개되지 않도록 요청했는데, 이로써 해당 편지는 독자 제보란에서 유일한 익명 제보가 되었다.

나중에 이 제보의 주인공은 돈 우드 주니어로 밝혀진다. 편지에서 우드는 해당 목격담은 1925년 자신이 직접 겪은 것이며 이것으로 '그동안의 UFO 제보 속 대부분의 미스터리가 풀릴 것'이라 믿는다고 밝혔다. 우드는 친구 세 명과 함께 네바다주 사막에서 '제니스'라 이름 지은 어떤 것을 타고 조종하며 즐기던 중이었다. '제니'란 원래 1차 세계대전 당시 훈련기로 사용되었던 각진 모양의 JN 커티스 복엽 비행기의 별명이었는데, 전쟁이 끝난 후 이들 비행기가 민간 시장에 매우 저렴한 가격으로 나왔고, 이로써 누구든 초창기 비행기를 싼값에 소유할 기회를 얻게 되었던 것이다(1925년이면 라이트 형제가 키티호크Kitty Hawk 땅을 떠난 지 불과 20년 정도밖에 되지 않았을 때였다[128]).

이 모험심 강한 사총사는 이 비행기를 타고 네바다주의 작은 산이나 언덕을 낮게 날아다니며 탐사했고, 그러던 중 배틀 마운틴Battle Mountain이란 마을 근처에 있는 플랫 메사Flat Mesa에 착륙하게 되었다. 약 465제곱미터의 크기인 플랫 메사는 사방이 깎아지른 절벽인 곳으로, 위에서 비행기를 타고 내려오지 않는 한 접근하기 매우 힘든 곳이었다. 그러니 이 말인즉슨 이들 이전에 이곳에 올라온 사람은 아예 없을 수도 있다는 뜻이었다. 그리고 바로 그곳에서 우드와 친구들은 앞으로 이들을 수십 년간 따라다니며 괴롭힐, 그리고는 결국 그 기억을 쫓아내기 위해 한 작은 UFO 잡지에 편지로 제보하게 만들 하나의 에피소드를 마주하게 된다.

오후 1시에 플랫 메사에 착륙한 이들은 밖으로 나와 주변을 산책했다. 그런데 얼마 지나지 않아 다른 무언가가 착륙했다. 그것은 이들 무리로부터 9미터가량 떨어진 곳에서 미끄러지듯 멈췄다. 그것은 '접시처럼' 둥글고 납작했는데, 지름은 약 2.4미터 정도였다. 편지에서 우드는 그것의 표면을 운모에 비유하며 조개껍데기 같았다고 표현했다. 윗부분은 축축해 보였고 아랫부분은 붉은빛을 띠고 있었는데, 이들은 이 이상한 물체에 다가가자마자 이것이 살아 있는 유기체임을 알았다(이에 대해 우드는 '맹세컨대, 그건 동물이었다'고 썼다). 조개껍데기의 상판 전체가 마치 숨 쉬듯 오르락내리락했고, 그 틈이 15센티미터 정도였다. 이건 마치 하늘에 살던 거대한 연체동물 한 마리가 지상으로 강림한 것 같았다.

이 크립티드의 또 다른 특이한 점은 부상이었다. 원판 모양의 끝부분에서 크게 한 덩이가 사라진 상태였고 그 커다란 구멍 사이로 금속이 녹는 듯한 거품이 흘러나왔다. 이들이 접근하자 상단 껍데기의 상승과 하강이 반복되는 속도가 빨라지더니 크립티드는 몸 전체로 이륙을 시도했다. 하지만 몇 센티미터 정도만 이륙했을 뿐, 다시 땅으로 떨어졌다. 자신들이 이 크립티드를

---

128 1903년 라이트 형제가 키티호크 비치에서 세계 최초로 동력 비행을 성공한 사건을 말한다.

자극하고 있다고 생각한 이들은 뒤로 물러섰다. 크립티드는 약 20분 동안 움직임이 없었지만, 그 순간에도 호흡하는 듯한 이상한 움직임은 계속되었다. 그러더니 다친 부분을 제외한 몸 전체에서 빛이 나기 시작했다. 우드는 이에 대해 '빛이 극도로 밝았다'고 묘사했다.

그 순간, 이 맥박치는 거대한 비행 조개에서 눈을 뗄 수밖에 없는 다른 한 가지가 나타났다. 바로, 더 거대한 크기의 맥박치는 비행 조개였다. 갑자기 네바다주 사막의 태양을 가려버린 이 그림자의 정체는 또 한 가지의 살아있는 비행 물체로, 이번에는 지름이 9미터에 달했다. 지금 땅에 있는 것보다 세 배 이상 큰 크기였다. 더 큰 비행체는 더 작은 비행체 위를 맴돌며 '빨판같이

생긴 혀' 네 개를 쭉 뻗어 다친 비행체를 어루만졌다. 부모가 자식을 돌보는 것 같기도 했고, 아니면 포식자가 사냥감의 목숨을 끊는 것 같기도 했다. 둘은 함께 떠오르더니 마치 작은 태양처럼 빛나며 저 멀리 멀어졌는데, 우드는 그 속도를 시속 1,600킬로미터 정도로 추정했다.

이들은 더 작은 크립티드가 자리를 뜬 곳으로 다가갔고 그곳에서 훅 풍겨오는 강력한 악취를 느꼈다. 가까이서 보니, 크립티드가 남긴 금속 거품은 가느다란 금속 와이어에 가까웠다. 주변으로 지름 9미터 가량에 금속 와이어가 흘러나와 있었는데, 마치 더 컸던 비행체가 내뿜은 흔적처럼, 그 지름과 일치하는 크기였다. 금속 와이어 거품은 햇볕에 금세 녹아내렸고, 이들은 다시 제니스를 타고 그 자리를 떠났다.

미지의 비행 생물에 관한 이야기는 크립티드 전설 여기저기에 등장하는데, 특히나 인류가 비행을 하게 된 지 얼마 안 되었을 시절 즉, 하늘이라는 새로운 환경이 땅에 묶여있던 인간들에게는 여전히 미스터리였을 시절에 많이 등장한다. 이들 비행 크립티드가 사실 하늘에 사는 거대하고 투명한 아메바와 가오리라는 가설이 있지만, 아직까지 우드의 에피소드처럼 자세하게 이루어진 목격은 없었으며 대부분 미스터리로 남아있다. 이것들은 과연 무엇이었을까? 네바다주에 살던 생명체였을까, 네바다주를 방문한 외계인이었을까? 하늘에 보이는 알 수 없는 빛의 정체가 정말 이들일까? 그렇지만 우드의 에피소드에 등장하는 부상, 즉 더 작은 비행 생물의 몸체에서 사라졌던 부분이 무엇인지가 더 미스터리이다. 정말 저 하늘 위에 거대한 하늘 조개를 먹고 사는 포식자가 있는 걸까? 아무래도 네바다주 사람들은 하늘에서 눈을 떼지 않는 편이 좋을 것 같다.

− 그레이 외계인 −
GREY ALIEN

로즈웰의 록 스타

유형:	최초 발견:
외계인 휴머노이드	1947년
위치:	크기:
뉴멕시코주 로즈웰	0.9~1.5미터
Roswell, New Mexico	

　뉴멕시코주 로즈웰 주민들에게는 "외계인을 믿나요?"라고 물어볼 필요가 없다. 도시에 들어서는 순간부터 너무도 잘 알 수 있기 때문이다. 바로 이곳 주민들이 정말 진심으로, 신실하고 정직하게 '외계인을 믿는다는 것을!'이 아니라 외계인의 '관광객 유치력'을 믿는다는 것을 말이다(이 농담은 말로 할 때 더 재밌다. 진짜다).

　나는 홉킨스빌 고블린과 패스커굴라 엘리펀트맨, 플랫우즈 괴물은 이 책에 크립티드로 실릴 자격이 충분하고 생각한다. 이들로 인해 책 속 괴물의 다양성이 살고, 이들 크립티드의 목격담이 전해주는 신비와 공포감 또한 상당하기 때문이다. 하지만 로즈웰만은 크립티드 지역으로 인정할 수 없다는 독자가 있다면, 이해는 한다. 로즈웰에서 일어난 일은 크립티드 목격담이 아니라고 한대도 반박할 수 없다. 맞다. 이건 그저 UFO목격담(이자 추락 목격담)일 뿐이다.

　그러나 우리가 주목해야 할 점은 바로 이것이다. 로즈웰은 UFO 추락 사건에서 뒤늦게 추측된 존재, 일명 '그레이'라고 불리는 큰 머리에 작고 검은 눈이 달린 외계 생명체를 매우 환영하며 이들을 지역 크립티드로 품었다는 점 말이다. 이러한 환대는 다른 사스콰치 도시나 호수 괴물 지역이 받았던 환영에 비할 바가 아니다. 로즈웰을 하나의 천에 비유하면 어떨까. 아마 여기서 '외계인'이란 실을 잡아 빼면 '로즈웰'이란 천 자체가 형태를 잃고 풀어질 것이다. 갑자기 아무런 특색 없는 지역으로 전락하는 것이다. 그 정도로 외계인은 로즈웰의 정체성과 경제에 있어 아주 큰 무늬를 차지하고 있다.

이러한 도시 정체성의 변화는 1947년 7월, 로즈웰에서 북쪽으로 120킬로미터 이상 떨어진 곳에 있는 J. B. 포레스터 농장J. B. Forester Ranch의 목장주 윌리엄 브라젤로부터 출발한다. 격렬했던 폭풍이 지나간 다음 날 자신의 농장 곳곳을 조사하면서 시작된 것이다. 브라젤은 농장 한 곳에 흩어져 있는 수상한 파편들을 발견했다. 금속 호일과 고무, 이상한 종이, 막대기 등이었다. 그는 목격 당시에는 이것의 정체를 조금도 알지 못했다. 그러나 그 뒤, 목격이 일어난 시기와 거의 동시에 비행접시 열풍이 미국을 강타했다.

브라젤의 목격이 일어나기 불과 몇 주 전, 파일럿인 케네스 아놀드는 워싱턴주의 레이니어 산 근처를 비행하던 중 운명적인 만남을 갖게 되었다. 초승달 모양의 비행체가 재빠르게 공중을 가로지르고 있던 것이다. 아놀드는 이에 대해 미국 언론사 〈유나이티드 프레스United Press〉와의 인터뷰에서 '마치 누군가가 물 위에서 접시로 물수제비를 뜨는 그런 모습일 것'이라 설명했다. 이러한 그의 설명 속 비행체는 각종 신문을 통해 비행접시 모양의 우주선으로 와전되었고, 이러한 잘못된 인용은 〈지구 최후의 날The Day the Earth Stood Still〉, 〈외계로부터의 9호 계획Plan 9 from Outer Space〉, 〈지구 대 비행접시Earth vs. the Flying Saucers〉, 〈괴물 디 오리지널The Thing from Another World〉, 〈금지된 세계Forbidden Planet〉 등, 그 후 10년간 모든 SF영화에 등장하는 외계인 우주선의 모양에 영감을 주었다. 심지어 그 이후에도, 밀레니엄 팔콘[129]과 우주선 엔터프라이즈호[130] 모두 접시 모양의 우주선이었다. 그 이후 수십 년간 전 세계적으로 수천 건의 유사한 목격담이 보고되었고 현재에도 계속 이어지고 있지만, 최근 몇십 년간 UFO라는 용어는 비행접시 모양뿐 아니라 다양한 모양의 우주선을 포함하고 있다.

---

129 영화 〈스타워즈Star Wars〉 시리즈에서 등장하는 우주선으로, 주인공 한 솔로와 친구 치위카가 타고 다니는 우주선이다.

130 미 드라마 〈스타트렉Star Trek〉 시리즈를 대표하는 우주선이다.

비행접시에 대한 대중의 관심이 높아지면서 브라젤은 자신이 발견한 이상한 쓰레기가 비행접시 중 하나의 잔해일지도 모른다고 생각했다. 브라젤은 모든 잔해를 상자에 담아 당시 로스웰 육군 비행장RAAF이라 불리던 곳으로 가져갔다. 비행접시 열풍을 활용하려 했던 것인지, 혹은 뭔가 진행하고 있던 비밀 프로젝트를 숨기려 했던 것인지 의도는 알 수 없지만, 육군 비행장 관계자들은 사람들의 이야기에 오르내리는 비행접시 중 하나의 잔해를 자신들이 가지고 있다는 보도 자료를 내보냈다. 지역 신문인 〈로즈웰 데일리 레코드Roswell Daily Record〉는 곧바로 'RAAF, 로즈웰 지역 목장에서 비행접시 포획'이라는 제목의 기사를 실었다.

세계를 뒤흔든 헤드라인이었다. 그러나 24시간 후, 일간지 〈로즈웰 모닝 디스패치Roswell Morning Dispatch〉가 반박 기사를 냈다. '전 세계가 흥분한 가운데, 육군이 로즈웰 비행체에 대해 해명하다'라는 헤드라인의 기사였다. 군은 해당 잔해가 외계인의 우주선이 아닌 기상 관측용 풍선이었다고 설명했다. 아니, 기상 관측용 풍선이라니! 너무나도 허술한 데다 입장을 180도 바꿔버린 이러한 해명은 굉장히 이상해 보였기 때문에 다들 무슨 일이 벌어지고 있다고 여겼다. 그리고 정말 무언가가 일어나고 있었다. 미 정부가 실제로 은폐를 시도한 것이다. 단, 은폐의 대상이 외계 생명체는 아니었다.

'프로젝트 모굴Project Mogul'은 1947년부터 1949년까지 진행된 스파이 작전이었다. 미군은 고공에서 작동하는 기상 관측용 풍선에 센서를 장착하여 상공에서 전파되는 음파를 감지하는 작전을 펼쳤으며, 이를 통해 러시아가 핵폭탄 실험을 수행하는지 그 여부를 확인하려 했다. 그런데 이 풍선들의 크기가 그냥 파티 풍선 정도가 아니었다. 해당 프로젝트에 쓰인 풍선의 길이는 200미터에 달했다. 다시 말해, 우주선 크기의 기상 관측용 풍선이라 할 수 있었다. 하지만 이러한 정보는 그로부터 반세기가 지난 1994년이 되어서야 기밀 해제되었다.

그건 그렇고, 전문적으로 훈련된 군인이 기상 관측용 풍선과 외계인 우주선 부품을 헷갈렸다는 주장보다는, 첫 신문 기사가 훨씬 설득력 있어 보였다. 적어도 훨씬 흥미로워 보였다. 그렇지만 아무도 이에 대해 이의를 제기하지 않았다. 그러다 1978년 UFO 연구자 스탠턴 프리드먼이 잔해를 수습한 공군 팀의 일원이었던 제시 마르셀 소령과 인터뷰하면서 해당 의혹이 다시 주목받게 되었다. 마르셀 소령은 해당 잔해는 명백히 외계의 것이었으며, 자신은 이에 대해 기밀 유지를 지시받았다고 주장했다. 그리고 해당 인터뷰로 인해 하나의 거대한 신화에 불이 붙었다. 미 정부의 음모가 있으며, 로스웰의 비행체 잔해에서는 외계인 시체가 수습되었고, 이를 비롯한 모든 관련 자료와 증거가 네바다주의 극비 지역 '51구역Area 51' 공군 기지에 숨겨져 있다는 등의 내용 말이다. 심지어 어떤 이들은 스텔스기부터 휴대폰에 이르기까지 이후 반세기 동안의 모든 주요 과학적 발전이 1947년 7월 하늘에서 떨어진 외계 기술을 분해하고 연구해 만들었다고 추측하기도 했다.

그리고 뉴멕시코주 로즈웰은 진짜 외계인 기술이라도 이식된 것 같은 서프보드를 타고 괴물 같은 활동량을 보이며 이 파도에 올라탔다. 아니 타야만 했다. 로즈웰은 10년 전 이곳 기지가 폐쇄되면서 로즈웰 경제를 살릴 방안을 찾고 있었기 때문이다. 그리고 이들은 외계인 테마 관광에 (불시) 착륙했다.

로즈웰은 마치 지구의 도시가 아니라 화성의 도시 같다. 물론 박물관도 하나 있다. 이름은 로즈웰 UFO 박물관 및 연구 센터Roswell UFO Museum and Research Center로, 설립자는 공군이 추락 사고 이후 실시한 외계인 부검에 대한 지식을 가지고 있다고 주장한 검시관 글렌 데니스이다. 로즈웰은 매년 UFO 축제도 열고 있다. 외계인 기념품이 어찌나 많은지 블랙홀 하나는 너끈히 채울 것 같은 양이다. 로즈웰 인장에도 외계인은 빠지지 않는다. 외계인 조각상도 어찌나 많은지 실제 외계인이 와서 그사이에 대놓고 있어도 못 알아볼 것 같은 수준이다. 현지 맥도날드 건물도 비행접시 모양이며, 던킨도너츠/배스킨라빈스 간판은 6.6미터 높이의 외계인이 들고 있다. 흥미로운 점은 이 도시에 로켓 과학의 아버지로 알려진 로버트 고다드의 조각상도 있다는 것인데, 이는 1930년대에 고다드가 로즈웰에 거주하며 이곳에서 초기 실험 중 일부를 수행했기 때문이다. 그래서 외계인들도 로즈웰에 들르고 싶었나 보다.

외계의 우주선이었든 지구의 스파이 풍선이었든, 여하튼 그 추락 후 로즈웰에는 특별한 일이 생겼다. 바로, 로즈웰의 정체성을 찾은 것이다. 바로, 외계인 괴물 말이다.

신비동물학자들의 숙명적 저주

수천 년 동안 군인과 탐험가들 사이에서는 아프리카 밀림 깊숙한 곳에 검은 털의 거대 휴머노이드가 존재한다는 소문이 돌았다. 하지만 유럽 과학계는 이를 선원들의 바다 괴물 이야기와 마찬가지로 대수롭지 않게 여겼다. 그러던 1859년, 프랑스의 탐험가이자 동물학자인 폴 뒤 샤이유가 아프리카 서부 해안에서 직접 소문 속 고릴라의 해골과 가죽, 스케치 등을 싣고 유럽으로 돌아오자 상황이 바뀌었다.

비슷한 일은 인도네시아의 소수의 작은 섬에만 서식하며 20세기 초까지 전 세계에 알려지지 않았던 독 있는 대형 도마뱀인 코모도 도마뱀에게도 일어났다. 그리고 기린과 얼룩말, 사슴을 합쳐놓은 것 같은 생김새에 발굽이 네 개인 동물 오카피도 마찬가지였다. 대왕오징어도 해양 생물학에서 표본이 발견되고 기록되기 전에는 전설에 불과했다. 호주의 오리너구리는 그 존재가 너무 말도 안 된다고 생각된 나머지 유럽 과학자들은 보존된 사체를 직접 접하고 나서도 가짜라고 선언해 버렸다. 솔직히 그 사체에 대해서는 나도 아직 의구심이 남아있다.

이러한 종류의 모든 이야기(그리고 이와 비슷한 다른 이야기)에서, 크립티드였던 존재는 결국 보통의 동물이 된다. 이는 신비동물학자들에게는 나쁜 소식이다. 이들에게 내려진 저주다. 이것은 신비동물학을 위한 '검증'이 아닌 신비동물학으로부터의 '몰수'이기 때문이다. 동물의 존재가 증명되는 순간, 신비한 부분은 잘려 나가고 해당 동물은 동물학 분야로 깔끔하게 편입된다. 이 말인즉슨 만약 오자크 하울러나 루가루가 발견될 경우, 이들은 크립티드 백과사전에서 말끔히 지워지고 과학 교과서에 실리게 된다는 뜻이다.

아마도 이것 때문에 신비동물학 애호가들은 가장 가능성이 희박한 존재에 열광하는지도 모른다. 그럼 적어도 크립티드를 빼앗길 일은 없을 테니 말이다.

- 오리건 빅풋 -
OREGON BIGFOOT
빅풋 해안지역 동메달리스트

유형:
휴머노이드

빅풋 팩트 1:
오리건주는 상설 빅풋 덫이 설치되어 있는
유일한 주이다.

빅풋 팩트 2:
2009년 오리건주의 150주년 마스코트는
세스키 더 사스콰치Seski the Sasquatch였다.

시상대에서 가장 행복한 사람은 동메달리스트라고들 한다. 금메달리스트는 앞으로 더 뛰어난 성적을 내야 한다는 압박감에 눌려있고, 은메달리스트는 금메달을 딸 뻔했지만 결국 얻지 못했다는 아쉬움에 젖어있기 때문이다. 반면, 동메달리스트는 시상대에 올랐다는 사실 자체로 그저 행복하다. 그리고 오리건주가 바로 그렇다. 비록 시상대 위에서 워싱턴주와 캘리포니아주 깃발을 올려다보아야 할 처지일지언정, 오리건주는 3등이라도 빅풋 해안지역에 끼었다는 자체가 중요하고 행복하다.

'빅풋 필드 리서치 기구'에 따르면 빅풋이 가장 많이 출몰하는 지역으로 1위는 워싱턴주, 2위는 캘리포니아주이다. 하지만 이들 순위에 비해 오리건주 순위는 상대적으로 아주 낮다. 심지어 일리노이주, 플로리다주, 오하이오주와 비교해도 뒤처져 있다. 유독 오리건만 빅풋을 목격했다고 인정하는 기준이 더 높기라도 한 걸까?

그렇다고 오리건주를 빅풋이 없는 곳으로 생각하면 안 된다. 보링Boring이라는 마을에는 북미 빅풋 센터North American Bigfoot Center라는 박물관이 있어 실물 크기의 빅풋 모형을 볼 수 있고, 상영관에서는 빅풋에 관한 영화를 감상할 수 있으며, 늘 중요한 빅풋의 발자국 본을 포함해 다양한 빅풋 관련 유물을 구경할 수 있다. 또한, 트라우트데일Troutdale에서는 2017년부터 오리건 빅풋 축제Oregon Bigfoot Festival를 열고 있다. 또한 오리건주의 여러 상점과 숲 곳곳에 빅풋 조각상이 세워져 있다. 아직 대표적인 조각상은 없지만 말이다. 그리고, 심지어 빅풋 덫도 있다. 응? 잠깐, 지금 내가 뭘 잘못 들었나 싶은가?

바로 들었다. 캘리포니아 국경 북쪽에 바로 붙어있는 잭슨빌Jacksonville의 로그 리버 시스키유 국유림Rogue River Siskiyou National Forest에 위치한 빅풋 덫이 바로 그것이다. 거기에 철조망 문이 달린 큰 창고 크기(약 3미터×3미터)의 나무 상자가 있는데, 문은 빅풋을 유혹하듯 위로 올라가 있다. 상자를 이루는 두꺼운 널빤지는 금속 띠로 고정되어 있으며, 바닥은 전신주로 고정되어 있다. 확실히 키 2.4미터, 몸무게 160킬로그램의 빅풋을 잡을 만큼 튼튼해 보이는 덫이다.

하지만 이 덫은 홍보 행사를 위한 모형이 아니다. 빅풋 신고 건만 전문적으로 조사하는 소규모 단체인 북미 야생동물 연구팀NAWRT이 1974년 실제로 설치한 것이다. 현지 광부였던 페리 러벨이 460밀리리터 크기의 발자국을 발견했다고 신고했고, 이 신고가 패터슨-김린 빅풋 영상으로 유명한 밥 패터슨의 관심을 끌기 시작한다. 뒤이어 패터슨이 NAWRT의 설립자이자 자연 다큐멘터리 제작자인 론 올슨에게 이를 조사해 보라고 설득한 것이다. 그렇게 조사를 마친 올슨은 세계 최초로 빅풋 덫을 만들었다.

덫의 원리는 간단했다. 빅풋이 덫 안으로 들어가며 문을 건드리면 즉시 문이 내려가면서 근처에 있는 감시용 오두막에 경보를 울린다. 그러면 오두막에서 경비를 서던 감시원은 이를 NAWRT에 알리게 되고, 출동한 요원들이 빅풋을 진정시킨 다음, 기록을 남기고, 빅풋에 태그를 달아 풀어주는 것이었다. 6년간, NAWRT는 덫에 미끼로 동물 사체를 비축하고 기다렸다. 그렇게 덫은 몇 차례 작동했지만, 대부분은 곰이었다. 몇몇 보고서에 따르면 인간(한 명은 히피, 한 명은 사냥꾼)도 두 번 잡혔다고 하나, 여하튼 빅풋은 없었다.

NAWRT는 해체됐고 감시용 오두막은 오늘날 폐허가 되었다. 하지만 덫은 아직 남아있다(안전을 위해 문은 볼트로 고정된 채 열려 있다). 2005년에 나무가 덫 위를 덮친 적이 있지만 바로 다음 해에 수리되었다. 50년 전과 비교해 볼 때 현재 덫의 위치는 더 이상 외진 곳이 아니다. 도로에서 1킬로미터 정도만 걸으면 갈 수 있다. 그렇게 세계 최초이자 아마도 유일할 이 빅풋 덫은 오늘도 제

자리를 지키며, 먼 훗날 국립 사적지로 인정받거나 스미스소니언 재단이 이
들을 찾게 될 날을 기다리고 있다.

그래도 시도는 좋았다고 생각한다. 워싱턴주와 캘리포니아주를 잡고 금
메달을 비롯해 모든 영광을 차지할 방법은 딱 하나, 바로 빅풋을 직접 잡는
것이기 때문이다.

– 살아있는 공룡 –
LIVING DINOSAURS

신자와 신비동물학자의 신념

유형:	**최초 발견:**
도마뱀류	선사시대
위치:	**자료:**
유타주 카치나 브리지와	그림과 부조
블랙 드래곤 캐니언	
Kachina Bridge and Black Dragon Canyon, Utah	

공룡은 6,500만년 전 소행성 충돌로 멸종했다. 하지만 우리는 여전히 공룡을 너무나도 좋아한다. 어린이라면 누구든 집 뒷마당에서 브론토사우루스를 만나거나 공원에서 익룡을 보게 되는 상상을 해봤을 것이다. 그리고 어린이들에 절대 뒤지지 않는 자들이 있다. 바로, 신비동물학자들이다. 이들은 멸종된 생명체에 대해, 심지어 특히 공룡(멸종된 대형 해양 파충류와 비행 파충류까지 포함하는 광의의 용어)에 대해 "만약?"이라는 가정을 입에 달고 산다. 참고로 공룡이 과학과 숨바꼭질을 벌이고 있다는 희망의 크기를 잴 때, 어린이와 신비동물학자를 이길 수 있는 유일한 이들은 '젊은 지구 창조론'을 믿는 기독교인뿐이다. 이들은 지구의 나이가 6,000년에서 1만 년 사이에 불과하므로 공룡과 인간은 동시대에 존재하며 '엘리베이터'를 탄 속도로 진화를 겪은 것이라 주장한다.

대부분의 호수와 바다 괴물 또한 '인간과 동시대에 존재하는 공룡'의 범주에 속할 테지만, 육지 공룡 크립티드의 이야기는 훨씬 찾아보기 힘들다. 그런데 이렇게 우리 몰래 육지에 살고 있는 공룡을 가장 잘 볼 수 있는 곳이 유타주이다. 유타에는 공룡이 가득하다. 아니, 최소한 화석은 가득하다. 유타주에는 국립 공룡 화석 유적지Dinosaur National Monument가 있는데, 이곳에는

800개가 넘는 중요한 고생물학 유적지와 수천 개의 공룡 화석이 있다. 유적지 대부분 콜로라도주에 있지만, 그 핵심인 공룡 채석장Dinosaur Quarry은 유타에 있다. 그리고 유타에는 어린이, 신비동물학자 그리고 젊은 지구 창조론 기독교인들이 관심을 가질 만한 장소가 몇 군데 더 있다. 바로, 카치나 브릿지Kachina Bridge와 블랙 드래곤 캐니언Black Dragon Canyon이다.

카치나 브리지는 산후안 카운티San Juan county의 내추럴 브리지스 국립 천연기념물Natural Bridges National Monument에 있는 세 개의 자연석 다리 중 하나이다. 26미터 길이의 사암으로 만들어진 이 다리는 세 다리 중 두 번째로 크며, 지상에서 약 64미터 정도의 높이에 아치 형태로 떠 있다. 카치나 브리지 아랫면과 이 다리를 지지하는 암석의 양 옆면으로는 수 세기 동안 선대 푸에블로Ancestral Pueblo족이 새겨넣은 '픽토그래프와 페트로글리프'(차례대로 '그림과 조각')가 가득한데, 춤추는 사람, 여러 상징물, 그리고 큰 뿔이 달린 양이 그려져 있다. 이 그림 중 일부 창조론자 및 신비동물학자들이 공룡 그림으로 추정되는 것은 네 개인데, 이 넷 중 이들이 열성적으로 공룡이라고, 특히 아파토사우루스나 디플로도쿠스와 같은 목이 긴 용각류라고 주장하는 것은 단 하나이다.

해당 그림은 지면으로부터 약 3미터 정도 높이에 있으며, 사암의 붉은 배경과 약한 대비를 이루고 있다. 그런데도 이 페트로글리프는 어린이 색칠 공부 책에 나오는 공룡과 매우 흡사하게 생겼다. 혹이 난 등과 기다란 목 위에 얹혀있는 작은 머리, 마치 개 꼬리처럼 끝이 올라가 있는 꼬리 등 말이다. 하지만 왜 이런 모습인지에 대한 맥락은 없다. 주변에 창을 든 사냥꾼이 있는 것도 아니고, 다른 용각류 무리가 있는 것도 아니며, 티렉스와 격투를 벌이고 있는 것도 아니다. 그냥 공룡 혼자 덩그러니 거기 있을 뿐이다.

젊은 지구 창조론을 옹호하는 비영리 단체 창세기의 답Answers in Genesis은 자체 간행물을 통해 카치나 브리지에 있는 것이 공룡 그림이라며 주장하고 있다. 이곳 단체는 해당 그림이 실제 원주민들의 경험을 바탕으로 그려진 것이라 믿는다. 〈창세기의 답Answers in Genesis〉 2020년 호에 실린 트로이 레이시와 보디 호지가 쓴 글에는, "(푸에블로족) 원주민들은 분명 살아있는 용각류들을 보았다"고 적혀 있다. 이는 과학자들이 공룡이 모두 쩌 죽었다고 말한 지 6,500만 년 후의 이야기이다.

2011년 노스캐롤라이나 페이엣빌 주립대학교Fayetteville State University의 교수인 필 센터와 고고학 자문위원인 샐리 콜은 동료 심사 학술지인 〈팔레온톨로지아 일렉드로니카Palaeontologia Electronica〉를 통해 해당 네 마리 공룡의 그림은 진흙 얼룩이며 공룡이라는 해석은 잘못된 것이라 반박하는 논문을 발표했다. 이들은 특히나 용각류 그림인 '창조론자들이 대표로 미는 그림'에 대해 각별한 노력을 기울였다. 빛이 작용하는 조건을 계속 달리하며 쌍안경과 망원 렌즈로 해당 그림을 조사한 결과 해당 용각류 그림은 세 개의 추상적 그림(구불구불한 선, U자형 선, 나선형)과 진흙 얼룩이었으며, 이것이 오랜 세월 여러 날씨를 거치며 변했고, 이 변형된 모양이 변상증, 즉 어느 모양이나 이미지나 패턴으로 인식하는 인간의 성향을 자극했을 뿐이라 설명했다. 그러자 〈창세기의 답〉의 필진 중 한 명인 이스마엘 아브라함스는 다음과 같은 결론으로 해당 논문에 대해 신속하게 반박했다. "해당 연구와 주장의 질이 아주 형편없음을 고려할 때, 센터와 콜은 해당 원주민 페트로글리프가 공룡으로 해석되는 것이 가장 설득력 있음을 반박할 수 있는 어떠한 실질적 증거도 제시하지 못했다."

카치나 브리지에서 북쪽으로 274킬로미터 떨어진 그린 리버 마을 근처의 블랙 드래곤 캐니언에서도 비슷한 논란이 있는 암벽화를 발견할 수 있다. 협곡을 따라 조금만 걸으면 아메리카 원주민의 다양한 픽토그래프와 페트로글리프로 장식된 암벽을 만날 수 있는데, 이중 날개를 펼친 거대한 날짐승처럼 보이는 암각화가 있어 이곳의 이름이 블랙 드래곤이라 지어졌다. 그리고 젊은 지구 창조론자들은 해당 그림을 용각류와 인간이 사는 시기가 겹쳤다는 직접적인 증거라 주장했다. 〈창세기의 답〉 2002년 호에 빌 존슨이라는 자가 쓴 글에 따르면, 이 그림을 통해 아메리카 원주민이 "거대한 날개와 꼬리, 긴 목과 부리, 수직으로 뻗은 머리 볏을 가진 새 같은 생명체를 본 것으로 보이는데, 이 생김새는 익룡과 비슷하다"라며 언급했다고 적혀 있다.

2015년, 과학자 장-로익 르 퀼렉, 폴 반, 마빈 로웨는 동료 심사 학술지인 〈앤티쿼티Antiquity〉에 「익룡의 죽음The Death of a Pterodactyl」이라는 제목의 논문을 발표했다. 이 논문에서 저자들은 다음과 같이 밝혔다. 본인들은 형광 X-선을 사용해 그림의 붉은 안료에 있는 철분을 분석하여 날씨의 영향으로 변질한 곳을 제거하고 봤으며, 이를 통해 얻은 결론은 해당 그림은 익룡이 아니라 협곡에 그려질 만한 전형적인 그림이라는 것이다. 또한, 이것은 인간과 평범한 동물을 그린 것이며, 이것이 오랜 세월 침식되고 뭉개져 섞인 것이라 말했다. 이들 연구진의 결론은 다음과 같았다. "블랙 드래곤 캐니언의 익룡은 신기술의 도움으로 해석상의 편견을 물리치고 마침내 안식을 맞았다." 〈창세기의 답〉의 레이시와 호지는 이 논문에 대해서도 대응했는데, 내용은 다음과 같았다. "포토샵 수준의 컴퓨터 기술로 분석해 만들었다는 그 '새로운' 이미지는 그저 웃기기만 하다. (중략) 익룡이 인류와 공존했다는 주장에 반대하는 이들은 주장을 '반대'해야 이익을 얻는 기득권자들이다."

만약 과학자들의 주장이 옳다면, 실망할 사람이 많을 것이다. 어린 시절의 상상력에 불을 지필 땔감을 찾던 사람들, 어딘가 살아있을지 모를 공룡의 증거를 찾아다니던 사람들, 그리고 특히 지구가 젊은 행성이란 증거를 찾던 사람들 등 말이다. 하지만 가장 큰 타격을 입는 쪽은 유타주 자체일 것이다. 유타주 자동차 번호판에 '여기 공룡이 살아요'라는 문구를 자랑스럽게 새겨 넣을 기회를 영영 잃게 될 테니 말이다.

– 재카로프 –
JACKALOPE

재카로프 제가 제일 귀여운가요?

유형 :	최초 발견 :
포유류	1934년
위치 :	주요 특징 :
와이오밍주 더글라스	머리에 영양 뿔이 달린 토끼
Douglas, Wyoming	

우아한 두 귀, 씰룩이는 코, 부드러운 털, 몽실몽실한 꼬리, 사랑스러운 점프. 여러분은 잭래빗[131]이 이미 너무 완벽해서 손댈 곳이 없다고 생각할 것이다. 이렇게나 완벽하니, 사랑받는 반려동물에, 잘나가는 기념일 마스코트에, 워너브라더스의 대표 캐릭터가 된 것이라고 말이다. 하지만, 그 뒤 재카로프가 나왔고 우리는 모두 입을 모아 이렇게 말했다. "잭래빗에 뿔 하나 달았을 뿐인데, 이렇게 달라진다고?"

재카로프는 잭래빗과 앤틸로프[132]를 반반 섞은 말이지만, 막상 재카로프의 생김새는 반반이 아니다. 재카로프는 그냥 전체가 잭래빗이고 거기에 가지처럼 솟은 영양의 뿔이 잭래빗의 작은 머리에 맞게 앙증맞은 크기로 달려있을 뿐이다. 과학 문헌에 뿔 달린 토끼가 등장한 시기는 수백 년까지 거슬러 올라가지만, 북미에서 이를 최초로 목격한 자는 '루이스와 클라크 탐험대'의 일원이기도 했던 탐험가 존 콜터로 여겨진다. 콜터는 훗날 재칼로프의 고향이 되는 와이오밍주에 발을 디딘 최초의 백인이기도 했다.

그러나 잭래빗에게 머리 뿔을 달아준 것은 단순히 인간의 상상력에서 비

---

131 북미산 산토끼를 말한다. 큰 귀와 강력한 뒷다리가 특징이다.

132 영어로 영양이란 뜻이다.

롯된 필연적인 결과물은 아닐 가능성도 있다. 많은 이들이(이제 이 단락 끝까지는 우울한 이야기이다) 처음에 뿔토끼에 대한 신화가 생긴 것은 사람들이 그저 야생에서 평범한 토끼가 '쇼프 유두종바이러스'에 걸린 모습을 봤기 때문이라고 생각한다. 이 바이러스는 동물의 머리와 얼굴에서 뿔 모양의 암종이 자라나는 질환으로 암종이 어느 정도 커질 경우, 토끼는 더 이상 먹이를 섭취할 수 없게 되어 아사할 수 있다. 아, 그렇다고 괜히 궁금증 때문에 구글에 사진 검색은 말길.

20세기 초에 이르러서야 이 동물에 이름이 붙고 바, 호텔, 상점에 사랑스러운 모습의 박제품으로 나타나기 시작했다. 1934년, 박제 애호가 형제인 랄프 헤릭과 더글러스 헤릭은 사냥으로 고된 하루를 마친 뒤 와이오밍주 더글러스에 있는 집으로 돌아왔다. 이들은 가죽을 벗기고 내장을 긁어내지 않아도 먹을 수 있는 음식이 급했고, 아무 생각 없이 그날 사냥으로 잡은 동물을 바닥에 떨군 채 식탁으로 뛰어갔다. 식사를 마친 후 이들은 다시 동물을 집으러 갔고, 그때 토끼 사체 한 마리가 사슴뿔 옆에 있는 모습을 보았다. 이것은 마치 "당신이 내 땅콩버터에 초콜릿을 넣었군요.[133]"의 순간이었고, 영감을 받은 이들은 사슴뿔이 달린 토끼, 즉 훗날 재카로프라 불리게 될 존재를 만들기 시작했다. 특별히, 첫 번째로 바느질한 표본은 호텔리어 로이 볼에게 돌아갔고, 소문에 의하면 볼은 그 대가로 10달러를 지불했다. 볼은 이것을 시내에 위치한 자신이 일하는 라본티 호텔Hotel LaBonte에 놓았는데, 이것으로 볼이 사슴뿔 토끼를 최초로 잡은 사람이라는 헛소문에 시동이 걸렸다.

곧 재카로프는 국민 신드롬이 되었다. 이 사랑스러운 박제품을 보기만 하면 누구든 하나 갖고 싶어 했다. 레스토랑과 바, 호텔과 선물 가게는 박제된 재카로프를 장식해 실내에 기발함을 더했다. 이후 몇으 년 동안, 재카로프는 스포츠 마스코트, TV 캐릭터, 제품 브랜드, 그리고 장난감의 이미지로 사용되었다. 재카로프의 습성과 능력을 설명하는 재밌는 이야기도 생겨났는데, 번개가 번쩍일 때만 번식한다는 것, 위스키를 좋아하고 인간 목소리를 흉내낼 수 있다는 것, 위협을 받으면 뿔로 적을 들이받는다는 등의 이야기였다.

---

133 리세스 피넛 버터 컵스Reese's Peanut Butter Cups라는 미국의 유명한 초콜릿 제품 광고에 등장하는 대사'You got chocolate in my peanut butter'이다. 서로 다른 두 가지가 결합하여 뜻하지 않게 좋은 결과를 내는 상황으로 인용되었다.

일간지 〈캐스퍼 스타 트리뷴Casper Star Tribune〉에서 '재카로프 사냥꾼'은 재카로프로부터 다리를 보호하기 위해 꼭 굴뚝 연통을 착용하라는 기사를 내보내기도 했다.

하지만 산토끼가 사는 곳이어야 산토끼의 산 고장인 법. 재카로프의 진정한 고향은 와이오밍주 더글라스라 할 수 있다. 이곳에서는 다른 어느 곳에서도 볼 수 없는 재카로프들을 만날 수 있다. 예를 들어, 재카로프 광장Jackalope Square에는 미국에서 가장 큰 크기였던 2.4미터 높이의 재카로프 조각상이 있다. 후에 더글라스 철도 자료관Douglas Railroad Interpretive Center에서 4.5미터의 재카로프 조각상을 만들면서 이 기록을 넘어서게 되었다. 또한, 이곳에서는 6월마다 주 박람회에 버금가는 대축제, 재카로프 데이즈Jackalope Days가 열린다. 축제에 가면 라이브 음악과 음식, 기념품을 즐길 수 있다. 또한, 도로에는 재카로프 횡단을 경고하는 표지판이 자랑스럽게 걸려 있다. 더글라스의 슬로건 또한 '재카로프의 고향. 우리는 우리 '잭'[134]과 가까운 사이'이다. 매년 더글러스 상공회의소 또한 재카로프 사냥 면허를 발급하고 있다(6월 31일까지만 유효하며, 덫을 놓을 때 미끼로 위스키를 사용하는 것은 금지다).

이러한 현상은 와이오밍주 전체에 퍼지고 있다. 와이오밍주 복권에는 재카로프를 마스코트와 로고로 사용 중이며, 두보아Dubois에는 세계 최대의 재카로프 전시장, 재카로프 휴게소Jackalope Travel Stop가 있

다. 주유소이자, 기념품 가게이자, 박물관인 이곳에서는 말 크기의 재카로프 두 마리(유리섬유 재카로프와 털 달린 재카로프)가 있어 같이 사진을 찍을 수 있으며, 재카로프 모양의 디스코 볼을 볼 수 있고, 다양한 기념품또한 구매할 수 있다.

그냥 잭래빗에 뿔을 단 것뿐인이 단순한 조합이 어떻게 이렇게인기가 많나 싶을 수 있지만, 알다가도 모르겠다는 것이 인간의 마음

---

134 애칭 '잭'이라고 부를 만큼 친하다는 의미이다.

아니겠는가? 그러니 다음번 바에 가서 코에는 단추가, 머리에는 뿔이 달린 이 털북숭이 얼굴을 보게 되면 잔을 들어주길. 세상의 모든 기이한 존재들과 그들의 기묘한 이야기를 위하여 건배!

계속
수색하라!

우리의 크립티드 행렬이 막바지에 이르렀다. 행렬에 참가한 모든 크립티드 하나하나를 재밌게 즐기셨길 바란다. 또한, 크립티드가 물리적으로 존재하는지와는 상관없이, 크립티드 안에 있는 중요한 가치를 발견하셨으면 좋겠다. 즉 우리 지구는 무한한 놀라운 곳이고, 쇠락하는 마을도 다시 정체성과 경제적 기반을 찾을 수 있으며, 잃어버릴 수도 있었던 역사적 이야기를 보존할 수 있다는 그 희망 말이다. 이렇게 볼 때, 크립티드는 과학적인 면보다 문화적인 면에서 더 중요하다. 하지만 나에게 있어 크립티드의 가장 큰 가치는 바로 순수한 재미, 그 자체다.

나는 이 크립티드 여행 대부분을 우리 딸들과 함께했다. 딸들에게 새로운 괴물에 대해 이야기해 줄 때마다 마치 새로운 산타클로스를 소개하는 느낌이었다. 내가 크립티드 관련 책을 쓴다는 것을 알게 된 다른 부모들은 자기 아이들이 크립티드에 푹 빠졌다며 같이 갈 만한 장소를 추천해달라고 하기도 했다. 이렇듯 우리는 크립티드를 통해 많은 즐거움과 영감, 소통의 기회를 얻을 수도 있다. 어렸을 때 크립티드를 공부하며 자연과 동물에 대한 열정을 키운 후 자신이 선택한 분야의 과학자가 된 여러 사람의 이야기를 읽은 적이 있다. 또한 특정 크립티드를 발견하기 위해서가 아니라 크립티드라는 개념 자체만으로 유대감을 형성하는 팬들도 보았다. 크립티드는 이들에게 온라인과 오프라인 모임, 자동차 여행을 통해 자신과 비슷한 생각을 가진 괴짜들과 어울릴 수 있는 계기가 되어준다. 리자드맨이 자동차를 공격해서 차 안에 있는 필레 오 피시 버거가 담긴 봉지를 훔친 이야기를 놔두고 왜 정치 이야기를 하겠는가? 크립티드 이야기는 이들 사이에서만 통할 수 있는 이야기이자, 암호이자, 특별하고 고유한 악수 같은 것이다. 호닥에 재미를 느끼는 사람이라면 나와 친구가 될 수 있다.

그러나 이런 장점에도 불구하고, 크립티드는 멸종 위기에 있다. 빅풋 사체가 없는 시간이 길어질수록 빅풋이 있다고 주장하기는 더 어려워지고 있으며, 비스트 오브 버스코가 과거로 더 멀어질수록 관련 목격담은 더 쉽게 잊히고 있다. 하지만 우리 지역이 크립티드를 품으면 크립티드는 하나의 상징으로 불멸할 수 있다. 하지만 크립티드만 우리를 필요로 하는 것이 아니다. 우리도 크립티드가 필요하다. 미노타우로스나 켄타우로스가 없다면 그리스 문화가 얼마나 볼품없어지겠는가? 중국 문화에 용이 없다면 어떤가? 아메리카 원주민 문화에 스킨워커와 웬디고가 없다면? 악마와 천사 없는 가톨릭 문화는? 바다 서펀트와 크라켄이 없는 선원 문화는 어떤가? 아이들 옷장에 부기맨이 없다면 어떻게 되겠는가? 물론 영화와 책을 통해 수많은 괴물이 만들어지긴 하지만, 프랑켄슈타인과 킹콩, 그렌델[135]을 아무리 한 트럭을 가져와도 '실화를 바탕으로 한' 괴물 한 마리에는 비할 바가 못 되는 법이다.

그리고 이 책에 실린 이야기는 모두 사실이다. 사람들은 무언가를 보았고, 공포를 느꼈다. 목숨의 위협을 느꼈고, 뭐가 현실인지 헷갈렸다. 각각의 이야기에서 '무언가'가 발생했다. 켄터키주의 고블린은 사실 올빼미였을 수도 있지만, 그 이상했던 전투는 실제로 발생한 일이었다. 모스맨은 사실 그저 캐나다 두루미였을 수도 있지만, 그랬다면 모스맨에 관한 책이 쓰이고, 영화가 나오고, 박물관이 생기지는 않았을 것이다. 마을 전체가 공포를 느낀 존재는 커다란 새 한 마리, 그 이상(아마 키 180센티미터의 곤충 휴머노이드)이었다.

나는 로렌 콜먼(이 책에서 콜먼을 언급하는 것이 마지막이라고 약속한다)에게 빅풋의 사체가 발견되지 않으면 어떻게 되는지 물어봤다. 콜먼은 60년 동안 신비동물학에 종사해 왔지만, 그동안 빅풋의 사체를 찾는 데는 큰 진전이 없었다. 오히려, 크립티드의 존재를 부정하는 증거만 쌓여갔을 뿐이다. 하지만 콜먼은 이 질문으로 전혀 괴로워하지 않았다. 한평생 신비동물학에 바쳐온 그의 인생에 이것은 전혀 위협적인 질문이 아니었다.

"신비동물학은 그동안 많은 발견을 이루어 냈습니다." 그는 말했다. "오카

---

135 중세 시대 영문학 『베어울프』에 등장하는 인간 형상의 잔혹한 괴물이다.

피, 실러캔스, 고릴라, 부리고래, 대왕오징어 등 아주 많죠. 사람들이 그저 그 사실을 잊고 살 뿐입니다." 실제로 이들 생명체는 과학자들의 발견이 있기 전까지는 신화 같은 존재로 여겨졌다. "대표적 예가 호모 플로레시엔시스죠. 호빗이라 불리는 크립티드 말입니다." 콜먼은 말을 이었다. 메네후네나 퍼쿠지, 레프러콘 등 소인족 이야기는 사실에 근거를 두게 되었다는 것이다. "이제 우리에게는 소인족이 실존했다는 증거가 생긴거죠. 하지만 그래서 신비동물학은 이들을 잃었습니다. 이들은 이제 인류학으로 넘어갔으니까요. 혹시 빅풋도 모르죠. 이미 증거가 있을지도요. 박물관 수장고에 수많은 화석이 있잖아요. 앞으로 우리가 무엇을 발견하게 될지 누가 알겠습니까? 몇 달 전 중국의 한 우물에서 발견된 거대한 머리뼈에 대해 모든 언론 매체가 떠들썩했죠. 몇몇 친구들은 즉시 저에게 '혹시 빅풋 머리뼈가 아니냐'고 물어보더군요."

결론은 이것이다. 신비동물학의 임무는 흔히 말하는 것처럼 "맹세컨대 내가 뭔가를 봤다"가 아닌, "계속 수색하라!"는 것이다. 설사 빅풋을 찾지 못하더라도 뭔가 가치 있는 것을 찾게 될 것이다. 보장한다.

— 감사의 말 —

여러분이 없었다면 이렇게 70여 마리의 크립티드를 찾아내어 한 자리에 모을 수 없었을 것이다. 먼저, 마치 톰 슬릭[136]처럼 나를 이 탐험에 보내준 레베카 질렌할(원서 편집자)과 내 에이전트 알렉스 슬레이터에게 이 책을 바친다. 그리고 내 작가 활동에 끊임없는 격려를 보내줄 뿐만 아니라 수없이 열정적으로 크립티드 마을 여정에 동행해 준 내 아내 린지와 딸 에스미, 헤이즐, 올리브에게도 감사의 말을 전한다. 갈 때마다 기념품 쇼핑을 두 배로 허락할 걸 그랬다.

알바트위치를 사냥하러 가는 나를 위해 펜실베이니아주의 치키스 록까지 데려다준 아담 페리, 사방이 얼어붙고 험했던 버몬트주의 웜파후퍼스 영역에서 나를 이끌며 동행해 준 채드 아브라모비치, 그리고 한밤중에 보내는 뜬금없는 크립티드 DM[137]("헤이, 우드부거라고 들어봤어?")에도 항상 친절하게 대답해 준 데이브 고즈워드에게 감사 인사를 전하고 싶다. 또한 이 책에 참여하고 나와 크립티드에 대한 열정을 공유해 준 로렌 콜먼과 사라 쿠퍼에게도 감사의 말을 전하고 싶다.

퀵Quirk 팀 덕에 나의 글이 한 편의 작품이 될 수 있었다. 특히 수많은 괴물의 기이한 이름을 만들기 위해, 거의 문법학자가 되어 문법 체계를 하나 만들다시피 했던 캐시 안드레디스와 제인 몰리에게 감사드린다. 그리고 한 명도 빠짐없이 여러분이 이 크립티드 개요서를 집어 들게 한 이유였을 멋진 아트워크를 선보인 데릭 퀸란에게 감사드린다.

마지막으로 수백 년 동안 아무리 이상한 기괴한 이야기라도 용기 내서 자신의 크립티드 목격담을 공유해 준 모든 분께 감사드린다. 그분들이 없었다면 이 책은 존재하지 못했을 것이다.

---

136 1967년에 방영된 미국의 애니메이션 TV 시리즈 '톰 슬릭Tom Slick'의 주인공으로, 자신의 슈퍼카 '썬더볼트 그리즈슬래퍼'와 함께 전 세계에서 다양한 모험을 하는 캐릭터이다.

137 Direct Message의 준말로, 미국 기업 메타가 운영하는 SNS 인스타그램에서 다른 사용자에게 직접 메시지를 보낼 수 있는 기능이다.

선정 장소 및 축제

실버 호수 서펀트(Silver Lake Serpen)

Country Club Statue: 3820 Club Rd., Perry, NY

Splash Pad Serpent: 121 Lake St., Perry, NY

Downtown statue: Main St. and Lake St., Perry, NY

화이트홀 빅풋(Whitehall Bigfoot)

Downtown Statue: Skenesborough Dr., Whitehall, NY

Bigfoot Wine and Liquor Statue: 132 Broadway St.,
Whitehall, NY

Vermont Marble Granite, Slate & Soapstone Co. Statue and
Giftshop: 10014 US-4, Whitehall, NY

Skene Valley Country Club Statue: 129 County Route 9A,
Whitehall, NY

Sasquatch Festival and Calling Contest: September
(Whitehall, NY)

챔프(Champ)

Monument: Perkins Pier, Burlington, VT

ECHO, Leahy Center for Lake Champlain: 1 College St.,
Burlington, VT

Welcome Sign and Sightings Board: Main St., Port Henry, NY

Champ Day: Summer (Port Henry, NY)

Historic Marker: Cumberland Head Rd., Plattsburg, NY

왐파후퍼스(Wampahoofus)

Wampahoofus Trail: Mount Mansfield, Stowe, VT

저지 데블(Jersey Devil)

Lucille's Country Cooking and Statue: 1496 Main St.,
Barnegat, NJ

국제 신비동물학 박물관(International Cryptozoology Museum)

International Cryptozoology Museum: 32 Resurgam Pl.,
Portland, ME
International Cryptozoology Museum Bookstore: 585
Hammond St., Bangor, ME

스날리 요우(Snarly Yow)

Historic Placard: 6132 Old National Pike, Boonsboro, MD

스날리개스터(Snallygaster)

Mural Series: Main St., Sykesville, MD

글로스터 바다 서펀트(Gloucester Sea Serpent)

Mural: Cressy Beach, Hough Ave., Gloucester, MA
Statue: 27 Pleasant St., Gloucester, MA

알바트위치(Albatwitch)

Chickies Rock: 880 Chickies Hill Rd., Columbia, PA
Albatwitch Day: October (Columbia, PA)

푸크 몬스터 (Fouke Monster)

Fouke Monster Mart: 104 US-71, Fouke, AR

Fouke Monster Festival: Summer (Fouke, AR)

왐퍼스 고양이 (Wampus Cat)

Statue: 2300 Prince St., Conway, AR

모스맨 (Mothman)

Statue: Main St. and 4th St., Point Pleasant, WV

Mothman Museum: 400 Main St., Point Pleasant, WV

TNT Bunkers: Potters Creek Rd., Point Pleasant, WV

Silver Bridge Memorial: Main St. and 6th St., Point
Pleasant, WV

Mothman Festival: Third weekend in September (Point Pleasant, WV)

플랫우즈 몬스터 (Flatwoods Monster)

Flatwoods Monster Museum: 208 Main St., Sutton, WV

Welcome Sign: Dyer Hill Rd. and Sutton Ln., Sutton, WV

The Spot Dairy Bar: 922 Gauley Tpke., Flatwoods, WV

Flatwoods Monster Fest: September (Flatwoods, WV)

스컹크 유인원 (Skunk Ape)

Skunk Ape Research Headquarters: 40904 Tamiami Trail E.,
Ochopee, FL

리자드맨 (Lizard Man)

Harry and Harry Too: 719 Sumter Hwy., Bishopville, SC

South Carolina Cotton Museum: 121 W Cedar Ln.,
Bishopville, SC

Scape Ore Swamp Bridge: Browntown Rd., Bishopville, SC

Festival: Summer (Bishopville, SC)

알타마하-하(Altamaha-ha)

Darien-McIntosh Regional Visitor Information Center

(Statue): 1111 Magnolia Bluff Way, SW, Darien, GA

달 눈 사람들(Moon-Eyed People)

Cherokee County Historical Museum Statue: 87 Peachtree
St., Murphy, NC

Fort Mountain State Park Ruins: 181 Fort Mountain Park Rd.,
Chatsworth, GA

비스트 오브 블레이던버러(Beast of Bladenboro)

Beast Fest: Fall (Bladenboro, NC)

우드부거(Woodbooger)

Woodbooger Grill: 921 Park Ave. NW, Norton, VA

Bigfoot Statue and Sanctuary: Flag Rock Recreation Area,
Norton, VA

Woodbooger Festival: October (Norton, VA)

루가루(Rougarou)

Marie Laveau's House of Voodoo: 628 Bourbon St., New
Orleans, LA

Audubon Zoo Exhibit: 6500 Magazine St., New Orleans, LA

Historic Placard: 114 Tourist Dr., Gray, LA

Statue: Park Ave. and Suthon Ave., Houma, LA

Rougarou Fest: October (Houma, LA)

추파카브라(Chupacabra)

San Antonio Zoo Exhibit: 3903 N. St. Mary's St., San Antonio, TX

Kingdom Zoo Wildlife Center Exhibit: 2300 41st St., Orange, TX

미네소타 아이스맨(Minnesota Iceman)

Museum of the Weird: 412 E. 6th St., Austin, TX

패스커굴라 엘리펀트맨(Pascagoula Elephant Man)

Historic Placard: 3776 Frederic St., Pascagoula, MS

홉킨스빌 고블린(Hopkinsville Goblin)

Little Green Men Days Festival: August (Kelly, KY)

UFO Installation: 7440 Old Madisonville Rd., Hopkinsville, KY

피아사 버드(Piasa Bird)

Cliff Painting: Highway 100, one mile north of Alton, IL

Southwestern High School Sculpture: 8226 Rt. 111, Piasa, IL

비스트 오브 버스코(Beast of Busco)

Churubusco Community Park Statue: John Krieger Dr.,
Churubusco, IN

Downtown Statue: E. State Rd. and U.S. 33 N., Churubusco, IN

Fulk Lake: Madden Rd. and N. County Line Road W.,
Churubusco, IN

Turtle Days Festival: June (Churubusco, IN)

반 미터의 방문객(Van Meter Visitor)

Van Meter Visitor Festival: September (Van Meter, IA)

포프 릭 몬스터(Pope Lick Monster)
Pope Lick Trestle: 3098 S. Pope Lick Rd., Louisville, KY

나인 루즈(Nain Rouge)
Marche du Nain Rouge: March (Cass Corridor, Detroit, MI)

썬더버드(Thunderbird)
Thunderbird Sculpture: 2190 River Rd., Bismarck, ND
Writing Rock State Historic Site: 94th St. NW and 145 Ave.
NW, Grenora, ND

달 빅풋(Dahl Bigfoot)
Statue: 121 Roy Street Highway 16A, Keystone, SD

페닌슐라 비단뱀(Peninsula Python)
Peninsula Library and Historical Society: 6105 Riverview Rd.,
Peninsula, OH
Peninsula Python Day: July (Peninsula, OH)

언더워터 팬서(Underwater Panther)
Effigy Mound: 417 Bryn Du Dr., Granville, OH

도슨 노움(Dawson Gnome)
Statues: Yellowstone Trail and 1st St., Dawson, MN
Dawson Public Library: 676 Pine St., Dawson, MN
Riverfest: June (Dawson, MN)

비스트 오브 브레이 로드(Beast of Bray Road)

Statue: W3324 Bray Rd., Elkhorn, WI

호닥(Hodag)

Chamber of Commerce Statue: 450 W. Kemp St.,
Rhinelander, WI

Rhinelander Logging Museum: Martin Lynch Dr.,
Rhinelander, WI

The Hodag Store: 538 Lincoln St., Rhinelander, WI

Rhinelander High School: 665 Coolidge Ave., Rhinelander, WI

Hodag Heritage Days: May (Rhinelander, WI)

라이넬라퍼스(Rhinelapus)

The monster itself: 1668 US-8, Monico, WI

Mount Horeb Troll

Trollway: Main St., Mount Horeb, WI

Scandinavian Winter Festival: February (Mount Horeb, WI)

캘리포니아 빅풋(California Bigfoot)

Bigfoot Steakhouse: 19 Willow Way, Willow Creek, CA

Willow Creek China Flat Museum: 38949 CA-299, Willow Creek, CA

Mural: 39168 CA-299, Willow Creek, CA

Bigfoot Discovery Museum: 5497 Hwy. 9, Felton, CA

Bigfoot Daze: September (Willow Creek, CA)

메네후네(Menehune)

Poliahu Heiau: 5568 Kuamoo Rd., Kapaʻa, HI

Kīkīaola Ditch: Menehune Rd., Waimea, HI

Ulupō Heiau: 1200 Kailua Rd., Kailua, HI

Menehune Fishpond: 2458 Hulemalu Rd., Lihue, HI

워싱턴 빅풋(Washington Bigfoot)

Harry and the Hendersons Filming Site and Statue: 50000
Stevens Pass Hwy., Gold Bar, WA
Cement Statue: 9745 Spirit Lake Hwy., Toutle, W

샬리(Sharlie)

Playground Statue: 335 W Lake St., McCall, ID
McCall Winter Carnival: January/February (McCall, ID)

슌카 와라킨(Shunka Warak'in)

Madison Valley History Association Museum: 447 State
Highway 287 South, Ennis, MT

그레이 외계인(Grey Alien)

Flying Saucer McDonald's: 720 N. Main St., Roswell, NM
Alien Dunkin Donuts: 800 N. Main St., Roswell, NM
International UFO Museum and Research Center: 114 N.
Main St., Roswell, NM
UFO Festival: July (Roswell, NM)

오리건 빅풋(Oregon Bigfoot)

North American Bigfoot Center: 31297 SE, US-26, Boring, OR
Bigfoot Trap: Upper Applegate Rd., Applegate, OR

재카로프(Jackalope)

World's Largest Jackalope Statue: 121 Brownfield Rd.,
Douglas, WY

Jackalope Square and Statue: 3rd St. and Center St., Douglas, WY

Jackalope Exhibit: 404 W. Rams Horn St., Dubois, WY

Jackalope Days: June (Douglas, WY)

추가 참고 문헌 목록

Blackburn, L. Lizard Man: The True Stor y of the Bishopville Monster. San Antonio, TX: Anomalist Books, 2013.

Coleman, L. Mysterious America. New York: Pocket Books, 2001.

Coleman, L., and J. Clark. Cr yptozoolog y A to Z: The Encyclopedia of Loch Monsters, Sasquatch, Chupacabras, and Other Authentic Mysteries of Nature. New York: Touchstone, 2014.

Cox, W. T. Fearsome Creatures of the Lumberwoods: With a Few Desert and Mountain Beasts. Sacramento, CA: Bishop Pub. Co., 1984. Originally published 1910.

Dickey, C. The Unidentified: Mythical Monsters, Alien Encounters, and Our Obsession with the Unexplained. New York: Penguin Books, 2021.

Eberhart, G. M. Mysterious Creatures: A Guide to Cryptozoology. Santa Barbara, CA: ABC-CLIO, 2013.

Godfrey, L. S. American Monsters: A Histor y of Monster Lore, Legends, and Sightings in America. New York: Penguin Books, 2014.

Godfrey, L. S. The Beast of Bray Road: Tailing Wisconsin's Werewolf. Self-published, 2015.

Gosselin, B., and S. Gosselin. Abair Road: The True Stor y. Self-published, 2018.

Keel, J. A. The Mothman Prophecies. New York: Tor, 2013.

Lewis, C., and K. L. Nelson. Wendigo Lore: Monsters, Myths, and Madness. Eau Claire, WI: On the Road Publications, 2020.

Lewis, C., N. Voss, and K. L. Nelson. The Van Meter Visitor: A True and Mysterious Encounter with the Unknown. Eau Claire, WI: On the Road Publications, 2013.

Loxton, D., and D. R. Prothero. Abominable Science!: Origins of the Yeti, Nessie, and Other Famous Cr yptids. New York: Columbia University Press, 2015.

Nickell, J. Real-Life X-Files: Investigating the Paranormal. Lexington: University Press of Kentucky, 2001.

Tryon, H. H. Fearsome Critters. Cornwall, NY: The Idlewild Press, 1939.

UNITED STATES OF CRYPTIDS by J. W. Ocker

크립티드 로드

초판인쇄 2024년 08월 15일
초판발행 2024년 08월 15일

지은이 J. W. 오커
옮긴이 황아름
발행인 채종준

출판총괄 박능원
국제업무 채보라
책임편집 박민지 · 김민정
디자인 홍은표
마케팅 전예리 · 조희진 · 안영은
전자책 정담자리

브랜드 므큐
주소 경기도 파주시 회동길 230 (문발동)
투고문의 ksibook13@kstudy.com

발행처 한국학술정보(주)
출판신고 2003년 9월 25일 제406-2003-000012호
인쇄 북토리

ISBN 979-11-7217-362-3 03940

므큐는 한국학술정보(주)의 아트 큐레이션 출판 전문브랜드입니다.
무궁무진한 일러스트의 세계에서 가치 있는 정보를 수집하고 선별해
독자에게 소개한다는 뜻을 담고 있습니다.
'예술'이 가진 아름다운 가치를 전파해 나갈 수 있도록, 세상에 단 하나뿐인 책을 만들고자 합니다.